楞嚴經講記

——第二輯

——平實導師 述

ISBN 978-9866431-05-0

以離念靈知心爲眞如心者，是落入意識境界中，與常見外道合流，名爲佛門常見外道；以六識之自性（見性、聞性、嗅性、嚐性、觸知性、警覺性）作爲佛性者，是與自性見外道合流，名爲佛門自性見外道。近代佛門錯悟大師，不外於此二類人之所墮。

以六識論而主張蘊處界緣起性空者，與斷見外道無二；彼等捨壽時若能滅盡蘊處界而入無餘涅槃，彼涅槃必成斷滅故，名爲佛門斷見外道。此類人恐生斷見之譏，隨即益以「意識細心常住」之建立，則返墮常見之中；一切粗細意識皆「意、法因緣生」故，不脫常見外道範疇。此等人，皆違聲聞、緣覺菩提之實證，亦違佛菩提之實證，即是應成派中觀之邪見也。

《楞嚴經》既說眞如心如來藏，亦同時解說佛性之內涵，並闡釋五蘊、六根、六塵、六識、六入全屬如來藏妙眞如性之所生，附屬於如來藏妙眞如性而存在及運作。如來藏心即是第八識阿賴耶識，妙眞如性即是如來藏心體流露出來之神妙功德力用，諸菩薩目之爲佛性。

此經所說法義，迥異諸經者，謂兼說如來藏與佛性義，並將蘊處界入等一切法攝歸如來藏妙心與其功德力用之中。其中法義甚深、極甚深，謂言詞古樸而極簡略，亦謂其中妙義兼含地上菩薩之所證，絕非明心後又眼見佛性之菩薩摩訶薩所能意會，何況尚未實證如來藏之阿羅漢？更何況未斷我見之應成派及自續派中觀師？其餘一切落入意識境界之當代禪宗大法師，皆無論矣！有大心之眞學佛而非學羅漢者，皆應深入熏習以求實證之。

目次

第十輯：

第十一輯：

第十二輯：

第十三輯：

第十四輯：

第十五輯：

自序

《楞嚴經講記》是依據公元二○○一年夏初開講《楞嚴經》時的錄音，陸續整理為文字編輯所成，呈獻給讀者。期望經由此經的講經記錄，利益更多學佛人，藉以生起對大乘法教的仰信，願意景行景從而發起菩薩性；亦藉此書熏習大乘法義，漸次建立正知正見，遠離常見外道意識境界，得斷我見。同時可由深入此書中所述法義的如實理解，了知常住眞心之義，得離斷見外道邪見；進而可以明心證眞，親見萬法都由如來藏中出生，成為位不退之實義菩薩，親自觀察所證如來藏阿賴耶識心體，絕非常見外道所墮之神我。並能現觀外道所墮神我，實由其如來藏所出生之識陰所含攝，不外於識陰範疇。乃至緣熟之時可以眼見佛性，得階十住位中，頓時圓成身心世界如幻之現觀，不由漸修而成，一時圓滿十住位功德，或能得階初行位中，頓超第一大阿僧祇劫三分有一。如是利益讀者，誠乃平實深願。

然而此經之講述與整理出版，時隔九年，歲月淹久，時空早已轉易；當時為令學人速斷我見及速解經中如來藏妙義而作簡略快講，導致極多佛性義理略而未說，亦未對部分如來藏深妙法義加以闡釋，已不符今時印書梓行及流傳後世之考量，不符大乘法中菩薩廣教無類及顯示勝妙眞如佛性義理之原則。是故應當加以深入補述，將前人所未曾言之如來藏深妙法義中，可以梓之於文者，以語體文作了大幅度增刪，令讀者（特別是已悟如來藏者）得以前後再三閱讀思惟而深入理解經義。由此緣故，整理成文之後，於潤色之時特地作了補述及大幅度增刪，令讀者得以一再閱讀深思而理解之，藉以早日轉入菩薩位中，遠離聲聞種性；並能棄捨聲聞法義之侷限，成眞菩薩。此外，本講記是正覺同修會搬遷到承德路新講堂時所講，當時新購講堂之錄音設備尚未完善，更無錄影設備，是故錄音時亦有數次漏錄情況，只能在出版前另以語體文補寫，一併呈獻給讀者。

大乘經中所說法義，單說如來藏心體者，已經極難理解，是故每令歷代名聞諸方之大師難以理解，更何況《楞嚴經》中非唯單說如來藏心，實亦兼涉佛性之實證與內涵。如來藏心體對六塵離見聞覺知，而如來藏的妙眞如性—佛性—則對六塵不離見聞覺知，卻不起分別，亦非識陰覺知心之見聞覺知；欲證如來藏心體及眼見佛性者，修學方向與實證條件差異極大，苟非一一實證者，縱使讀懂此經文義，亦無法實證之。何況此經文句極爲精鍊簡略，今時人之文言文造詣亦低，何能眞實理解此經眞義？而欲證知經中所說如來藏心與佛性義，欲求不起矛盾想者，極難、極難矣！特以佛性之實證、內涵、名義，古今佛教界中所述紛紜，類多未知佛性、或未實證眼見佛性現量之凡夫所說者；如斯等人或讀此經，必然錯會而誤認六識之見聞知覺性爲常住之佛性；以是緣故，亦應講解此經而令佛教界廣爲修正舊有之錯誤知見。

然而此經中有時亦敘述如來藏具足令人成佛之體性，如同世親菩薩所造《佛性論》之意涵，並非《大般涅槃經》中世尊所說十住菩薩眼見佛性，亦非此經中所說佛性—妙眞如性—現量境界之實證眞義；由是緣故，凡未親證如來藏又未眼見佛性者，往往誤會此經中所說十八界六入等境界相即是佛性境界，墜入六識之見聞知覺性中。是故九年前講述此經時，已依此經所說佛性眞義而略述之，並依此經所說第二月眞義，略加旁述佛性之理；然未盡說，預留讀者將來眼見佛性之因緣，故已隱覆佛性密意而略述佛性之義。藉此覆護佛性密意之宣演佛性方式，促使讀者將來明心之後更有眼見佛性之因緣，得以漸次成熟；或於此世、或於他世，得以一念相應而於山河大地之上，親見自己的佛性，頓時成就世界身心如幻之肉眼所見現量境界，不由漸修而得，一念之間頓時圓成第十住滿心位之身心世界如幻現觀。

又，地上菩薩由無生法忍功德所成就之眼見佛性境界，能由如來藏直接與眾生心相應；雖然凡夫、賢位眾生之心仍不知已被感應，但地上菩薩往往已經於初次相見之時，即已感應其如來藏所流注之種子，由此而知彼眾生往世曾與菩薩結下善緣或惡緣。未離胎昧之已入地菩薩眼見佛性時，具有如是功德，故能由此直接之感應，作出對彼凡夫位、賢位等菩薩應有之開示與因應，此即是三地以下菩薩隨順佛性以後，在無宿命通、天眼通之情形下，仍能妥善因應眾生根性之緣由所在。如是，諸地菩薩於眼見佛性之後所得智慧，迥異十住菩薩之眼見佛性境界智慧，非十住位至十迴向位菩薩所知。一切未眼見佛性而已明心之賢位菩薩，更未能知此。

至於尚未明心而長處無明長夜中之意識境界凡夫菩薩，更無論矣！皆名凡夫隨順佛性。聲聞種性僧人及諸外道，總將識陰六識之見聞知覺性錯認爲佛性，據以誣謗十住菩薩之眼見佛性境界，何況能知諸地菩薩所隨順之佛性智慧境界？唯能臆想而妄加誹謗爾。然諸佛所見佛性，又異於十地、妙覺、等覺；謂諸佛眼見佛性後，成所作智現前，能以五識各自流注而成就無量利益眾生之事，化身無量無邊，非等覺及諸地菩薩所能臆測。故知眼見佛性者，層次參差不一，各各有別，少聞寡慧者並皆不知，乃至已經眼見佛性之十住菩薩仍不能具知也！如是眼見佛性境界，則非此經之所詳述者；故我　世尊已於別經再作細說，以令圓滿化緣，方得取滅而以應身方便示現進入涅槃。如斯佛道意涵，深邃難知，苟非已有深妙智慧者，難免誤會而成就大妄語，或因難信而生疑，以致施以無根誹謗，未來捨壽後果堪憂；是故平實於此序文中預爲說之，以警來茲，庶免少聞寡慧凡夫聞後惡口謗法，捨壽之後致遭重報。

此外，時值末法，每有魔子魔民身披佛教法衣演述常見外道法，轉易佛門四眾同入常見外道、斷見外道知見中；更有甚者，身披法衣而住於如來廟堂之中，實行印度教外道性力派—坦特羅「佛教」—譚崔瑜伽男女雙身合修之意識貪觸境界，夜夜乃至白晝公然宣淫於寺院中，成爲彼等眾人寺院中的公開祕密，唯獨淺學信徒不知爾。如是邪說邪行，已經廣行於末法時代之學密佛教寺院中，台灣海峽兩岸亦皆已普及，極難扭轉其勢，豈符 世尊法教眞義而不違 佛制戒律？身披僧衣而廣行貪淫之行，墮落識陰境界中，豈能相應於眞心如來藏離六塵貪愛之清淨境界？眼見如斯末法現象，平實不能不喟嘆末法眾生之福薄：屢遇如是宣揚外道法之邪師而不自知，更隨之暗地實修雙身法而廣違佛戒，日日損減自己每年布施眾生、供養三寶所得福德。

更有甚者，一心追隨邪師而認定邪法爲正法，不知邪師每每身現好相，佯為實證及清淨之人；學人由無明所罩故，以護法之善心而與邪師共同造下破法之愚行，將了義勝妙之正法謗為外道神我、外道自性見；亦將弘揚正法之賢聖謗為外道、邪魔，坐令邪師勢力增廣，導致邪法弘傳益加普及。是則因於無明及名師崇拜，以善心而造惡業；然猶不能自知眞相，每以**壞法**及謗賢聖之惡行得以成就，而沾沾自喜為**護法大功**焉，實可憐憫。今此經中，佛陀對此廣有開示，讀者若能摒棄以前追隨名師所聞之先入為主觀念，客觀地深入此書中，一一比對佛語而能深細檢驗；然後一一加以深思，並依本經所說蘊處界功能本質及生滅性之現量加以現觀，即可遠離既有之邪見而轉入正知正見之中；若能正確了知之後，益以正確之護法善行而積功累德，何愁此世無有實證如來藏而悟入大乘菩提之機緣？乃至福厚而極精進者，亦得眼見佛性而圓滿十住位之世界身心如幻現觀。

末後，令平實不能已於言者：對於中國佛門中已存在百年及密宗已存在數百年之宗喀巴外道法因緣觀及菩提道次第，亦應由此經義而廣破之。謂百年來常有大法師遵循日本學術界中少數人的錯誤觀點，一心想要以學術研究所得取代佛法特重實證的經中教義；而日本近代此類所謂佛學學術研究者，本質仍屬基督教信仰者急於**脫亞入歐**而提升日本在國際上之學術地位，想要與歐美學術界分庭抗禮；於是出之以嘩眾取寵方式而極力批判佛教，冀離中國佛教而且上於中國佛教，於是乃有批判中國傳統佛教如來藏教義之舉——三十年前日本「批判佛教」學派於焉誕生。於是專取四阿含文字表相法義，並扭曲四阿含法義，宣演外道六識論爲基調之因緣觀，取代佛教四阿含所載八識論之因緣觀，自謂彼之謬論方屬眞正佛法，主張一切法因緣生故無常，誣指中國傳統佛教如來藏教義爲外道神我。然而，如來藏屬第八識，能出生外道神我，而法界中亦無一法可破壞之，此是一切親證如來藏者皆可現觀而證實之現量；外道神我則屬第六意識或識陰六識，被如來藏所生，乃生滅法；一主一從，二者天差地別，焉可等視齊觀？由此證知日本袴谷憲昭、松本史朗創立批判佛教之學說，純屬無明所言戲論，並無實義。

六十年來台灣佛教則由印順及其派下門人，奉行印順源自天竺密宗之宗喀巴六識論應成派中觀，採用基督教信仰者反對實證之西洋神學研究方法，曲解四阿含中所演八識論因緣觀正理，刻意否定中國禪宗法教之如來藏妙義，貶爲野狐禪及外道神我；藉此表相建立其不落「俗套」而異於傳統佛教之「超然、不迷信」假象，然後佛光山、法鼓山、慈濟追隨印順而奉行之。然而印順派之思想本質，乃外道六識論之因緣觀，近承日本不事修證之學術研究學說，遠紹宗喀巴、阿底峽、寂天、月稱、佛護等六識論諸凡夫論師；謂彼等因緣觀外道如是主張：純由根、塵作爲因緣，即能出生六識：不必有本識如來藏持種，只藉六根六塵作爲因緣即能出生六識。又主張意識常住不壞，公然違背聖教。如是外道因緣觀，全違法界現量—違背現象界中可以現見之事實—諸法不自生、不他生、不共生、不無因生之事實，全違龍樹中觀之教示。

而印順派所闡釋之因緣觀、應成派中觀，正屬龍樹所破之他生與共生之外道因緣觀；復又違背四阿含中處處隱說、顯說之八識論因緣觀——由第八識如來藏藉所生根塵爲因緣，出生識陰六識（詳見拙著《阿含正義》七輯之舉述），本質正屬外道六識論邪見之因緣觀。今此《楞嚴經》中更出之以五蘊、六入、六界、十二處、十八界皆屬如來藏妙眞如性所出生之深入辨正，以九處徵心八還辨見之細膩法義，令知「識陰六識不能自生，根不能獨生識，塵不能獨生識，根塵不能共生識，虛空不能無因生識」等正理，完全符契四阿含諸經所說義理，而更深入闡述正義。如是深入辨正已，阿含聲聞道所述佛門因緣觀正理即得以彰顯，突顯佛門八識論因緣觀異於印順及宗喀巴之外道六識論因緣觀所在，則佛門學人即可遠離外道因緣觀邪見，疾證聲聞菩提乃至佛菩提，終不唐捐諸人一世之勤修也！

佛法特重智慧，是故成賢證聖而入實義菩薩位中，世世悅意而修菩薩道；或者捨壽後速入三塗永爲凡夫而受苦難，多劫之中常與眞實菩提絕緣，世世苦修仍不得入門，茫然無措；如是二類迥異之修學果報緣因，端在當前一念之中：是否願意客觀分辨，及實地理解諸方名師與平實所說法義之異同所在，不依道聽塗說而盲從之，實即憑以入道或下墮之樞紐及因由也！願我佛門四眾弟子皆能冷靜客觀而深入比較及理解，然後理智而不盲從地作出抉擇。審能如是，則此世即已建立修學佛道之正確方向；從此一世開始，佛道即能快速而悅意地修學及實證，非唯永離名義菩薩位，亦得永斷三塗諸惡因緣，眞成實義菩薩，何樂不爲？

此書既然即將開始潤色而準備梓行，於潤色前不免發抒感想、書以爲文；由是而造此序，以述平實心中感慨，即爲此書印行之緣起。

佛弟子　平實　敬序於竹桂山居

時値公元二〇〇八年　春分

第二輯：

《大佛頂如來密因修證了義諸菩薩萬行首楞嚴經》卷第一

（上承第一輯未完部分）

【阿難言：「我常聞佛開示四眾：『由心生故種種法生，由法生故種種心生。』我今思惟：即思惟體實我心性，隨所合處，心則隨有，亦非內外中間三處。」**佛告阿難：**「汝今說言，由法生故種種心生，隨所合處心隨有者，是心無體，則無所合；若無有體而能合者，則十九界因七塵合，是義不然。若有體者，如汝以手自挃其體，汝所知心，為復內出？為從外入？若復內出，還見身中；若從外來，先合見面。」**】**

講記：這裡已是第五處徵心了！那麼因為阿難尊者前面所講的四種都被佛陀問倒了，所以又想到另外一種。世間人的悟也有幾百種，佛門大師們的悟也有好多種，一個人講一個樣子；你想不到的，他們都想得到。可是所有眞正證悟的人卻都只有一種，所悟都一樣是第八識如來藏心，沒有兩種悟。所以我們同修會的明心也只有一種，沒有第二種；眼見佛性的人所見也都只有同一種，沒有兩種見。因為眞實之理不會有兩種、三種以上，若是有二種、三種以上的開悟，那就不是絕待之法，而是相待之法了。

那麼阿難聽完　佛的說明以後，他說：「我常常聽到佛陀向四眾弟子開示：『由於我們心出現的緣故所以就有種種的法出生了，由於有種種法出生的緣故所以又有種種心出生了。』」這是互相對待的法，這二句要先解釋一下，大家才容易聽懂後面的法義。我們在人間，覺知到無量無數的法，都是因為有覺知心出現；如果覺知心不出現，就不會有無量無數的種種法存在。覺知心如果不出現，譬如睡著無夢時，還有沒有世間人所知的任何一法存在你心中？莫說一法，半法也無！但是覺知心的功能出現，並不是剎那間就具足出現的，而是先出現一點點的功能，然後再慢慢地增加一點點，這樣一剎那、一剎那慢慢地增加，到最後具足時就醒過來——完全醒了。

在覺知心的功能還沒有完全具足，也就是還沒有完全醒過來的時候，總是矇矇矓矓的；所以睡覺睡到一半時，自己懂得翻身；因為床鋪壓得身體下方血液不通，意根覺得有異樣，於是喚醒一部分意識；這個功能不具足的意識覺知心已經能了知是身體不舒服，於是意根憑著經驗就決定翻轉身體；當時功能不具足的意識分別到這樣是舒服的，於是意根就讓意識再度消失而又深深的睡著了。可是等到你明天早上完全醒過來時，問你睡覺時翻了幾次身，你會說「不知道」，因為你的覺知心是處於一點一點功能慢慢出現的狀況，而且是只有少分功能出現的狀況，並沒有想要作意去記住翻身這件事，所以記不住一個晚上睡覺翻了幾次身。

這意思就是說，覺知心出現了多少功能，才能夠領納多少等量的法；如果只出現一點點的功能，就只能領納或分別一點點的法。如果問你半夜抓了幾次癢，你一定不知道；除非事先準備錄影機而錄下來，醒過來以後再慢慢去算，否則根本不知道睡覺之中抓了幾次癢。換句話說，睡覺過程中的覺知心出現時，只有那麼一點點功能，當時只知道身體不舒服而需要翻身；只知道那個法，其他的都不知道，所以那時候只有那一個法與覺知心相對應；必得等到完全清醒的時候，覺知心的所有功能全部出生了，其他的法才會在覺知心中出現，所以說：「**由心生故，種種法生。**」

當覺知心沒有出現的時候，半法也無；如果具足出現的時候，什麼法都有。覺知心出生以後，當然是有種種法跟著在覺知心中出生了；接著就是「由法生故種種心生」。當覺知心出現了以後，因爲領受了很多很多的法，所以覺知心就不斷的現前運作而不能暫時斷滅。如果覺知心由於身體很累而不太想領受諸法，導致沒有很多的法出現在覺知心中，這時覺知心可能不久就睡著了；或者是正在睡覺之時，由於外面沒什麼動靜，所以覺知心出現一部分而翻了身以後，隨即又消滅而睡著了。若是外法不斷的劇烈變動時，當然又是「由法生故種種心生」了；當然這裡講的心是妄心識陰等六識，特別是指意識覺知心——有念或是離念的靈知心。

覺知心是與六塵互相對待的，換句話說覺知心與諸法是互相對待的；只有眞實心——如來藏，可以跟諸法相對待，但是也可以同時跟諸法絕對待；譬如說入了無餘涅槃時，如來藏可以單獨存在，什麼法都沒有了；但也可以在人間而出生諸法，而不停地流注諸法的種子——功能差別；在不停地流注諸法的功能差別出來時，其實是與諸法互相對待的，可是祂又不對六塵諸法加以了知，所以又是不與諸法相對待的。

對意識覺知心來說，必須有六塵諸法的存在，意識才有可能出生及存在；相對於人類的心靈意識心來說，若無意識時就不可能有諸法出現在心中，所以又說「由心生故種種法生」。可是正睡著無夢的時候，意識雖然斷滅了，卻還是有法存在的；這個時候，對俗人來講無法，但是眠熟時末那識意根其實還在；如果沒有末那識還在作極粗的了別，怎麼會使少分意識重新出生而知道要翻身？又怎麼能知道被昆蟲咬而醒來處理昆蟲？這都是因爲還有一個恆審思量的意根存在，不斷地在了別極粗糙的法塵，所以眠熟無夢而無意識存在的時候，其實還是有法存在的。

從比較淺的層次來講，有一些人以爲覺知心不出現時就沒有法出現了；其實還是有法，只是比較深細而不是一般人所能自行了知的。所以俱解脫的阿羅漢入了滅盡定，當太陽曬到身上時，他們的意識又會生起而知道應該出定托缽去了！滅盡定中並沒有覺知心，他們怎麼懂得要出定呢？所以可見意識中斷的時候，並不是完全無法，還是有法的，只是這些法不必由意識來了知罷了！只有入了無餘涅槃時才是眞正的無法，因爲有覺知心生起的緣故所以有種種法生，有法出生在覺知心中的緣故，所以覺知心就會生起種種的法：貪、瞋、癡、慢、不平等、疑惑、掉悔……等，種種心行的法都會出現。

那麼阿難常常聽到 佛陀這樣開示，所以當下就思惟：「我能夠思惟的這個體性就是我覺知心的體性。」這已是第五處徵心了。「隨著我這個能夠思惟的心性而與某個法相和合的時候，我這覺知心就隨著相應的法出現了；這樣一個與諸法和合的覺知心，不是在內，不是在外，也不是在中間等三個處所。」阿難想：我如今這樣子想，總該對了吧！佛一聽完阿難的說法，就向他說：「現在你說：『由於法生的緣故，所以種種心跟著出生；隨著覺知心與種種法相合的地方，覺知心就隨著種種法而有。』若眞的是這樣，那麼這個覺知心應該是沒有眞實不變的自體性，那祂就不可能與一切法互相和合爲一了；假使覺知心是沒有自體卻能與諸法和合爲一，這就有問題了；這就好像說有一個第十九界，是因爲第七塵而出生、而與第七塵和合了。」人間有沒有第十九界？有沒有第七塵？都沒有啊！十方的三界都一樣，最多就只有六塵，沒有第七塵；十方三世一切的有情、二十五有，最多就只有十八界，而沒有第十九界；從來沒有人超過十八界的，那你阿難現在這樣子講，就好像是有一個第十九界，是因爲第七塵的存在而與第七塵聚合，才出現了第十九界，「所以你阿難所講的這個道理不正確。」

一定是有眞實常住體的不壞心，才可以與一切法和合；怎麼可以說沒有體的覺知心，竟然可以與諸法和合而且是絕對待的呢？如果這個會思惟的心沒有眞實體，要依靠諸法先出現，然後與諸法和合時覺知心才能出現，這樣看來，覺知心就不是眞實體；沒有眞實體的覺知心，而能夠跟諸法和合而出現；這個話講不通，邏輯上不能成立。「那你如果硬要說：這個覺知心是有眞實體性——有自體性，」自體性是說可以自己獨立存在的體性；阿難剛才所講的「由法生故種種心生」，這個覺知心是依據於諸法先出生以後才有的，所以是依他法而起的，是沒有自體性的。

「如果你阿難堅持要說覺知心是有自體性的，就譬如你用自己的手，捏起拳頭來搗一下自己的身體，那我問你：你所知道的覺知心，能夠知道這個身體被搗了一下的覺知心，是從身體裡面生出來的？或者是從身體外面進來了知被搗而有痛覺？」這又是使阿難尊者進退兩難的題目。「你如果說搗了身體以後，這個知道痛的覺知心，是從身體裡面生出來的話，顯然這個覺知心是住在身體中的，那麼在領受痛覺以前一定是住在身體中的，那時身中的覺知心是應該看得見身體裡面的，」可是看見了沒有呢？顯然被搗以前乃至以後都是看不見五臟六腑的；「當身體被手一搗而痛起來了，覺知心已經了知這個痛覺了，那麼你這個覺知心即是從外面來身體中了知的；既然是從外面來身體中了知痛覺，那就應該在感受痛覺之前已經先看見自己的臉了。」然而阿難事實上卻沒有先看見自己的臉。阿難尊者又有辯解：

【阿難言：「見是其眼，心知非眼，爲見非義。」**佛言**：「若眼能見，汝在室中，門能見不？則諸已死，尚有眼存，應皆見物；若見物者，云何名死？阿難！又汝覺了能知之心，若必有體，爲復一體？爲有多體？今在汝身，爲復遍體？爲不遍體？若一體者，則汝以手挃一肢時，四肢應覺；若咸覺者，挃應無在；若挃有所，則汝一體，自不能成；若多體者，則成多人，何體爲汝？若遍體者，同前所挃；若不遍者，當汝觸頭，亦觸其足；頭有所覺，足應無知。今汝不然，是故應知：『隨所合處，心則隨有』，無有是處。」**阿難白佛言**：「世尊！我亦聞佛與文殊等諸法王子談實相時，世尊亦言心不在內，亦不在外；如我思惟：內無所見，外不相知；內無知故，在內不成；身心相知，在外非義；今相知故，復內無見，當在中間。」**佛言**：「汝言中間，中必不迷，非無所在；今汝推中，中何爲在？爲復在處？爲當在身？若在身者，在邊非中，在中同內；若在處者，爲有所表？爲無所表？無表同無，表則無定，何以故？如人以表，表爲中時，東看則西，南觀成北；表體既混，心應雜亂。」**】**

講記：阿難辯解說：「能見的功能是由眼睛來看見的，而覺知心的功能是知道而不是看見；覺知心既不是眼睛，您說覺知心可以看見，這樣的說法，道理不通啊！」剛聽好像也有道理，因爲當一般人說我看見時，指的是眼睛看見，所以似乎是有些道理的。可是佛說：「如果不依靠覺知心，眼睛可以自己看見，那你阿難在這個房間裡面，門能不能看見？假使你說門可以看見色塵，那麼那些已經死掉不久的有情屍體，他們的眼睛還在啊！那他們那些眼睛應該也是可以繼續看見種種物品的。」有的人死的時候是死不瞑目，眼睛張得很大；「若是阿難住在屋裡時，不是由阿難來見物，而是無情物的門自己就可以見物；那麼人死了以後，他遺留下來的眼睛也應該可以看得見東西了。」然而門能不能見物？還是得要由屋內的阿難來見物啊！死人的眼睛能不能見物？還是得要由覺知心來藉眼睛才能見物啊！所以死人的眼睛是看不見的。所以，一般所說的眼睛看見而不是覺知心看見，其實是有問題的；因此，假使有人死不瞑目，其實還是看不見任何事物的。「假使死人的眼睛還是如同死前一樣可以看見種種事物，那你阿難爲什麼可以說那個人是死了？」死了就一定是看不見事物了，若是眼睛還是可以見物，就表示那人還沒有死，那你就不應該說他死了。

「阿難！又汝覺了能知之心，若必有體，爲復一體？爲有多體？今在汝身，爲復遍體？爲不遍體？若一體者，則汝以手挃一肢時，四肢應覺；若咸覺者，挃應無在；若挃有所，則汝一體，自不能成；若多體者，則成多人，何體爲汝？若遍體者，同前所挃；若不遍者，當汝觸頭，亦觸其足；頭有所覺，足應無知。今汝不然，是故應知：『隨所合處，心則隨有』，無有是處。」

現在佛又說了：「阿難啊！你這個能覺了而能知的心，如果祂有眞實的自體性——眞實不壞的自體性，那我問你，到底這個覺了能知的心，」也就是意識心，「是單獨一個主體，或者這個覺知心是有很多個主體？」然後又問：「這個覺知心在你身體中，是遍身呢？或是不遍身？」問這四個問題。當你認爲這個覺知心是常住的心體，是有眞實不壞性的常住心，那麼 佛在這裡所問的每一個問題，你都將無法回答，都是進退兩難。

知道阿難無法回答，所以接下來 佛陀就代替阿難答覆第一個問題：「如果說這個覺知心是只有一個主體而又遍身的話，那麼現在你用手搗一下你四肢中的某一肢；如果覺知心是一體而又遍身，這時應該四肢都有感覺。」可是搗了手以後爲什麼只有被搗的那一隻手有感覺？另外的三肢爲什麼都沒有感覺被搗痛了？如果覺知心是一個主體識而不是由很多個識組成，而且又遍身，那麼覺知心應該在身體某處被搗時全身都有痛覺的；覺知心既然全身都知道痛覺，而且都是同一個知覺，那麼搗了某一隻手以後，應該另一隻手及其餘兩腳也都有感覺痛，可是爲什麼沒感覺？

諸位有沒有想到這個問題？爲什麼腳沒有感覺而只有那隻手有感覺，爲什麼頭沒有感覺而只有那隻手有感覺？既然說覺知心是同一個主體而又遍知，應該這裡感覺到痛時，那裡也感覺到痛，應該遍身都痛；可是爲什麼沒有呢？如果硬要說這裡搗了一下，全身就都有痛覺，那麼你所搗的這一下是應該沒有處所的，當你搗腳時也應該等於搗手，所以打了耳光等於打了背部或者手部，或者乾脆說搗了全身吧！應該全身都一樣有痛覺啊！不應該感覺到只有一個地方痛。

「若咸覺者，挃應無在；」那麼「假使眞是這樣的話，你打了身體這一下，這一下應該是沒有所打的處所，應該是全身都有被打這一下的感覺。」但是實際上手被搗了一下，確實有一個被打的處所，而且是只有手痛，所以主張覺知心是同一個主體識而遍布全身的道理，也就不能成立。

「若挃有所，則汝一體，自不能成；」「如果你改說被搗的時候是有一個被搗的處所，那麼你所說的覺知心只有一個主體識，而又遍布全身的道理，自然就不可能成立了。」因爲被打的地方很清楚的了知只是局部而不是全身同時被打的痛覺，那就是說覺知心了知被打的時候，並不是遍全身的。

假使覺知心只是一個心而且是遍全身的，當覺知心了知身體某一處被打時，覺知心應該同時很分明了知其他五根的狀況；但是顯然只是專注在某一處所，而不是遍身同時很分明的了知痛覺。所以，說覺知心是只有一個主體心而又遍布全身，道理是講不通的。

「若多體者，則成多人，何體爲汝？」「如果你說覺知心有很多個主體，所以覺知心才能遍布全身；那麼當你打了手，手中這個覺知心體知道被打，而腳、頭……等覺知心體不知道，所以腳、頭……等身體部位沒有感覺痛；如果眞的是這樣，那就應該你身中有很多個覺知心，」有四肢就有四個覺知心，加上一個頭就該有五個覺知心，如果再加上身體就一共有六個覺知心，「那麼你就應該成爲很多人而不是只有一個人，」若是身中有六個覺知心——有六個人，這六個覺知心是不是會互相爭吵？

這就好像童話故事中寫的，眼睛說我是最重要的，耳朵說我才是最重要的，互相吵了起來，然後覺知心就出來做和事佬。是不是這樣？也許覺知心說：「你們都在我掌控之下，所以你們都不重要。」其他五個又起來跟祂造反，是不是這樣？事實上並不是這樣，所以不能夠說這個覺知心有六個，有五個，有多個，都不能這麼說。「你如果硬是要堅持說：身中的覺知心是有很多個，各自成爲主體心，那麼究竟是哪一個覺知心才是你呢？」不可能五、六個覺知心都是自我，一定只有一個覺知心才是眞正的自我，因爲在現量上所有的人都是自覺只有一個覺知心自我。

「若遍體者，同前所挃；若不遍者，當汝觸頭，亦觸其足；頭有所覺，足應無知。」佛陀又開示說：「你如果說這個覺知心是遍體存在，而且又是只有這一個覺知心，不是有多個覺知心，當你捣了自己手一下的時候，應該是如同前面所說的一個覺知心遍體存在時，應該通身都有被捣的感覺，但是實際上其他的部位並沒有感覺到被捣；如果只有一個覺知心並且是不遍身的，當你觸摸到頭，同時又觸摸到腳，那個時候應該是頭有所覺，足應無知」，因爲一個覺知心而且是不遍身的，這個覺知心若是只在頭部的時候，當我摸到你的頭，同時又摸你的腳，那時你將是只有頭的覺知心知道被觸摸，而腳上應該是不知道有被觸摸的；「而你阿難卻不是這樣的，卻是頭部及腳部都知道有被我觸摸到；由於這個緣故，你所說的『隨著被觸摸的處所，就在那個被摸處與觸塵和合相觸的地方，覺知心就隨著觸塵而有』的說法，是沒有道理的。」

阿難白佛言：「世尊！我亦聞佛與文殊等諸法王子談實相時，世尊亦言

心不在內，亦不在外；如我思惟：內無所見，外不相知；內無知故，在內不成；身心相知，在外非義；今相知故，復內無見，當在中間。」現在阿難拿另一個中間來說了。前面的內與外的中間，是針對身內與身外之間的中間處所來說，現在則是已經遠離了「外不知內而內不知外」的錯誤的中間，再從另一個「全身各處互知有無被觸摸到」的情況，來說內外之間的中間。這段經文已經是第六處徵心了。

阿難尊者說：「我曾經聽聞佛陀跟文殊師利等諸法王子對談實相的時候，」「諸法王子」表示不是只有 文殊師利一位，當然是包括 彌勒菩薩等人在內，可能 維摩詰居士往往也在現場；這些人都是法王子，都是等覺菩薩。阿難向 佛稟白說：「以前您在跟他們談論實相的時候，曾經說心不在內、也不在外；如果我的思惟沒有錯，應該是這樣的：由於覺知心住在身中卻看不見身體裡面，如果覺知心是在外面的話，祂跟身體裡面的覺受又應該不能相知，這顯然也不正確；如果覺知心是在身體裡面，由於對身體裡面的狀況都看不見而不知身體內的狀況，所以覺知心在身體裡面的說法也不能成立；事實上，覺知心不但知道外面的六塵，卻又知道身體何處被觸摸而何處沒有被觸摸，顯然是身心相知的，這樣看來，覺知心在身體外面的主張也是沒道理的；如今看來，由於覺知心既能知道外面六塵，又能與身體互相了知各處有沒有被觸摸，覺知心是與身體互相知道的，然而覺知心卻又看不見身體裡面的情況，顯然不知道身內，當然是不在身內，那麼這個覺知心就應該是在中間才對。」

如同一般眾生一樣，阿難當時也是這樣去推測；這就好像外面那一些人讀我的書，讀了這一本書，心想應該是這樣；看見我另外那一本書又那樣寫，心想怎麼還有可能是那樣？結果總是弄不清楚；自己讀不懂，亂猜測一番，卻自以爲是而罵我胡說，結果全都罵錯了。所以說，單單是對覺知心這個妄心的自我了知，就已經不容易了，何況是更深奧、更勝妙、更微細的第八識如來藏，又如何能了知呢？而且，外面那些所謂的大師們，總是將《楞嚴經》中多處徵心來證明覺知心虛妄的種種開示，嚴重誤會而錯認覺知心即是眞如心。連經文都讀不懂，顯然智慧不夠，何況能證得第八識如來藏而成爲開悟者？竟然大膽自稱賢聖。他們膽子眞的很大，我可沒那個膽子。

佛陀聽了阿難尊者的報告，當然知道他還沒有弄清楚覺知心究竟是在什麼處所，所以就開示說：「汝言中間，中必不迷，非無所在；今汝推中，中何爲在？爲復在處？爲當在身？若在身者，在邊非中，在中同內；若在處者，為有所表？為無所表？無表同無，表則無定，何以故？如人以表，表為中時，東看則西，南觀成北；表體既混，心應雜亂。」

佛陀向阿難這樣開示說：「你既然說是中間，想來你一定是對這個中間的定義有了很清楚的界定，對中間的定義沒有什麼迷惑，那麼你所說的中間一定有一個明確的處所，不只是想像而不確定的中間。既然推斷出確定的處所而說覺知心是在中間，那個中間是在什麼地方呢？是在處？還是在身？」「處」就是外相分的觸塵所在，「身」則是身體中的自己。如果說覺知心是在外相分的觸塵所在之處，剛剛已經開示過，那是不對的，當然會說是在身上，「如果覺知心是在身中的話，其實是從外面相對來說身中是中間，那其實應該說是在邊非中，因為是在身體的邊上——身體的表面，而不是觸塵與身體的中間；你如果說覺知心是在身體裡面——是在身體中，則又與前面所說的覺知心在身體裡面一樣，剛才已經被我破斥過了，不可能成立。那你如果說覺知心有一個處所——是在觸塵所在的處所，請問你這個覺知心是有一個固定的顯示處？或是並沒有固定的顯示處？若是沒有一個固定處所被表示出覺知心的所在，那就是覺知心根本不存在，」明明覺知心現前了，怎麼可以說是沒有「表、外」而顯示出來？而說覺知心沒有一個所在表示的處所？

「那你如果說覺知心是有被表示出來的處所時，仍然沒有一個準確的定點處所，而等於是說覺知心沒有一個固定的處所。爲什麼我釋迦牟尼這麼說呢？譬如人們以某一個地點作表示，若是把這個地點表示爲中的時候，」譬如有人在某一個地點樹立標誌說「以這個被我表示的地方做爲中間」，「這個時候，從東邊來看這個地點時，這個被標誌的地點應該說是在西邊；若是從西邊來看時，這個被表示的地點卻是在東邊；從南邊來看時則是在北邊，從北邊來看時卻又是在南邊。被表示的中間體既然已是混亂的，所以被你以中間來顯示出來的覺知心，也就雜亂而無法說是在哪個點的中間了。」這裡已是第六處徵心了，是說阿難所講的中間還是有問題的。雖然覺知心是妄心，但是仍然沒有處所可說；如果有處所的話，那就變成色法一般——與物質的法一樣，就不能稱之爲心了！而應該被稱爲六塵或七塵之一了。正因爲覺知心並不是物質的法，所以就不能夠說祂有所在、有處所。

【阿難言：「我所說中，非此二種；如世尊言：『眼色爲緣，生於眼識。』眼有分別，色塵無知；識生其中，則爲心在。」**佛言：**「汝心若在根塵之中，此之心體，爲復兼二？爲不兼二？若兼二者，物體雜亂，物非體知，成敵兩

立，云何爲中？兼二不成，非知不知，即無體性，中何爲相？是故應知，當在中間，無有是處。」】

講記：佛開示完了以後，阿難尊者說：「我所說的中，不是您所說的這二種。依照世尊您從前所說的：『因爲眼根和色塵做爲外緣，所以出生了眼識。』那麼眼識有分別，可是色塵本身卻是無知無覺而被分別的；眼識覺知心就在眼根與色塵當中出生，既然如此，眼識這個能見之心性就是在根與塵之中，所以識生其中，則爲心在。」根與塵相觸的地方就會生起眼識覺知心，所以說能識別了知色塵的覺知心，就是在眼根與色塵之中存在。阿難這回可眞說得有道理了！卻沒想到自己的大問題。

佛言：「汝心若在根塵之中，此之心體，爲復兼二？爲不兼二？」阿難說：「我講的中間是在根與塵裡面。」佛就質問說：「你這個能見之心，如果是在你的眼根之中，也在色塵之中，那麼請問你：你這個能見之心到底是同時在根與塵兩邊之中？或者只在其中一個之中？」「爲復兼二？」是質問說：是不是在眼根之中有能見之心，而在色塵之中也有能見之心呢？如果兩邊都有能見之心，就是兼二。如果不兼二，那就是在眼根中而不在色塵中，或者是在色塵中而不在眼根中。請問：到底是兼二或是不兼二？

那你假使說：「我能見的覺知心是在眼根與色塵的中間。」那麼這個覺知心是否既可以看見眼根也可以看見色塵？若是如此，那麼當覺知心看見色塵時應該也會同時看見自己的眼根，可是顯然沒有這樣的現象。所以你應該是說能見的覺知心同時存在眼根與色塵二法之中。但這還是有過失：

「若兼二者，物體雜亂，物非體知，成敵兩立，云何為中？」「如果你說你這個能見之心是兼在二者之中，是在眼根裡面也有，在色塵裡面也有，那麼問題就出現了——『物體雜亂』；也就是說，這將會變成所見的物，以及能見的心體互相雜亂。」因為能見之心既然也在眼根之中，也在物質的色塵之中；所見的是物質色塵，而覺知心既在物質色塵之中，應該是色塵自己就能見色塵，不應該有另一個眼根中能見的心體來見色塵；「因為這樣一來，所有的物質色塵就都有覺有知而可以自己看見色塵，而眼根之中的覺知心也可以看見色塵，豈不是物質色塵與能見的心體互相雜亂了嗎？」

所看見的色塵都有覺有知而可以自己看見自己，譬如說能見之心若是在物質中，那麼現前這裡有蘭花，能見之心在蘭花中，而同時也在眼根中，那麼你能見的心體自己是在蘭花中，應該就不在你的眼根中，才不會兩邊都能見而互相混雜；如果真的是這樣，應該是蘭花自己有見，而眼根中的你無所見——因爲不需要眼根中的你來見。如果你的能見之心是在眼根中，不在蘭花中；若是有人把蘭花移走了，你沒看見蘭花了，可是眼根中的能見之心還是繼續存在著，就成爲蘭花中的能見之心見自己的所見，而眼根中的能見之心也見自己的所見，成爲兩個能見的覺知心了，就不是一個覺知心了。

如果說能見之心是在眼根中而不在蘭花中，那麼把蘭花重新放在你眼前時，你也將看不見；因爲蘭花是你所見之物，而你所見的蘭花既然沒有和眼根中的能見之心相接觸，成爲無所關聯，那麼蘭花放在你眼前時，你也應該看不見，可是明明你可以看見眼前的蘭花。如果說能見之心是同時在眼根與色塵二者之內——能見之心既在眼根中也在蘭花中，問題又來了：到底是蘭花中的能見之心看見蘭花？還是眼根中的能見之心看見了蘭花呢？這樣又變成能看的心和所看的物互相雜亂了。

心體和所見之物已經互相雜亂時，那麼物質色塵應該已經不是能見的心體所知的——也就是所看見的蘭花不應該是你能見的心體所知道的，你應該不知道那裡有蘭花；因爲覺知心同時兼在蘭花與眼根之中，蘭花自己已經有能見之心，不需要眼根中的你來看；而你眼根又有一個能見之心，這樣兩個能見的覺知心不就成敵了嗎？不就成爲兩個敵對的互相能見之心嗎？這不是成爲兩立—兩個覺知心對立—了嗎？成敵而兩立時，就不是同一個有情了！所以不該說能見之心在蘭花之中或者在眼根之中，或是蘭花與眼根之中都有能見之心。所以你若是說眼根與色塵兩邊都有能見之心，顯然不可以說是中間；所以你所說的中，說兩邊都有能見的覺知心，事實上「兼二不成」，這個說法是不能成立的。

然後　佛陀爲阿難作出了必然的結論：「兼二不成，非知不知，即無體性，中何爲相？是故應知，當在中間，無有是處。」眞的是「非知不知，即無體性，中何爲相？」「如果說能見的心在眼根，那麼眼根其實無知，是眼根中能見之心才有知；眼根無知，色塵也一樣是不知，而是色塵中的能見之心才有知。既然眼根與色塵都一樣：都有一個能知的，也有一個不知的；能知都是能見之心，而眼根與色塵全都是不知的，那麼眼根與色塵二者就沒有心體的自性。這時如果改說能見之心是在眼根與色塵二者的中間，這時的能見之心就應該能同時看見色塵與眼根，但在事實上卻不是如此，所以這也不能成立，又只能再度回到眼根之中或色塵之中；但是，當根與塵都是沒有心體自性的時候，你說能見之心在根中或在塵中，到底是哪個之中？又是以什麼爲中？你的中到底是什麼法相呢？所以你應該要知道，你說『這個能見之心應當是在根與塵的中間』，這樣的說法無有是處，沒有一個道理可以講得通的。」換句話說，只要說錯了，佛就讓阿難進退失據：進也不行，退也不行。

【阿難白佛言：「世尊！我昔見佛與大目連、須菩提、富樓那、舍利弗四大弟子，共轉法輪，常言：『覺知分別心性，既不在內，亦不在外，不在中間，俱無所在；一切無著，名之為心。』則我無著，名為心不？」**佛告阿難**：「汝言覺知分別心性俱無在者，世間虛空水陸飛行諸所物象名為一切，汝不著者為在、為無？無則同於龜毛兔角，云何不著？有不著者，不可名無。無相則無，非無則相；相有則在，云何無著？是故應知，一切無著名覺知心，無有是處。」**】**

講記：現在已經是第七處徵心了——是第七個地方討論見聞覺知心的所在了。現在阿難尊者聽佛這麼說，知道這個中也不行，前面說的內、外、中也不行，剛才所講的根與塵的中間也不行；既然全都不行，阿難就想到另一個道理，就這麼說：「我以前曾經看見佛陀與大目犍連、須菩提、富樓那、舍利弗等四大弟子共轉法輪，」就是同在一處為眾生說法，「那時佛和四大聖弟子常常這麼說：『眾生能夠覺知、能夠分別的心性，既不是在身體裡面，也不是在身體外面，也不是在身體與外面的中間，見聞覺知心只是心而不是物質，根本就沒有一個所在；對一切法都無所執著的，才能稱之爲覺知心。』」因爲 佛跟四大弟子曾經講過，說覺知心是沒有任何物質的，所以也就沒有處所了。其實 佛在四大尊者迴心大乘之後，爲他們所講的心是眞實心如來藏，不是在講覺知心，所以佛說：「一切無著，名之爲心。」

但是阿難當時迴心大乘不久，也還沒有實證眞我如來藏，仍住在聲聞初果向的解脫智當中，就誤以爲 佛陀以前爲四大尊者所講的一切都不執著的眞心即是覺知心；由於這緣故，阿難就認爲覺知心把一切法都不攀緣、不貪著、不執著，這樣的覺知心就是眞實心，所以就向 佛陀報告說：「那我這個覺知心放下一切煩惱而完全不執著，都不貪著一切法，把覺知心自己也放空而不執著，這樣稱之爲心，是不是可以呢？」這時的阿難是把 佛所說的第一義諦的眞心如來藏，套在見聞覺知的妄心上面來回應 佛陀的質問了！這時眞的是被逼急了，就和現代的大法師們一樣，都是想把能見聞覺知的妄心處於不分別、不執著狀況下，以爲這樣就可以把覺知心妄心變成眞心了！

佛告阿難：「汝言覺知分別心性俱無在者，世間虛空水陸飛行諸所物象名爲一切，汝不著者爲在、爲無？無則同於龜毛兔角，云何不著？有不著者，不可名無。無相則無，非無則相；相有則在，云何無著？是故應知，一切無著名覺知心，無有是處。」

阿難好不容易想到第七個答案，就向 佛陀請問說：「這個心的所在既然非內、非外、非中間，我就全部不執著，不管祂在內、外、中間，全都把祂放下；全部放下以後，甚至於對覺知心自己都不執著，這樣是不是就是我的心？」佛就說：「你說，能覺知、能分別的心性，在不執著、不分別以後，就成爲不在內、不在外也不在中間的心，說這樣就是覺知心的所在。那麼我問你：世間虛空中有許多水中的生物、陸地上的眾生，也有能在天空中飛行的眾生，所有這些生物以及你所見的所有物象，合稱爲一切；那麼當你的覺知心看到了這一切而能夠不執著的話，你這個能見之心、能覺之心、能了別之心，到底是在？還是不在？」問他這個時候的覺知心到底是有？或是已經消失了呢？「如果你阿難說那時已經沒有這個覺知心，沒有這個能見能分別的心存在，那麼當你覺知心對於一切都這樣不執著的時候，這時的覺知心就跟龜殼上面的毛一樣是不存在的，也和兔子頭上長出角來一樣都是不存在的，這時你怎麼還能自稱是沒有執著的呢？」沒有執著的心，是說這個心還是存在的，才可以說是對一切都沒有執著的心。若是這個心已經不存在了，當然不能說是這個心對一切都不執著。

龜殼上面是不長毛的，最多就只有青苔；而兔子頭上也不像牛羊一樣會長角，所以兔子頭上的角是不可能有的；但龜毛兔角是講無法——沒有任何物質或心。龜毛兔角只是個名詞，實際上並沒有這兩樣物品。所以當阿難說：看見了一切水陸飛行等有情眾生以及世間種種的物象時，當時的覺知心假使都能完全無所著—全無分別—當時到底是還有見聞覺知心存在？或是已經沒有這個見聞覺知心存在？如果你要說沒有覺知心存在了，那麼當時的見聞覺知心就如同龜毛與兔角一樣；既然是與龜毛兔角一樣不存在了，怎麼可以說是不執著的覺知心呢？

「那麼如果是確實有一個不執著的覺知心存在著——檢查以後確定在一切法相當中眞的還有一個不執著的心存在，那你就不可以說這個覺知心是無——不存在。然而，全無執著相的時候是無所知的，覺知心就一定不存在了，已經滅失而無了；若是不執著—無所知—時的覺知心還在，而不是已經沒有覺知心存在，那時的覺知心就一定會取相（會了知）——非無則相；取相的現象既然還會存在著，所以一切相都還有，那就是覺知心仍然存在不滅；覺知心既存在而不滅，又怎麼能說是都不執著一切—都不攝取一切相—

而說是無所著的呢？」

這道理，當代的大師們可都不知道，所以大師們常常這樣開示說：「當我見聞了了時，都是不分別的。」有的大師則是反過來說：「當我全無分別時，我還是見聞了了而靈知不昧的。」但是如果有所見所聞的這一些相，就一定會有這個能見能聞的覺知心；而覺知心了了分明的了知一切相的時候，其實就已經是取相了，怎能說是不分別呢？當他們心中都無語言文字，而對所見所聞了了分明時，就是已經取相分別完成了，怎能說是「不著」呢？因爲覺知心了知諸相時就是執取了，不能再說是無執著了。

這時當然是還有覺知心存在的——非無，如果這個覺知心是存在而有，那就一定有相而不是無相；因爲有見聞覺知相啊！見聞覺知相就是分別相啊！怎麼可以說取相—了知諸法相—時不知道有覺知心或者說沒有覺知心存在呢？末法時代的眾生們都不瞭解，連當代的所有大師們都同樣以爲說：「當我這個覺知心不打妄想—不用語言文字—在那邊思惟分別時，就叫作無分別。」不但眾生們是這樣想的，連大師們也都是這樣想的。所以他們就想：「我覺知心只要不起語言文字去分別，那我就是證得無分別心了。」

既然他們這樣講，認爲見聞覺知心可以變成無分別心，那很簡單，我們來做一個實驗讓諸位看看。我這裡用現成的道具，請諸位看我手中這個物品，我再用紙板遮住你們的視線，你們現在只看到紙板了，現在你們已經知道紙板後面是什麼嘛！再來一次（平實導師又把飲料拿得高高地，讓大家看，再用紙板擋住飲料）你心裡有沒有先生起一句語言文字說：「啊！這個是飲料。」然後才知道紙板後面是飲料呢？事實上，你心中的這一句話是已經知道以後才接著出現的。你最初看見時就知道是什麼，並沒有先在心中生起分別說：「啊！這個是飲料。」然後才知道是飲料。所以你是看見的當下就已經知道了，所以見就是分別——見的當下就已經取相完成——分別完成。

「見」如是，「聞」也如是；如果不信，現在大家把眼睛閉起來，聽聽看這是什麼聲音？請你們都把眼睛閉起來（然後導師敲了杯子），是杯子的聲音，對不對？不然，請再閉眼一次，再聽聽看是什麼聲音？（接著導師拍掌），是拍掌的聲音。但是諸位覺知心中了知是什麼聲音之時，心中的語言文字都還沒有生起呢！卻無妨清楚而沒有錯誤的了別完成了！所以「見」的當下，「聞」的當下就已經分別完成了，那些大師們怎麼可以說「見聞之時心中沒有語言文字時就是無分別」呢？這當然還是分別。那麼見聞覺知的當下，既然都已經分別完成了，就是取相了，怎麼可以叫作不執著？如果你是眞的不執著，必須是覺知心已經離開了見聞覺知，但那是不可能的。眞正離開見聞覺知時，你才算是出了三界，但卻不是覺知心出三界，而是覺知心已經永久滅掉了。只要還有見聞覺知，見聞了了分明時就是已經了知六塵，就是取相，已經是有所著了！所以覺知心存在時絕對不可能滅掉見聞覺知，最多只能滅掉五塵而住在定境裡的法塵中。雖然說定境也有例外，也就是無想定；無想定中是沒有見聞覺知的，連定境中的法塵都不存在的，但卻是覺知心已經被意根自己滅掉了，才能沒有六塵的。

當你覺知心存在的時候一定會有見聞覺知，有見聞覺知的時候，你想想看：打坐一念不生時，有沒有了知色塵呢？眼睛閉起來時說是什麼都沒有看見，是眞的沒看見嗎？你已經看見了眼皮上的青黃赤白了。「那我晚上打坐時把燈關了，總可以完全看不見色塵了吧！」燈關了，你還是看見暗，怎麼沒有看見？所以色塵還是存在啊！也許有人會說：「明明我那時什麼都沒看見！你怎麼說我看見了暗？」這個見，就等後面經文中說到的時候，咱們再來解說吧！你先相信我所說的：「這時還是有見，是看見了暗。」假使還有懷疑，等到後面經文中再藉著 佛與阿難的往復辨正時，再來弄清楚吧！

話說回頭：有見聞覺知心就一定會了知六塵。當你打坐時眼睛閉起來，總不能也塞耳朵吧？即使耳朵塞了起來，你照樣聽得見聲塵。當你沒有塞耳朵的時候，那邊一個聲音，這邊也有一個聲音；聲音來來去去時，你全都清楚了知：「啊！這是我爸爸在講話。」「這是我兒女在講話。」「這是外面的車聲。」你全都知道。你說：「那我把耳朵全部塞死好了。」完全塞緊了以後，你又聽見了自己呼吸的聲音、心跳的聲音，連脈搏的聲音也都聽見了，哪能說沒聽見聲音？正當聽見呼吸、心跳聲音的時候，你都清楚地知道那是什麼聲音，根本就不需要先在覺知心中生起語言文字，才知道那是什麼聲音；在心中沒有生起語言文字的狀況中，你已經確實知道那是什麼聲音了，這就表示你已經分別完成了！這也表示覺知心是無法離開六塵的。

如果你眞的能夠離開五塵，譬如你已經有禪定的證境而進入了二禪等至位去了；請問：「二禪等至位當中雖然不接觸五塵，但你知不知道自己正在二禪的等至位中？」知道啊！知道就是住在二禪定境的法塵中，還是有知啊！你如果不知道自己是住在二禪等至位中，那表示你功夫很差——你睡著了，所以不知道。在二禪等至位中的時候，如果你是眼睛張著打坐，那時如果沒看見地面色塵了，才能算是你已經進入二禪等至位了！如果你眼睛張著卻還能看見地上的色塵，一定是還能聽見聲音的；這時明明聲音還在，就表示一定還有初禪中的三塵相，或是還在二禪定外而有五塵相；這時再加上覺知心住於等引位的法塵中，或是住於未到地定的法塵中，可就變成六塵具足了。

那你假使進入了等至位，沒有五塵，可是你知道自己在定中，這時有沒有分別？有很多大師都一定會說這時是沒有分別：**不但沒有語言文字，連五塵都不見了，就是沒有分別了**。但我告訴你，這還是繼續分別不斷的；因爲你已經知道自己住在定中，既然知道自己存在，也知道自己正住在定中，就是已經分別完成了，否則就不會知道自己還在、自己住在定中。這怎麼可以說是沒有分別？所以，當你知道自己正在定中，也希望繼續保持在定中安住，這就是已經分別完成了，才會知道自己住在定中的狀況，這在種智之中就稱爲證自證分。

我們另外有一個題目，叫作「自覺」，以後假使有空也有機會時，再來爲大眾宣講；這個題目是講「眾生覺悟的關鍵」，我已經把大綱打進電腦存檔了。言歸正傳，這意思就是說，只要覺知心存在時就一定會有見聞覺知在運作，有見聞覺知在運作時就是已經在分別了，並不是你覺知心不執著時就是沒有分別；其實你住在二禪以上的等至位中還是在執著的，你執著的是定境的法塵，你不願意離開那個定中的法塵境界，希望在那個法塵境中繼續安住。等到意根心動而使覺知心突然間一念生起來，不想安住了，立刻就退回到初禪去了；這個一念心動其實就是一種執著——執著五塵或三塵境界，否則就不會退出二禪等至位。既然有執著，怎麼可以說這時是無執著呢？

只要與六塵有接觸，就已經有分別了！只是分別的程度是否深入的差異罷了！否則就不會自稱是「了了分明而不分別」了！當他對六塵了了分明時，就是已經分別完成了！否則怎能了了而且分明？同理，當覺知心樂意觸知六塵時，就已經是執著六塵了。眞正的無著有二個層次，一個是慧解脫的無著，另一個是俱解脫的無著。慧解脫阿羅漢的無著，雖然也在五塵中接觸五塵，而五塵上面必然有法塵；可是當他到了捨壽的時候，他不但六塵捨了，也把自己捨了，願意讓自己消失掉而永無六塵，這是第一種無著。第二種無著是俱解脫阿羅漢，當他托鉢回來，洗足已，入了山洞中，腿盤起來，進入滅盡定去了：覺知心自己及六塵都滅掉了。這是第二種的無所著。無所著就是說，見聞覺知的你消失掉了——不但滅掉六塵，連覺知心自己也滅掉了。

也許有人會想：「那無想定應該也無所著啊！因爲在無想定裡面，六塵與見聞覺知心也都消失掉了。」可是無想定並不是無所著，反而是一種執著

——執著自己的色陰而滅除覺知心。無想定是基於邪見所產生的一個定，當外道修到第四禪以後，他想：「佛陀說涅槃之中是沒有六塵也沒有覺知心而絕對寂靜的，我如果還繼續把持著見聞覺知不肯捨棄，那我還是在執著自己，所以我還是得要把覺知心自己給滅了，才能入涅槃中安住。」可是滅了以後，他卻沒有同時把身見滅掉，所以入了無想定而不是入涅槃。因爲他想：「當我把自己見聞覺知心滅了以後，假使我的色界身—第四禪中的定身—如果也消滅了，那就變成斷滅空了，這可就沒有意義了。」所以他就保留了人間的色身或四禪天中的色界身，把覺知心自我滅除了以後，以爲這樣就是進入絕對寂靜的涅槃中，其實只是入無想定去了。

現代的佛教中，連大師們都誤會無想定，不知還強以爲知而誤導眾生。無想定是證得第四禪以後才能入的，有很多人被大師們誤導以後，都以爲：我現在沒有語言文字妄想之時，就是住在無想定中。最有名的代表人物是南懷瑾老師，他在《如何修證佛法》書中就是這麼講的，但這只是欲界定中的無語言妄想罷了，連未到地定都還沒有證得，更別說是證得初禪了，這就是南老師的定境。但他這個說法眞是錯得太離譜了，連當代這麼有名的大師都會這麼講，眞是太荒唐了！

無想定是進入第四禪之後才能進入的定。之所以被稱作無想定，是因於這個定中沒有知；阿含中佛說：「想亦是知。」在第四禪中把覺知心自己滅了，也就沒有覺知了，就叫作無知定；但因爲佛說「想亦是知」的緣故，所以就把四禪後所入的「無知定」又稱爲「無想定」。而第四禪是必須先有第三禪的定境才能進入，乃至初禪必須先有未到地定的定境才能進入；單憑欲界定中的離念境界是進不了初禪的，何況能進入第四禪？並且，在第四禪定境中，是息脈俱斷的；南老師那種極粗淺的離念的欲界定，根本就無法進入初禪中，何況能稱爲四禪後的無想定？

在無想定中既無覺知心自己，也無覺知心所了知的六塵，那裡面是不是無所著的境界呢？其實只是對覺知心自己無所著，可是對於色界天的天身或者對仍然活在人間的欲界身還是執著啊！所以他仍然不是無所著的人。因此，即使是進入無想定中，都還不能說是眞的無所著，所以不能夠說欲界人間的覺知心沒有所執著的六塵時，就是自己的眞實心，就說離念而無所著時的覺知心所在，就是眞實心的所在。因爲既然這一個覺知心還繼續面對六塵，那麼面對六塵的時候當然是還有覺知心存在的，仍然落在三界有之中；如果說這時是沒有覺知心的——覺知心已經滅除的話，那麼覺知心就同於龜毛兔角一樣而性空唯名了！其性是本來即非實有而純粹只是名言施設——龜毛兔角只是名詞建立而已。

龜毛兔角，正是性空唯名，性空唯名並非實體法；當你說一切都放下時就是不執著，主張都不執著時的覺知就是心的正確所在。可是在這個時候，你如果說還有這個覺知心存在，而這個覺知心沒有執著；若眞的是沒有執著，你怎麼可以說祂還叫作見聞覺知心？因爲祂明明不停地跟六塵接觸不斷啊！持續地跟六塵接觸時就是時時在了別六塵，不肯離開六塵就是執著，怎麼是不執著的覺知心呢？所以當覺知心存在的時候，一定是有所著的，除非覺知心不存在了；但是覺知心如果是不存在而說爲無所著，佛說：「無則同於龜毛兔角，云何不著？」你阿難假使改說：「這時是還有覺知心存在的，只是不執著六塵及自己罷了。」佛卻破斥說：「有不著者，不可名無。」既有一個不執著的覺知心還繼續存在，就一定會執著六塵而加以了知，才能了了分明啊！

「無相則無，非無則相；相有則在，云何無著？」你阿難假使改說：「這時，放下一切都不執著的覺知心是無相的，所以都不執著。」佛卻說：「覺知心若眞的是無相的，那就不應該還有祂存在著。放下一切的覺知心既然不是空無而是確實存在的心，那就一定會有了別之相，不可能是無相的。」放下一切時的覺知心，當然是還存在著的，不可以說祂無；若說是無，就等於龜毛兔角一般，這樣做或這樣說，是沒有意義的，因爲是同於斷見外道的。既然說祂還是存在著，那麼放下一切時的見聞覺知心就一定有相，這就是「非無則相」。

見聞覺知心在的時候一定有六塵相在，不管是多麼微細的境界。在欲界六塵中，若是進入淺的未到地定中，仍然是六塵具足的；若是入了初禪等至位中，雖然已經沒有味塵與香塵，卻還是有色、聲、觸、法等四塵；若是入了二禪及高層次禪定的等至位中，那時還是有定境中的法塵存在；既然都有與塵相接觸——至少都還有法塵相存在，當然是有相；既然已經是有相的時候，就表示覺知心仍然執著六塵而加以取受——加以了別；這時當然不能夠說是無所著的，當然是還沒有放下一切的，因爲六塵都仍是一切所攝的。因爲覺知心繼續在色陰諸法中攝取定境當中的法塵相，那麼攝取這個法塵相的時候，當然這個覺知心「非無」；既然非無，表示這個覺知心還是存在；覺知心既然還有——還存在，那就一定有法相存在著——還有覺知心所了知的法塵相；相既然有，覺知心就在；覺知心既然在，怎麼可以說祂叫作無所著？

在佛陀面前講話，若不是絕對正確，就不免進退失據。所以覺知心始終是不可能無所著的，除非滅了；但是滅了以後卻又是龜毛兔角，不能說覺知心無所著。只有如來藏才能完全無所著，如來藏出生了覺知心，又出生內相分的六塵相，讓覺知心來執著——了別。但如來藏只是像鏡子映現影像出來一般，如來藏對自己所映現的六塵相根本不會執著，因爲祂本身離見聞覺知，所以絕對不會對六塵加以了別；從來都不加以了別的心，才是沒有執著的心。如來藏有祂自己獨有的知覺性，但卻不是三界中、六塵中的知覺性；可是這個知覺性很難理解，如果還沒有開悟明心以前，往往會這樣想：「應該就是與覺知心的知覺性一樣，只是比較微細吧？」其實不是這樣的。那你還沒有明心以前，還沒有現前了知祂完全不同的覺知性以前，總是會覺得很玄；等你有一天終於明心了，你卻發覺是這麼單純，一點都不玄，而法界中的實相卻是本來就這樣。這意思就是說，如果有大師效法阿難一樣說：「當我們一切都無所著，這時的覺知心就是心的眞實性。」這就是眞心的所在，這種說法是沒有道理的，所以 佛陀作了一個結論說：「是故應知，一切無著名覺知心，無有是處。」

【爾時阿難在大衆中，即從座起，偏袒右肩，右膝著地，合掌恭敬而白佛言：「我是如來最小之弟，蒙佛慈愛，雖今出家猶恃憍憐；所以多聞，未得無漏，不能折伏娑毘羅咒，爲彼所轉，溺於婬舍；當由不知眞際所指。唯願世尊大慈哀愍，開示我等奢摩他路，令諸闡提隳彌戾車。」**作是語已，五體投地；及諸大衆傾渴翹佇，欽聞示誨。】**

講記：這時阿難尊者在大眾當中，就從他的座位上站起來，偏袒右肩。偏袒右肩就是像我搭這個縵衣一樣把右手右肩放到衣服以外，古時佛教出家人，在平常是以衣服遮蓋著雙肩的；若是求佛開示的時候，爲了表示自己的坦誠而沒有遮蓋，所以要把右肩右手伸出到衣服外面來；就好像密宗那樣的穿著，他們那個叫作偏袒右肩。可惜他們只是學表相，然後又時時刻刻都偏袒著右肩，與佛世比丘們只在敬佛求法時才偏袒右肩的情況不同，眞的是只學表相。這時阿難尊者偏袒右肩而胡跪在地上，求 佛開示。

求 佛開示之前，通常是要胡跪的；也就是右膝著地，左膝不著地；右膝著地的時候，右腳掌要翻掌。阿難胡跪而合掌恭敬，向 佛稟白：「我阿難是佛最小的弟弟，」因爲他是釋迦佛最小的堂弟，「承蒙佛陀的慈愛讓我在僧團中出家，雖然我現在已經出家了，但我還是仗恃著佛對我的憐憫和疼愛，沒有努力用功實修；所以我一直都是在多聞的狀況下，還沒有辦法證得無漏的果報與功德，因此而沒有能力折伏娑毘羅先梵天咒，所以被娑毘羅咒所運轉、控制了，因此在婬舍之中沉溺而無法離去；我想，這應當是由於我不知道眞實的本際到底是什麼？以致沒有功德力量來抵抗那個淫咒。」

也就是說，阿難當時雖然已經轉入大乘道中，但還沒有證悟如來藏的所在而仍然不是別教中的眞悟菩薩；也就是還沒有明心的別教凡夫菩薩，所以對萬法的眞際仍然無所知，也就沒有智慧功德來制伏娑毘羅先梵天咒的力量。阿難尊者接著說：「我對眞實的本際，還不知道所指是什麼意思？」對於眞實本際究竟在哪裡，還不曉得；「沒有智慧力來排遣淫咒的作用，所以目前唯一的希望就是請世尊大慈大悲，來哀愍我阿難，爲我打開眞際智慧而讓我看見眞際所在，讓我可以了知自己覺知心應當如何安住而不搖動。」

奢摩他就是止，毘婆舍那就是觀；你學佛以後想要安止自心時，心要如何安住？這個安住就是心得決定而不動搖的意思，就稱爲奢摩他——止。這就像《金剛經》所講的菩薩：「云何應住？云何降伏其心？」講的就是這個奢摩他——止心於某一境界、某一智慧中而不搖動。眞正學佛而不是學羅漢的人，對於自己的見聞覺知心，應當要怎麼樣安住，必須有所實證，才能如實安住。否則，都將會如同浮萍一般，覺得無所依止而渺渺茫茫，心中老是覺得不踏實。當你了知了本際、實際以後，也就是證得如來藏了，那時你的見聞覺知心就安定下來了，覺得太實在、太踏實了，才能夠眞正知道應該如何安住自己的覺知心。

在還沒有破參以前，或者你們在座的已經破參的人，也一樣想想看：當你沒有破參之前，你對於佛法知道什麼嗎？心中有踏實的感覺嗎？事實上是完全不曉得，也很不踏實的，總是覺得佛法浩如煙海、渺渺茫茫，老是抓不到一個頭緒。會外那些人不正是同樣一個渺渺茫茫的感覺，只擁有朦朦朧朧的知見，根本不知道要怎麼安住自己的心；但你一旦找到了如來藏以後，心就一定會安定下來，然後這樣說：「啊！原來佛法是從這裡來說的，三乘菩提及世間一切法都從這個如來藏實相心而施設的。」這就是說，你的心已經決定了，知道要怎麼樣安住下來；這樣決定不移時，就是已經有了止的功德了。這個止，以及奢摩他，都不是指修持四禪八定境界時的止與觀。止，又名心一境性，又叫作決定不移，也就是不再變異，不再改變，心得決定而安止不動了，這就是奢摩他。

那麼阿難接著請求說：「現在我唯一的希望就是請求世尊大慈悲，哀愍我們，向我們打開而示現這個能使我們心得決定的佛菩提道；並且經由您的開示而使得斷善根的人，可以把不好的現象銷毀掉而不會墮入邊地無智的惡邪見解中。」這個彌戾車的「車」字，要唸作「拘」的發音。隳，就是銷毀的意思。彌戾車三字，為什麼不用義譯而要用音譯？因為它有幾種意思，如果用義譯，就會把其中的某些意思給遺漏了！就好像翻譯「般若」時只用音譯的道理一樣。

彌戾車的第一個意思，是邊地無智之人，也就是出生在邊地而沒有智慧的人。生在邊地，以現在來講，非洲是邊地；凡是沒有佛法在弘揚的地方就是邊地。但在佛法似乎是興盛的台灣，其實也有邊地；這是說，正覺講堂之外就是邊地，因為都是常見外道法，沒有眞正的佛法。依照這個道理來講，美國有些地方是邊地，有些地方就不是邊地，因為還有一處有了義究竟的正法存在；但日本就全是邊地了，因為即使是東密之中也沒有如來藏正法妙理的弘傳了；至於一向宗的本願念佛，創價學會對《妙法蓮華經》的經名持誦，偏差得更厲害了，根本就不值得深入理解或評論，所以說日本全然是佛法的邊地，也都不離常見外道法。

關於邊地，如果以娑婆世界中的我們這個小世界來講，除了南瞻部洲以外，其餘三大部洲都是邊地；若是以宇宙中的所有銀河系世界來說，假使別的銀河系中要是沒有佛示現的話，也都是邊地；所以如果擴大範圍來說，這時的非洲就還不能算是邊地；所以，邊地也是一個相對的名詞。邊地，主要是說無法聽聞到佛法的地方，有了義正確佛法的地方就是佛法所說的「中國」——不是政治界定上所說的中國。

有許多人是標準的邊地人，因爲他們沒有智慧——對佛法是完全沒有機會聽聞的，所以就因爲愚癡而產生了嚴重的國際事件。譬如最近有很多人—尤其是做產品外銷的人—生意受到影響，因爲美國九一一撞機事件發生，關閉許多機場、海港，生意暫時很難做了，不知道會影響多久的時間。那麼現在爲什麼會有這一些事件呢？造作這些事件的人就是彌戾車，就是邊地無智的人。我還記得大約二十年前（編案：這是二○○一年講的）《國家地理雜誌》曾經有一篇文章發表，說回教與基督教的千年戰爭，本質是一個家族中的兄弟互爭，打到現在已經一千年了！《國家地理雜誌》就說這其實是「兄弟鬩牆一千年」。

事實上，如果深入探究回教與基督教的教義，其實是一模一樣的；其實阿拉就是耶和華，耶和華就是阿拉，本來是一個家族神；同一個家族的兩個兄弟後來吵架而決裂了，開始互爭而宣稱自己信奉的神才是眞神，對方信奉的神是假神。自從決裂以後，哥哥說自己信奉的神叫作耶和華，宣稱自己的神才是眞神；弟弟也說他信奉的神叫作阿拉，宣稱自己的阿拉才是眞神。本來是家族神，也是信奉同一個神，後來同一個神變成兩個名號，兄弟開始戰爭；然後再由他們的子孫們，在傳承下來的世仇基礎上，從兄弟兩派後人打打殺殺，經由傳教而擴大勢力以後，演變到後來就成爲千千萬萬人互相有仇。

難道他們兩兄弟這麼會生？生出億萬人來繼承最早兩兄弟間的仇恨嗎？難道現代這二個宗教的信徒還在互相仇恨的人，都是他們兄弟二人的子孫嗎？當然不是，而是因爲教義的錯誤與後天的邪教導，以致那些人出生以後，這一世的全新意識接受新的錯誤教導的說法，然後就因爲信仰而開始仇恨另一個宗教的信徒，於是願意跟隨著創教者一世又一世的打打殺殺不停。那一些回教地區的小朋友們上街遊行抗議美國在打阿富汗，可是他們知道那是什麼因果嗎？都不知道。他們都是被人家從宗教信仰上來加以教導的，他們大多數人過去世是跟基督教徒不曾有仇的！

並且，他們回教徒中，有一些人過去世還是基督教徒呢！從往世信仰的基督教中轉生到回教徒中，被回教教義教導以後卻來反基督教；也有一些回教的信仰者死了以後，此世轉生到歐美地區成了基督教徒，也因爲被基督教的教義教導而反過來仇視過去世信仰的回教。像這樣子忘了往世的因緣，單純的只是在此世生長過程中，被新的父母作了教導而接受了，所以長大以後就跟著反對另一個宗教。像這一類人就是彌戾車，都是因爲邊地無智，才會由於教育的錯誤而導致此世與佛法無緣，遇見了也不會信受。而他們也都沒有能力去判別這些宗教教育中所說的教義有沒有錯誤，繼續成爲彌戾車，繼續保有無明、垢濁邪見。

這兩個宗教的教義都有一個共通點：基督教的聖經說要把異教徒剪除。好像插花時要剪掉多餘的枝葉一樣，說要加以剪除。所以上帝把他信徒的仇人抓來交給他的信徒殺掉，所以上帝是有嚴重瞋心的。回教的教義也是一樣，一手拿著可蘭經，一手拿著劍，讓你選擇：**你要接受可蘭經？或是要接受聖劍擊殺？**由你去選擇。教義的共通性是非常類似的，都是一神教的信仰。那麼這種錯誤的教義，不能遠離瞋恨心而產生了邪教導，如果是生在邊地的人，就被那種錯誤的教導所耽誤，結果就會迷惑一世。

福德是很重要的，本來這一世學佛學得好好的，但由於沒有依教奉行而行施植福；死後受生時福報不夠而生到邊地去，到那時，下一輩子的意識不知道這一輩子的意識在幹什麼，結果本來是不喜歡跟人家打打殺殺的，可是來世的父母命令要參加聖戰了，不能不去，只好去跟另一個宗教的教徒打打殺殺；也許是因爲看到戰爭的景象，不能接受對方宗教殺害自己同胞，於是心就氣起來，打抱不平，最後還是主動加入戰爭了！就這樣眞的打打殺殺而新造了惡業，於是年老捨報時或是年輕戰死時，就這樣一直隨業輪迴下去了！這就是彌戾車，是邊地無知的人。

彌戾車的另外一個意思，是指卑賤的種姓。在古時候，二乘法中因爲提倡平等，所以種姓卑賤的人還是可以出家學法的；所以有許多阿羅漢在世間的種姓來講，並不是高貴的種姓，都還是可以學的；但是如果要學大乘菩薩的法，在一般情況下，福德不具備的卑賤種性就沒辦法修學了！卑賤種性，如果能夠在大乘法而且是在了義法中修學，一定過去世有什麼大因緣，後來一時被外境所蒙蔽，突然造了惡業，才會產生這一世種性卑賤的情況。就好像《不思議光菩薩所說經》中的不思議光菩薩的狀況一樣，那麼當時就叫作卑賤種；所以卑賤種無法修學大乘佛法，除非他已到了卑賤種的最後一世了。

窮鄉僻壤之處，大乘了義佛法是很難生根的，但二乘解脫道卻可以生根弘揚的，因爲大家都很苦，大家都想解脫，不要再輪迴，急求出離生死。但是菩薩的法，法義無邊廣大，內涵富麗堂皇，是三大阿僧祇劫才能修完的；所以在出世間法中的修學，應該要學菩薩的法。但是想要能夠眞正的進入菩薩的法義當中，得要有相當的福報，並不是一世就能修集成功的。因此說，卑賤種沒有辦法修學大乘佛法；即使勉強修學，也只是在外門來修學，一直都會在外門修學菩薩六度而進不了內門的，都是因爲往世所造的惡業而成爲彌戾車的緣故。

彌戾車的第三個意思，是說垢濁種性，意思是說這個人的種性是污濁而不清淨的，不一定是惡業而導致成爲卑賤種性。垢濁種，心中總是想一些不清淨的事情；然後他也會認爲別人都跟他一樣，從來不相信有人是清淨的、善良的，這叫作垢濁種性。這種人始終無法相信世間有人眞的是清淨的，他永遠不可能信受，所以成爲垢濁種。

彌戾車的第四個意思是說惡中惡，種性不善，是出生以來就是惡心惡行的種性。同一對父母所生的孩子有時是互相極端的，也許老大善良得不得了，心腸非常的慈悲，一心想要幫助別人；後來又生了老二，卻是一天到晚一心要搶人家的錢財；搶了人家的錢財以後還要污辱人家，再捏造不實的事實來陷害人家。同一對父母所生的子女，怎麼有這麼大的差異呢？這都是因為前世帶來的種子不同，一個是善中善，一個是惡中惡。惡中惡，就稱之為彌戾車。這就是說，有一些人生來就是不好的種性。

為什麼說「令諸闡提隳彌戾車」？「隳」是銷毀的意思。如果把眞正的法義鋪陳演說出來，那些一闡提人就可以把彌戾車的惡劣種子銷毀掉，下一世就不必墮落三惡道中，而且可以成為有智慧的眞正在修學佛法的人。闡提，有二種；闡提，有時候又翻譯成一闡提，叫作不般涅槃種性。也就是說，這一類種性的人是永遠不入無餘涅槃的。什麼樣的人永遠不入無餘涅槃呢？正是大善或者大惡者，這二種人都是不入涅槃的人。

怎麼叫做大惡呢？譬如說永斷善根的人。在《楞嚴經》中說，要斷善根其實很簡單；也許某人慈眉善目、樂善好施，在世間努力行善，大家都異口同聲說他是大善人；但是只要一句話就使他斷盡善根，譬如他是六識論者，只因為聽到人家講：「有一個眞心本性，是從來都不滅掉的常住法；這個常住法，叫作如來藏。」他因為以前被假名大師作了邪教導的緣故，雖然他在世間修種種善法，可是一聽到人家講這些勝妙法時，他立即誹謗：「你亂講！一切法緣起性空，哪裡有什麼如來藏不壞？你這個如來藏其實是外道神我梵我，不是正法。」然後就施設了許多方便，不斷的破斥如來藏妙義；只是這樣以方便施設而講了一些話出來，想要使人不信如來藏妙義，就永斷善根了！因爲這是謗菩薩藏，《楞伽經》中 佛說：「作是語時，善根悉斷，不入涅槃。」只要講這麼一段話，善根就全部斷了！因爲謗如來藏的人就是謗菩薩藏。

謗菩薩藏是地獄罪，不管你有沒有受菩薩戒，都是地獄罪，因爲這是斷一切善根。後果如此嚴重的原因，是因爲如來藏假使眞的不存在，二乘涅槃就變成斷滅空；當眾生信受斷滅空的時候，二乘菩提將沒有人願意再來修學及實證；而且信受了這種思想的人所修學的二乘菩提也將永無實證的一天，是害人永遠與二乘菩提的實證絕緣。這並且是破壞世出世間上上第一義諦，使大乘第一義諦成爲玄學而不可實證，一切修學大乘第一義諦的人都將因此而永無實證的一天。而這種否定如來藏後必然導致的斷滅思想，也將影響更多眾生胡作非爲，撥無因果，所以這是很嚴重的謗法行爲，當然是斷盡善根的人。

有一些人對於我破斥印順法師的錯誤法義，心中很反感；因爲他們很崇拜僧衣——認爲僧眾是不可被評論的；不論僧眾所說的法義有沒有錯誤，不論僧眾弘揚的法義錯到多麼嚴重，即使僧眾弘揚的法義本質是外道法，也不許評論。這些僧衣崇拜的人們，是寧可　佛陀的正法被僧眾以外道法取代，仍然要繼續維護僧眾；他們是不管法義大是大非而崇拜僧衣的，他們的本質是聲聞僧的崇拜者，根本不懂菩薩僧的行誼與實證內涵；他們在聲聞僧衣崇拜心理作祟之下，是寧可被誤導、寧可與聲聞僧眾共同造下破法大惡業而在所不計的。可是他們並不瞭解印順的思想完全是聲聞僧的思想，不瞭解印順用聲聞法來全面取代大乘佛法的惡意心態，並且他弘揚的聲聞法還是錯誤的聲聞法；所以外現大乘菩薩僧的印順法師，骨子裡完全是聲聞僧，並且是表相的聲聞僧而不是眞正的聲聞僧——他以錯誤的聲聞法來弘揚，不肯全面接受四阿含諸經的全部法義，只截取其中一小部分而排斥其中的絕大部分法義；他其實只是密宗應成派中觀六識論的信徒，本質並非佛教法師。

那些僧衣崇拜者，完全不瞭解印順法師的思想對佛教三乘正法產生的破壞有多麼深遠。我現在舉個例子給諸位聽，大陸有一位法師打電話給我，說他已經知道印順法師的本質了，那根本就不是佛教裡的正法；又說他很耽心，因爲現在大陸的佛學院跟台灣的佛學院差不多，百分之九十是用印順法師的書來當教材，主要是用他的《妙雲集》做教材；十幾年下來，現在大陸佛學院的學生們以後畢業而準備要出家的，未來影響將會很嚴重；而且他們上課時聽聞的是《妙雲集》邪見，下了課以後又相約喝酒、吃肉去了，而且所吃的肉還得用蔥蒜去炒，他們才肯吃。又說這些學生們，其中有些人甚至在飯後還嫖女人去了，因爲他們認爲密宗的雙身法也是佛法。

這位法師看見這些情況，心中很難過，就說：「你們在佛學院讀書，又打算以後是要出家當法師的，那麼你們現在竟然可以不怕墮入地獄。你們受了五戒、受了菩薩戒，竟然可以這樣吃肉、喝酒又去嫖女人，那你們將來不怕墮地獄嗎？」那些學生答覆說：「根本就沒有地獄，怕什麼地獄？哪裡會有地獄讓你墮下去？」他們認爲佛教中的戒法只是聖人方便施教，實際上沒有地獄，沒有東方琉璃淨土，也沒有西方極樂淨土。那位法師就覺得很驚訝說：「你們讀了佛學院出來，知見怎麼會變成這樣呢？經裡面講的不是這樣啊！」那些佛學院的學生們回答說：「哪裡？我們佛學院的老師、教授們就是這樣教的啊！」「你們教授怎麼可以這麼講？」「對呀！我們教授也沒有講錯啊！因爲我們的教材《妙雲集》就是這樣講啊！」

《妙雲集》正是印順法師的著作，你們大家說說看，這該怎麼辦？學佛的佛學院學生竟然在讀了《妙雲集》以後反而不信因果了，而這些人中的大部分人，將來是要出家的，影響將會很深遠的，這該怎麼辦？這個後遺症已經開始出現了。台灣佛學院的學生不會那麼嚴重，是因爲台灣的出家僧眾很注重戒律，要是有人違規犯戒的話，大家會群起而攻，合力來保持佛教僧眾的純淨；但是大陸的僧眾並沒有這個環境與能力，因爲大陸信仰佛教的人多數是文革前的有年紀的人，那些人大部分是佛法中的文盲；而那些年輕的、新近學佛的人，將來要繼承弘法大業的佛學院學生卻是不信有地獄、不信因果、不信有鬼神的；那印順的《妙雲集》撥無因果的影響有多麼大，因爲印順是不信有極樂世界、琉璃世界及地獄的。

十年後的大陸佛教，如果都是這一些學生出家去掌握大陸的佛教資源，那麼大陸的中國傳統佛教還能存在嗎？豈不都要常見化及密教化了嗎？諸位想想看：這些問題都從哪裡來的？都是從應成派中觀的六識論邪見產生出來的。應成派中觀是罪魁禍首，而印順派的所有人正是非常努力弘揚密宗應成派中觀的六識論者。我們這部《楞嚴經》講的就是第八識如來藏，當印順派的門徒們，以應成派中觀的六識論把如來藏全面否定，使　佛說的意識生滅心成爲常住心，就爲密宗那些貪愛邪淫的牛鬼蛇神開了路，使得密宗外道的雙身法淫觸境界合理化（其實仍然是不合理的），當然就能把雙身法繼續弘揚下去。所以印順的思想問題很大，當然不該因爲他披著僧衣就不許加以辨正，因爲他的思想是嚴重偏斜的，是嚴重破壞正法的。

那麼我們依照《楞嚴經》所講的法義來看，印順法師這樣的行爲不正是闡提的行爲嗎？我這句話當然是很嚴厲，但是你們有人能認爲他不是闡提嗎？也許有人在私底下會這樣說：「你講得太嚴重了吧！人家印順導師戒行清淨，也不受供養，這樣的高僧，你還要批判？」但我告訴你：你若是讀了**經上所講的：佛入滅的時候，爲眾生掉下兩行清淚；是因爲預見天魔將會派人來佛教中出家，那些魔子們，將來在佛教中是身穿如來衣、食如來食，說如來法而破如來法。**你們以爲天魔派他的魔子魔孫來到人間的時候會是頭上長角，嘴裡突出獠牙嗎？不要這樣想，他派眷屬來的時候會僞裝得很好，一副慈眉善目的樣子，一副長者的樣子，很慈悲而不貪的樣子，但是說法時一定要把你誤導到錯誤的方向去。

天魔不會比你笨，派來的人一定不會頭上長角、嘴裡有獠牙、目露兇光；可是大眾都只是看他們披著僧衣的表相，就被誤導了。而我辨正法義的目的是要來救那些崇拜僧衣的人，他們卻說我批判得太嚴厲了！如果他們將來捨壽後是要下地獄的，我不嚴厲批判印順的邪說，能救他們免墮地獄嗎？我若說得很含蓄，他們根本不會覺得痛癢；我如果隨便講一講，他們想：「那蕭平實講過二、三句話就沒了，又不是怒罵，別理他。」那他們是不會警覺到將來嚴重後果的，就繼續跟著印順法師以外道法來取代佛教正法，每一個人恐怕都將免不了謗菩薩藏的大惡業，一定會成爲闡提人。所以，我必須要努力而不終止的將印順派的六識論邪思，全面加以辨正，而且繼續不斷地做下去，他們才會有所警覺而願意深入理解，才能被救出六識論的邪見深坑。然而佛教界中有多少這種闡提人呢？我眞的不知道——不敢去計算。

有一些人已經造了闡提之業，心中卻還沒有任何的警覺，所以這是非常嚴重的事情。密宗把佛教外道化，還只是枝末事；應成派中觀把三乘佛法弄得支離破碎，並且把生滅法意識心建立爲常住法，使密宗外道的雙身法合理化，這才是最大的問題所在。由於印順法師把佛法弄成支離破碎之後，又建立意識細心常住說，結果是使密宗從外道吸收來的明點、觀想、寶瓶氣、雙身法的樂空雙運、大樂光明……等世俗法合理的成爲佛法了，但本質仍然是外道法。

印順公然否定第八識說沒有如來藏可證，如來藏只是緣起性空的假名施設，說如來藏其實就是緣起性空的別說。修學密宗雙身法的人們就想：「沒有如來藏可修、可證嘛！那我們的雙身法樂空雙運無上瑜伽，就是正確的佛法了！」於是取自外道性力派的雙身法邪淫行門，就被印順明著否定而暗中合理化了，所以這個問題是非常嚴重的。但這嚴重性的深和遠，很少人知道，或是有人已經知道而不敢出來公開講。既然這些外道法破壞佛法是如此的嚴重而深遠，我們既然知道了，當然得要辨正。所以我說印順以常見法來否定最究竟、最了義的如來藏妙義，是具體的斷善根的行爲，他當然是闡提人。

闡提又叫作信不具足。換句話說，當你向他說有第七識，他不信；你跟他說眞的有第八識如來藏，也確實可以實證，他也不信。他說：「**我讀了經中說有如來藏以後，我找來找去始終找不到啊！除非你告訴我哪一個心是如來藏。**」偏偏你又不可以直接告訴他，因爲你若是直接告訴他，他一定不會信受，也絕對不敢承擔的，而且佛陀也告誡不許爲人明說。所以他根本不相信有七識、八識，這種人就是信不具足。信具足的人，他會相信，也知道自己是沒有能力親證的，只能仰信而不會擅自加以否定。

另外一種闡提，就是極欲者。爲什麼叫作極欲呢？也就是他對人間五欲的貪著非常的嚴重，每一天都不能沒有五欲的。有些人是每一天都不能沒有女人，也有女人是每一天都不能沒有男人的，這些人是夜夜極盡淫欲的，這叫作極欲者。你說要他出家，他連聽都不想聽，一句話都不想聽，這就是極欲之人，這也是闡提，是永遠不入涅槃的人，直到善根發起以後。

另外一種闡提就是大貪，世間的錢財不停地貪——貪得無厭。不管是什麼樣的錢財，他的貪始終是沒有止境而極爲強烈的，這就是大貪，這也是闡提——沒有善根。

另外一種闡提就是無種性，就是說他從來不曾學過三乘菩提，如來藏心田中全無菩提種子存在。因爲以往無量世以來，不曾有人在他心中種下菩提種子——他從無始劫以來不曾結過佛法的緣，這叫作無種性者，也是不入涅槃的種性。

另外一種闡提人，稱之爲燒種，也就是他的菩提種已經燒掉了。爲什麼會燒掉呢？是因爲誹謗大乘三寶嘛！不管他是謗佛、謗法、謗菩薩僧，他的菩提種已經因此而全都燒掉了！這是說，由於他的心與惡法相應而惡意誹謗三寶，使他永遠不能證得無餘涅槃，這叫作不般涅槃種性，更何況是成佛呢？當然更不可能。

另外一種闡提人則是大善、極善者，譬如 地藏王菩薩：地獄不空，誓不成佛。地獄眾生若還沒有度盡以前，祂立誓不成佛道。祂就永遠停留在等覺位，不斷地下去地獄救度各類極惡眾生回到人間。這是大善、極善，很難做到，祂要等到地獄眾生都被救出而使地獄空掉了，才願意成佛，才願意取證無住處涅槃。但是，地獄可能會空掉嗎？當娑婆世界的地獄壞掉時，別的世界地獄又生成了，這邊的地獄眾生又轉到那邊的地獄去了，如何能救得完呢？就好像世間的移監一樣，這邊的監獄壞掉了，就把罪人移到另一個監獄去關；不可能在監獄壞掉時就把罪人放掉。當地獄眾生轉生過來、轉生過去，都在地獄中，你說地獄什麼時候能空？當然是沒有空掉的時候，那麼地獄眾生還能度盡嗎？當然是度不盡的。

眾生無盡，就會一直有人造作大惡業而不斷地下地獄。譬如《不退轉法輪經》中就告訴我們說，眾生是度不盡的。既然眾生度不盡，地藏王菩薩能成佛嗎？永遠都成不了佛，所以祂永遠無法取證大般涅槃，當然是永遠不入涅槃的種性，但這卻是大善、極善，這也是歸納到闡提中來。所以，闡提有二個極端；因此，對於闡提這二個字要怎麼解釋，得要看前言後語才能夠斷定。但這裡經文中所講的闡提，當然是那些惡種性而斷盡善根人。

阿難說：「請世尊發大慈悲心，哀愍我們，為我們開示佛法中能使我們心得決定的道路。」也就是祈求 世尊：怎麼樣讓心能決定的這一條佛菩提大道，請 世尊開示給我們。「同時可以使得善根不夠的斷善根人，也能夠把彌戾車的惡劣種性給消除掉。」阿難尊者說了這些話以後，就五體投地禮拜世尊。五體投地，有人解釋做密宗的大禮拜，但是其實不是；因爲密宗的大禮拜是整個身體都貼地了，並不是五體，而是一體。其實，我們平常在禮佛那樣的禮拜才是五體投地，五體是兩手兩腳加上額頭，這樣才具足五體啊！所以五體投地就像我們禮佛那樣。這是請求佛法時應該有的恭敬心。

接下來說，當阿難五體投地的時候，他同時也是代眾求法；所以他五體投地之後坐下來，大眾就跟他一起「傾渴翹佇」；傾就是表示趣向的意思，譬如說你若是要專心聽我說話時，總不會身體往後仰吧？如果你往後仰，已經表示你對我說的話不信受；我想你大概如坐針氈，可能再過幾分鐘以後就會走掉了！那你如果很專心的想要聽清楚我的話——對我的話有興趣而使你的心向著我，一定會把身體往前傾，頭也會稍微伸出去，完全是專心在聽的模樣。你不會在有興趣而專心在聽的時候，把身體往後仰，把頭向後縮，這時身體一定有一點往前傾的意味存在。又好像口渴的時候希望得到一杯清水一樣，心中很期待著就是渴求。翹就是把頭伸得高高的，恐怕看不見佛陀。譬如你們晚到的人坐在後面，有很多人盡量把頭拉高，這就是翹。佇就是等待，一心的等待叫作佇。這時大眾都這樣「傾渴翹佇」而「欽聞示誨」，欽就是很佩服，很感戴也很恭敬，就是欽。大眾都以這樣的心態，準備聽受佛陀的開示和教導。誨就是教導，上對下的教導就叫作誨。

【爾時世尊從其面門放種種光，其光晃耀如百千日，普佛世界六種震動；如是十方微塵國土一時開現，佛之威神，令諸世界合成一界，其世界中所有一切諸大菩薩，皆住本國合掌承聽。】

講記：這一段，是 佛陀準備要開示大法了，也是即將開始第八處徵心了。前面的七處徵心是「破」，現在則是第八處徵心以後要「立」；是把錯誤的法破斥了以後——藉覺知心的無處所來顯示虛妄性以後，再把正確的法建立起來——將覺知心的種種功能攝歸如來藏而成爲如來藏無量功能中的一種，才能說覺知心是常住的心性。

前面是阿難幾乎蒙難的過程，也都是顯示覺知心的不實性，所以前面說了那麼多的法義，都不用放光；因爲都只是把錯誤見解的法義加以破斥，當然不用放光。但 佛現在要顯示的是無上妙法，是要告訴大家最上乘法，當然要先放光，讓大家都注意而專心聽講。佛陀放出猶如百千日合照的大光明，用意也要警覺十方世界諸佛，然後十方世界諸佛就會藉這個因緣來說明：在某處有一個娑婆世界，那裡有 釋迦牟尼佛，現在即將開始講《楞嚴經》了，而這部《楞嚴經》有多麼勝妙；這樣一來，當時所講的經講完以後，祂們的弟子也會請求宣講《楞嚴經》，於是又有一個新的緣起，再講一個深妙法。這就是 佛陀放光的另一個原因。

這時 世尊從面門來放光。放光有很多種，有時候從頭頂，或者從口中，有時是從胸前的卍字，或者從腹部、膝輪、腳底放光，並不一定，都是各有不同用意的光明，但這個時候是從面門放光的。從面門放光有什麼意義？請各位看看臉上有幾個色根？是三根？四根？五根？面門上是五色根具足的，是眼耳鼻舌身等五根具足；當五色根具足的時候，意根就在這裡面運作，六根就具足了！換句話說，這部經會具足宣講十八界的功德，這就是從面門放光所做的預告。如果從頂輪放光呢？原則上將會只注重在眞如—如來藏—上面來說，不會具足宣講十八界的功德，這就是從面門放光的意思。

那麼從面門放光，所放的光爲什麼不是只有放一種光明？而是放出種種光？是因爲當六根具足時，十八界才能跟著具足，然後才會有種種的法—無量無邊的法—都依十八界而輾轉出生，所以要從面門放出種種光。而這一次所放出的光明晃耀，是非常的亮而且照耀得非常的廣闊。晃耀，是說這個光明猶如百千日合爲一個光一樣。正在放光的時候，「普佛世界六種震動」。普佛是說所有的佛世界，全都有六種的震動。這個六種震動也有很多的說法，我們現在沒有時間說它；不過我們自從改了開經偈以後，我這一上坐，大眾每一次唱唸的時候，法座就會動，我大概總共有十一、二次這種經驗了；有的時候是前涌、後低，前低、後涌；有時是左低右涌，左涌右低。

以前我們有時會想：「**奇怪！經中往往記載，佛講某一部經的時候，地大震動，前涌後起。可是那個時期的歷史中並沒有地震的記載啊！那怎麼會有地動呢？眞奇怪！**」原來不是世俗人所認知的動。我聽說有位師姊在修改後的開經偈第一次唸誦時，她感覺到整個大樓在涌動，她隨後就下樓去，看這個大樓是不是危樓？所以似乎不是只有我一個人感覺到。不過已經很久沒有動了，但今天晚上又動了。不過這個講起來有一點玄，但也只是法界中的現象，也不必把它看得太重要。這只是表示，我們在弘法上面有一些功德作用出現了；而我們所說的法義，將來整理成書籍流通，是對未來佛教有很重大影響的事情，所以會有一些涌動的示現。

現在不管它，言歸正傳。這裡講的「普佛世界六種震動」，就是前涌、後低，或者後涌、前低，這樣就是兩邊涌動；如果是右邊上而左邊下，右邊下而左邊上，也是一樣的道理，都叫作等涌——兩邊的高低起伏的幅度相等；還有均等的上下或左右移動等，總共有六種震動。

「如是十方微塵國土一時開現，」十方微塵國土，是說十方諸佛國土的數目猶如微塵數一樣的多。如果你把茶杯打破，再磨成細粉，那一些極微細的顆粒，你能算得清楚嗎？當然是算不清的。而這裡講的微塵數諸佛國土的數目，是譬如把娑婆世界磨成細粉來算，那就是說絕對數不盡了，是個無法計算的數目。在 佛陀放出極明亮的光明以後，十方微塵數的國土一時間突然出現在大眾眼前了。「佛之威神，令諸世界合成一界」，這時在法會上的佛弟子們也就看見了十方微塵所有世界所合成的一個佛世界中，所有的一切大菩薩們都各各住在本國佛土中來「合掌承聽」。

也許有人心想：「奇怪！這是怎麼回事？」我現在問你，這一些菩薩們都住在本國合掌承聽，請問你十方微塵世界總共有幾界？總共就是三界，三界有情最多的是人間，人間有情總共有幾界？總共十八界。如果十方世界一切有情最多都是只有十八界，請問總共會有幾個世界？其實也就只有一個世界，一切有情都是住在一個世界—五陰十八界—的世界中；所以，所有的世界就是一個世界，就是十八界——十八界就是一個世界，這樣不就合成一界了嗎？這所有的世界諸大菩薩都是住在本國，（導師做了一個合掌的動作說）「合掌承聽」（大眾爆笑……），這就很清楚了，還要解釋那麼多做什麼？換句話說，每個人都是一個世界嘛！這些無量世界全都合起來時不就是一個十八界的世界嘛！每一個世界都是這樣合成一個世界時，怎麼不可能是各住本國合掌承聽？合成一界以後當然都是各住本國，也都是一界，那麼這個解釋就通了。接下來：

【佛告阿難：「一切眾生，從無始來種種顛倒，業種自然如惡叉聚；諸修行人不能得成無上菩提，乃至別成聲聞緣覺，及成外道、諸天魔王、及魔眷屬，皆由不知二種根本，錯亂修習；猶如煮沙欲成嘉饌，縱經塵劫終不能得。云何二種？阿難！一者無始生死根本，則汝今者與諸眾生，用攀緣心爲自性者，二者無始菩提涅槃元清淨體，則汝今者識精元明，能生諸緣；緣所遺者，由諸眾生遺此本明，雖終日行而不自覺，枉入諸趣。」**】**

講記：經文中說　佛陀放出強烈光明警覺十方世界諸佛菩薩，你也許說：「奇怪！我身中這個國土，哪裡有佛、有菩薩？」你的法身佛不是佛嗎？你現在末那識作主說：「我現在要聽這個如來藏自性佛的妙法。」那不是大菩薩嗎？你這個意識說：「這個法眞的非常好，要好好的聽聞及深入理解。」你在這邊分別、思惟、整理，這不是小菩薩嗎？還有更小的菩薩呢：眼所見、耳所聞……等，都是各住色塵、聲塵、香塵……等自己的國土中來分別；所以都在本國合掌承聽。

接著佛說：「一切眾生從無始以來都是由於種種顚倒錯誤的所知所見，」也就是由於不如理作意，「基於種種顚倒邪見的緣故，自然而然會有許多惡業造作下來，這一些業種自然而然會漸漸累積而變成像惡叉聚一樣，障礙修行的道業。」在印度，有一種水果是白白淨淨的，是香甜可口的，名爲阿摩勒果；可是還有一種水果也是一樣白白淨淨的，表相一模一樣，可是它有毒，而且很臭，名爲惡叉。聽說這二種水果的長相猶如人參一樣——看起來就像個人的模樣，可是其中一種是好吃的，另外一種則是有毒的。有毒的惡叉水果從樹上掉下來以後，都沒有人吃，動物也不吃，越掉就越多，所以一直累積下來，就成爲惡叉一聚，就稱爲惡叉聚。從無始以來種種的顚倒知見，使得眾生不斷的造作惡業，而眾生又不知道如何去消除這些如同惡叉大聚一樣的惡業種子，或者根本就沒有想要去消除它，結果就使惡業種子聚集，成爲好像山一樣大的一堆，當然會在生死流轉的過程中領受種種的果報。

「諸多修行人沒有辦法成就無上的菩提，乃至於在佛法中修行以後卻不是實修成佛之道，而是另外修行成爲聲聞種性的有學、無學，或者成爲緣覺種性的辟支佛或者凡夫，也有人修學佛法而成爲外道，」外道就是在眞實心外而求佛法，「也有人修學佛法以後卻成爲諸天天人或天主，甚至於成爲魔王，以及魔王的眷屬。」但是這裡的諸天，主要是講欲界六天；而欲界天中魔王，則是只在欲界六天中才有，不會超過欲界；據阿含所說的天魔，是在他化自在天中的魔天，並不是他化自在天的天主。但是欲界六天的天主，有時是菩薩去當，有時候卻也有可能是魔王在當；主要是因爲他的福報大，前世在世間做種種難行能行的大善事，感得那個大福報。可是他總希望眾生永遠在他的掌控之中，不要脫離他的境界而去，這就是魔王、天魔的希望。

天魔既然是由於大善心而在人間廣修那麼大的福報，他會不會是頭上長角、嘴巴長獠牙的模樣呢？當然不會嘛！但他卻是魔王。原因就是他不希望眾生離開欲界的境界，那麼這些眾生就永遠在他的管轄之中。也許有人這樣說：「哪兒有？我絲毫都沒有感受到魔王的管轄。」那我請問你：譬如說你因爲福報大，很有錢，買了一大片的山林與草地，把那幾千公頃山林草地圍起來，然後買了牛、羊來養在裡面。這一些牛、羊從出生到老死，都沒有碰見過那個圍牆，就在那一大片山林原野中生老病死。人們看到了就說：「這些牛羊眞愚癡，被人圈在那裡面，不懂得出去。」假使有人通動物語言，去跟牛羊講，牠們卻說：「沒有呀！一直都沒有誰把我們圈在什麼裡面。」

同樣是這個道理，眾生總是這樣，生活在三界中——特別是在欲界中輪迴時，眾生並沒有覺得他被人家掌控或管轄；可是一旦有誰想要脫離欲界，而且是有正確的方法而實際在做了，魔王就會找上他了！就好像那些牛羊在這片山林草地中生活時，牧場的主人不會去動牠們，就是要牠們在這邊生活長大；可是一旦牠們找到那個圍牆，想辦法要突破圍牆跑出去時，主人可就不允許了，立刻就要加以處置。如果是由你來當這個農場的主人，而你那時還未學佛，那你也一定會這樣做。

所以剛剛證得初禪的人繼續坐禪時，常常會遇到魔境，因爲初禪天離欲界近—與他化自在天比鄰而居—距離他化自在天的魔天最近，魔王就有能力來干擾。但是當你到了初禪的第二天或第三天境界時，他就干擾不到你了！剛入初禪定境時，往生時是在初禪天的最下一天，是梵眾天的境界；所以剛證得初禪的幾個月以內，天魔會有一些境界來誘惑你。因爲他發覺這個人超出他所管轄的範圍了，就好像牛羊剛剛跑過圍牆以後，距離還很近，主人就可以去抓回來；若是已經跑很遠了，因為太遠了就懶得抓了，或是沒有能力去抓回來。

這就是說諸天的魔王——特別是第六天中的魔王，他們就是這樣的心行；只要眾生不脫離欲界，就是在他們所掌控的範圍之內；在欲界中，不論是誰想要怎麼樣行善或造惡，都會輪迴在欲界中，不離他們管轄的範圍，所以他們都無所謂，都不會來干預。若是行善就升到他們管轄的天上去，若是造惡就在他所管範圍的低下層次中，還是在他的掌控之內；所以眾生貪愛欲界境界而努力行善或造惡，天魔都不會加以干預；若是有人造惡下地獄，回到人間或欲界天時還是在他的管轄範圍中，他就安心讓眾生去行善造惡，這就是魔王以及魔眷屬。

那他們為什麼會成為魔王？因為他們往世曾經修了很多、很大的福報。你看基督教、天主教教徒們做很多的善事，他們一生做了很多的大善事以後，死後升到天堂去，其實就是欲界六天的天堂，永遠到不了色界的；因為他們沒有禪定的功夫，行善只能升到欲界六天中，而欲界六天是在魔王掌控之內的，所以天魔們平常絕對不會來干預人們的生活。而這些天魔們的前世，或是他們特地再來人間示現時，都是很慈悲的，也都是很善良的，並且在宗教信仰上看來也都很虔誠的。他們絕對沒有頭上長角、嘴巴生出獠牙，但是他們告訴你的解脫道、出三界法，卻是要讓你繼續輪迴的法，而且是在欲界中輪迴的法，這些人不叫作天魔、魔王，要叫他們什麼呢？而他們的眷屬，你不叫他們是魔眷屬，又能叫作什麼呢？

但是那些人爲什麼會成爲這樣？都是由於不知二種的根本而錯亂修習。他們所修學、所熏習的，都是錯亂的所謂「佛法」。之所以會產生錯亂修習的緣故，都是由於對二種根本不能了知。由於不知道這二種根本，錯亂修習的結果，就是沒有辦法成就無上菩提。所以也有人修學佛法以後成爲聲聞人，有人修學佛法以後成爲辟支佛；更多的人是修學佛法以後，成爲凡夫、外道、諸天、魔王、魔眷屬，都是由於對二種根本無所知而錯亂修習所致。

「猶如煮沙欲成嘉饌，縱經塵劫終不能得。」這就好像有人想要煮食，鍋子裡面應該放米或者放麥，不可以拿沙子來煮呀！那些錯亂修習的人，就好像煮沙而想要變成好吃的食物一樣。這樣子煮上五劫、十劫，乃至煮上塵沙劫以後，也是一樣沒有辦法煮成好吃的食物，永遠都仍然是沙。那麼究竟是哪兩種根本不知而變成錯亂修習佛法呢？

「云何二種？阿難！一者無始生死根本，則汝今者與諸眾生，用攀緣心

爲自性者，二者無始菩提涅槃元清淨體，則汝今者識精元明，能生諸緣；」是哪兩種根本不知道而變成錯亂修習呢？第一是無始劫以來會讓眾生生死輪迴的根本，這個使人輪迴的根本，就是你阿難眼前與諸眾生一樣所墮入者，就是自從出生以來都在使用的攀緣心－識陰六識－眼耳鼻舌身意等六識，把這個不斷在攀緣六塵的六識心，當作是常住不壞的自性；執著識陰六識的自性——能見、能聞、能嗅、能嚐、能覺、能知之性，所以就斷不了我見而不斷的執著識陰自我，或者執著識陰六識的自性無法出離三界生死。不知這個無始劫以來的生死根本——不知對自我的執著會遮蔽解脫生死的智慧，所以就不斷的想要保持這個世世假有的虛妄我，只好一世又一世在死後不斷的重新受生。若是懂得不落入這個無明中的人，就能把對自我的執著與見解破除，就能解脫生死。

另一個無明，是對無始劫以來就存在的萬法之根本不曾了知（也就是對於無始以來乃至無盡的未來中，都會出生十八界我、五陰我的根本法不曾了知），所以縱使知道五陰我、十八界我都是虛妄而假有的，也不肯確實信受而願意斷滅自己，因爲恐怕滅盡自己以後會成爲斷滅空。這個無始劫以來就本自存在的法，就是「識精元明，能生諸緣」。而對這個「能生諸緣」的「識精元明」有所不知，也一樣是無始生死的根本。前面說的第一個無始根本—十八界—是虛妄的，是應該、也可以滅除的；可是這個無始生死的根本，也是會使人在無量世中不斷地輪迴生死的根本法，既然這樣，這個根本法—如來藏心—要不要把祂打壞？要不要？祂也是無始生死的根本（有人答：不要）。

所以說，佛法不可以從經文的表面上來看。這段經文中說有兩個無始以來生死痛苦的根本，「**第一個無始生死的根本，是你阿難現前跟這一些眾生們一樣的，用攀緣心來做爲常住不壞的自性，不可能成就無上菩提；乃至無法成就聲聞、緣覺的果證。**」攀緣心在前面經文中已經講過了，當時阿難所說的無所著心，是有所著？或是無所著？（眾答：有所著。）還是有所著啊！因爲這個放下一切的「無所著心」永遠都捨不掉六塵——見聞覺知的你一直都處在六塵之中，你怎樣都捨不掉啊！總是一直跟六塵在攀緣。這就是講見聞覺知心，正是前面經文七處徵心中所講的，是並不眞實存在、也無處所的生滅心。

這一個見聞覺知的心就是攀緣心，把這一個攀緣心作爲自己眞實不壞的體性，誤以爲這個攀緣心可以離開攀緣，卻不知道這個覺知心每一剎那都在攀緣六塵而不曾離開過六塵，這就是「**用攀緣心爲自性者**」。凡是這樣的人，一定會繼續輪迴生死；因爲到了捨命的時候，他將發覺這個覺知心功能不斷地在減損中，顯然是會斷滅消失的；「那還得了！那就變成我不會繼續存在了。」無我，是凡夫眾生們沒有辦法接受的事。

財產被人家搶了去還可以接受，繼續活著；丈夫（妻子）被人家搶了去，還可以接受而繼續活著；但是若沒有了我，這怎麼可以接受？絕對沒辦法接受。所以當最貪愛的丈夫被人家搶了去，心情低沉一段時間以後還是能照樣過日子；美麗的妻子被人家拐跑了，難過一陣子以後還是照樣過日子；可是如果不自殺不行，因爲已經被逼得很急了，還是無法還債，這時債主要求欠債者自我了斷——自殺，欠債者心中卻想：「爲什麼我一定要自殺？」沒有我，那還得了？「不行！我今晚得要偷偷跑掉。」流浪天涯海角，再怎麼困苦也要活下去。所以才說：「好死不如賴活。」

「二者無始菩提涅槃元清淨體，則汝今者識精元明，能生諸緣；」那麼第二個無始生死的根本，是有另一個心使眾生輪迴生死，但這個心叫作無始以來的菩提心，而且是菩提涅槃的本來清淨法體。一切有情，從無始以來都有這個使自己能夠覺悟的本來涅槃、本來清淨的心體。「元」，古時候跟「原」是相通的，元就是原來的意思，是本來就這樣的。這意思就是說，有一個本來清淨的心體，這個清淨的心體是無始以來就本自存在的；而祂也是眾生能夠覺悟涅槃的清淨心體，這個清淨體是本來就清淨的，所以 佛說祂是「元清淨體」，不是「修清淨體」——不是經過修行以後才變成清淨的。

這個「元清淨體」其實是眾生無始劫來就一直都執著不捨的心，只是眾生自己都不知道。這道理是可以舉例來說明的，譬如欠債累累的人一直被逼債而痛苦不堪，卻都執著有這個「元清淨體」常住不壞，只是錯認為虛妄的覺知罷了！所以，當逃債者逃跑不成而被抓住了，被債主所逼而不得不被動的自殺時，心中也還是想著：「老子二十年後還是一條好漢。」這正是南傳阿含——尼柯耶——所講的眾生都有「欣阿賴耶」的「我見」。這都是因為用這個攀緣心作為眞實自性，怕落入斷滅空，所以這個見聞覺知心捨不掉——不肯承認覺知心是虛妄的，心中認定有一個常住不壞的心——其實還是向內執著常住不壞的阿賴耶識心體。

「這個無始菩提涅槃元清淨體，就是你現前這個識精元明，是能生諸緣的心。」為什麼這個「無始菩提涅槃元清淨體」，又叫作「識精元明」？因為你所不知道、所不知不覺的，祂都知道，所以祂是「識精元明」。雖然有些經上說祂離見聞覺知，從來都不作主；然而，在別的方面，祂可伶俐得不得了；祂能做的，你都做不到。你所能了別的，祂固然從來都不加以了別；可是祂所了別的，你卻不能了別；所以祂有自己的了別性，從來都在六塵以外運作著。由於有這個覺知心所無法了別的自性，而且從來不會混亂而始終正確地運作著，所以叫作「識精元明」。

祂跟你我都不相同，你到了晚上身體疲累了，躺上床而睡著了，什麼都不知道了；祂可是很清楚地運作不斷，祂是從來不睡覺的。可是祂的清楚了別，並不是在六塵中清楚了別，也不是在三界六塵諸法中清楚了別；所以當你斷滅了以後——當你眠熟或死透而斷滅了以後，祂照樣不停地在運作著；但祂是原來就已清淨的心體，不是修行以後才變清淨的，所以說是「元清淨體」。

而祂也是能生諸緣的心體，但爲什麼這個能生諸緣的心體，卻是讓有情生死輪迴的根本呢？大家有沒有想到這個問題？會外那些還沒有證悟或是悟錯的大法師們都不瞭解，所以他們有時如此說：「經文前後矛盾，哪裡講得通？這一定是房融他們創造的。」然而，如果房融等人能夠創造這一部《楞嚴經》，我告訴你：他絕對是八地以上菩薩，是已經進入第三大阿僧祇劫修行的大菩薩。這絕對不可能是地下菩薩，更不可能是自性見外道或凡夫。

這個清淨心固然清淨，可是你上一輩子造惡業的時候，祂依舊不造惡業，祂還是本性清淨的啊！萬一祂若是去造了惡業，都是因為有情能覺能知的妄心；可是當祂造惡業的時候，祂本身卻不造惡業，就是這麼怪！話說回來，造了惡業的人，是過去世的你，不是今生的你。過去世的你造了惡業，這沒有什麼不好意思的，那又不是今生的你。是過去世的自我造了惡業，結果業種猶如惡叉聚集一樣而全都收藏在「元清淨體」的自心如來藏中；那麼過去世的五陰自我消失了，祂繼續存在不斷，所以祂就帶著這些業種去投胎了，於是就有生死輪迴嘛！如果祂滅了（假設祂能被滅掉），過去世的自我一定會跟著祂斷滅了，不可能再有今生了！因為無始生死輪迴的事情，在一世就斷盡而消滅了。

然而，那樣能算是解脫了嗎？還不能算是解脫！斷滅空怎麼能叫作解脫？一定有一個不滅的常住法，所以能稱為解脫。那麼眾生會輪迴到這一世來，乃至輪迴到未來的無量世去，都是由於背後有這個本來就清淨的心體如來藏；祂收藏了過去世的五陰我所造作的種種惡業種子，同時也收藏了過去世的五陰我所造作的種種善業種子；由於有各類種子的執藏性一直存在，而祂這種種子的執藏性，卻是由於五陰對六塵萬法的貪著不捨而產生的，因此祂主動收藏了一切善惡業種子，每一世捨報以後就往生到下一世來受善報及惡報，所以就輪迴生死不斷。假使沒有這樣的常住不壞心永遠恆存，就不會有一切善惡業的種子執藏在心田中而不散失，就不可能會有無量的未來世五陰生死不斷。所以眾生從過去的無量世轉世來到此世，再從此世轉世去到未來的無量世，都是因爲背後有這個常住不斷的「無始菩提涅槃元清淨體」的緣故，這個心就是如來藏——阿賴耶識。

古時候有祖師講：見聞覺知是生死輪迴之因。可是有的祖師聽到證悟者如此說，他接著又說：見聞覺知是解脫生死之因。二邊都是證悟者，所說的相反，卻都正確。爲什麼呢？因爲你得要用這個見聞覺知去證得那個本來自性清淨的心體，證得無始涅槃元清淨體之後而轉依祂，於是見聞覺知心就說：「原來我是假的，祂才是眞的。那麼死掉的時候，我就不要讓自己再出現，把自己滅掉；我把自己滅掉了以後，不再有來世的五陰了，不就解脫生死而永無生死了嗎？」覺知心雖然是虛妄的，可是想要證解脫、取涅槃的人，還得要用這個見聞覺知心來修行，否則是無法成功的。

換句話說，見聞覺知心如果是在三界萬法之中執著，這是執著外六塵，是屬於最下等的生物；若是也會執著自己，這是稍微高一等的有情；若是心中推理而知道「一定另外有一個常住不壞的心」，卻無法找到而誤以爲覺知心離念了就是眞實不壞的常住心、涅槃心，這已算是高等有情了！但是都不可能得解脫，因爲無法了知常住眞心如來藏而畏懼墮入斷滅空中，所以後來仍然會落入識陰之中，無法斷我見，更不得解脫。

有智慧的人，是用這個見聞覺知心來證實自己是虛妄的—無我—根本沒有眞我覺知心可以存在不滅；但是在沒有我之中卻有一個眞實不滅的心，這個眞實不滅的心從來不壞；可是祂一向都是清淨的，祂的心行一直都是不曾染污過的，只有祂心中收藏的種子是被染污過的。這樣親證了，我就轉依祂，我就讓自己消失掉；把這個假我、虛妄的自我消失而轉變成無我以後，可是這樣的無我之中卻不是眞正的無我，因爲還有第八識本來清淨心常住不滅——這個如來藏常住不滅。由於祂常住不滅，所以就方便說祂叫作我——眞我。

《我與無我》再七、八天就會交書了（編案：已經在二〇〇一年十月底出版了），你們看了會嚇一跳說：「**我們是佛教，佛法的書籍封面怎麼會用道教的太極圖來印製？**」這就是《我與無我》封面的特殊之處。太極的理念是正確的，只是道家把根本弄錯了！外道們也都是一樣。當你拿到書的時候，書皮內頁印有一首偈（編案：後來改印在扉頁中），你們去讀讀看，就會知道我爲什麼要用太極圖來說明我與無我的道理，現在先不跟你們說明。

言歸正傳。眾生會輪迴生死的兩個原因，一個是虛妄無我的見聞覺知，由於不知道自己是虛妄的，所以取六塵法而執著不捨，更對自己產生了執著而具足了我見與我執，這是眾生生死輪迴的第一個原因。第二，如果沒有一個始終不滅的清淨心體常住，而所有的見聞覺知心又都只有一世（過去世的覺知心死了就斷滅了，無法轉生到下一世，因此每一世的覺知心都是全新的，所以都不能了知上一世的種種事），就不會有下一輩子的輪迴，因爲覺知心都只有存在一世而無法來往三世。可是因爲覺知心背後有這一個元清淨體——有這個無始涅槃菩提的元清淨體，而祂是「識精元明」的心；你不知道的祂卻知道，你做不到的祂卻做得到——祂能收藏你一世所造的所有善惡業及無記業種子，使你這一輩子死了以後又投胎到下一輩子去繼續輪迴。

而且，祂「能生諸緣」。這一個「識精元明」是「能生諸緣」的心，不是意識覺知心，因爲意識覺知心是被諸緣所生的，是生滅心；能生諸緣的心一定是常住心，不可能是藉著諸緣而出生的有生滅心意識。「識精元明」而「能生諸緣」的心是常住不壞心，沒有任何的法可以毀壞祂，因爲一切法都是由祂直接、間接、輾轉所生的；譬如意根與法塵爲緣而出生了意識，意根與法塵是意識出生的助緣，而法塵又是依附在五塵上面顯現出來的，所以意識的出生，必須有六塵與意根爲助緣，而六塵與意根就是意識出生所須的諸緣，也是意識存在時的所依諸緣；而這些緣—諸緣—又都是「能生諸緣」的「識精元明」的心所出生的，顯然，意識不是「能生諸緣」的「識精元明」的常住心。假使有人否定了第八識如來藏，而把「能生諸緣」的「識精元明」的心曲解爲意識心，被有智的人提出質疑時，他將會進退兩難，無法回答。若是不信邪，狡辯越多就會出現越多的漏洞而無法修補。所以，能生諸緣的識精元明的心，是如來藏而不是意識心。

譬如當你衰老而壽算到了，祂會知道你該捨報了，於是祂就開始捨報，而意識卻是不知道的，是後知後覺的，是等到如來藏開始捨報時才知道自己要捨報了。當你開始死亡過程的時候，祂知道現在要爲你生一個中陰身出來，意識卻是不知道的。這些都不必你來告訴祂，若是要等你意識來告訴祂，其實也就做不了什麼事了！而祂就是能夠自己主動來做，當然說祂是「識精元明」而「能生諸緣」。當你死掉了，祂就開始生出一個中陰身——中陰身生出了幾分，祂就把自己轉幾分到中陰身那邊去；當中陰身出生滿足的時候，祂就把自己整個轉到中陰身，完全離開這一世的色身了。這些事情祂全都知道，不必你來告訴祂；你即使要告訴祂，你也沒有能力告訴祂，而祂就是有這個能力，所以叫作「識精元明」。

你不知道的，祂統統知道，所以祂「能生諸緣」：由於祂把中陰身出生了以後，所以你意識覺知心就可以在中陰身裡出生了！然後發覺中陰身不可靠，只有七天的壽命；重新再出生的中陰身又比先前的中陰身更差，於是意識覺知心就會趕快去投胎。從這裡可以證實一些事實：中陰身是被如來藏主動出生的，如來藏知道何時該主動出生中陰身，不是由意識來告知以後如來藏才出生中陰身，所以如來藏是「識精元明」的。如來藏也是能生諸緣的，若不是如來藏出生了中陰身，意識覺知心也不可能在中陰身重新出生，所以如來藏是「能生諸緣」的——是意識覺知心在中陰境界出生的諸緣——中陰身及其微細的五色根，全都是由如來藏出生的。

中陰身出生了以後，意識能在中陰身中出生，於是就有見聞覺知了。有見聞覺知時，又被生前所做的種種行爲熏習所成就的習性牽引，這些習氣種子還是由如來藏中流注出來的；當我見（認爲覺知心自己是眞實常住心）與我執（堅執覺知心自己及處處作主的意根自己是眞實我而不肯改變）正在運作時，結果脫不掉我見、我執的現行，於是又投胎去了！投胎了以後，覺知心的你就消失了——見聞覺知的你又消失了，這一世的見聞覺知心的你永遠都不會再生起了，這時中陰身也消失了；所以見聞覺知心意識，其實稱不上「識精元明」，更不可能是「能生諸緣」的心。因爲意識覺知心此時已經永遠消滅了，永遠都沒有再生起的時候；而下一世的覺知心是依下一世的五色根爲緣而出生的，已經不是這一世的覺知心意識了！而意識對這些都是不懂的，所以意識不是「識精元明」的心，更不是「能生諸緣」的如來藏心；因爲意識不但不能出生諸緣，而且反而要依靠諸緣才能出生，出生以後還要依靠諸緣才能存在及運作。

可是「能生諸緣」的「識精元明」的心，入胎以後是否就只是休息而什麼事都不做呢？祂執持受精卵而住在母胎中幹什麼呢？祂有好多工作要做，祂藉著媽媽的身體所供養的血液，攝取地水火風，就把來世需要的五色根開始製造成長起來；製造到十個月懷胎滿足時，五色根全都具足而可以使意識具足出現了，於是「能生諸緣」而「識精元明」的如來藏心，就向媽媽發出生產的訊號，意思是說：「我要出生了。」你們每一個人的覺知心，在母胎中十月滿足了，有沒有自己向媽媽說「我現在要生」的？都沒有！都不是由意識覺知心來決定，而是由如來藏來決定，所以祂不但「能生諸緣」，而且是「識精元明」的心，意識根本就沒有這個能力。

妳們在座的每一位媽媽，都是由妳兒子的眞如心如來藏，來決定他自己什麼時候要出生，而不是由妳們這些媽媽來決定的，對不對？妳們沒有能力決定，但是妳兒子的如來藏製造完成了五色根——身體，祂自己就能夠知道那時已經完成造身的工作了，誰可以說祂不是「識精元明」呢？誰可以說祂不是「能生諸緣」呢？祂眞的是「識精元明」而且是「能生諸緣」。你不知道的祂能知道，造身及出生的時節因緣，祂最會判別；等大家的意識覺知心來判別時，都來不及了，所以說祂不但是「能生諸緣」，而且是「識精元明」——祂這個「識精」能力是「元」來就自己能夠「明」白的，不是由別人教導祂以後才識知何時應生諸緣的。

十月住胎然後出生了，如來藏一樣是「能生諸緣」而且「識精元明」的；在母胎中六個多月時，意識、前五識就已經很明顯的在運作了；其實意識覺知心是早在四個多月時就開始出現、開始運作了，只是出現時少、不出現時多。但是住在母胎中的意識覺知心，因爲是全新的—是依靠全新的五色根而出生的全新意識覺知心—還沒有開始熏習人間的種種法，不懂外面還有廣大的世界，那時意識所知的就只是母胎中的世界，所以他就這樣乖乖的待在母胎中，不覺得悶。若是讓你們處在如同母胎中的環境一天，你們大家一定都會覺得悶死了；但是他當時還不知道母胎外的廣大世界，所以根本就不會悶。直到成長大約具足了，才開始有一些些的悶；因爲以前母胎中很寬廣，如今越來越擠，但仍然不知道外面有個廣大世界，所以也不懂得趕快出生到新世界中來；可是如來藏卻會判斷何時是五色根具足，應該出生而離開母胎了，於是發出化學訊息，發動出生的過程，使母親開始了陣痛而進入生產的過程，這些都不是意識覺知心所能稍微了知的。由此緣故，證明如來藏不但是「**能生諸緣**」─能出生五色根及六塵，也是「識精元明」─能夠自己很精明的知道該如何製造色身，也知道何時是色身製造圓滿而應該出生了，而這些都不是意識覺知心所能知道的。

處胎十月而出生了以後，如來藏所出生的諸緣又更多了，剛開始是從身體被擠壓的痛苦覺受，然後是氧氣不足的痛苦而使自己必須開始以鼻子呼吸；又有被粗糙布料包裹的輕微痛苦，後來終於身體乾燥而使細嫩的皮膚不覺痛苦了，卻又覺得肚子餓起來。而這些六塵都是在處胎時所沒有的，都是全新的體驗，卻都是從如來藏中流注出來的，不是由覺知心來出生這些六塵的，所以覺知心意識不是「**能生諸緣**」的心；而覺知心只是被動的接受這些六塵，並不知道此時應該出生這些六塵，所以覺知心並不是「識精元明」的心。這些法都是從如來藏中出生的，如來藏也知道這時是該出生這些法的，所以只有如來藏才是「能生諸緣」的「識精元明」的心。可見如來藏在出生了色身而離開母胎以後，祂輾轉又生出了很多、很多的法，眞的是「能生諸緣」。那麼，如來藏「識精元明」而出生了我們的色身等法，有誰知道這些道理呢？有誰知道如來藏的存在呢？若是不知道這些道理與事實，就只好永遠當凡夫，或是成爲阿羅漢、辟支佛而永遠無法當菩薩，更不可能成佛。

「緣所遺者，由諸眾生遺此本明，雖終日行而不自覺，枉入諸趣。」各類的法能夠從如來藏中出生，都是先要有或多或少的助緣，不可能單獨從如來藏中出生的。譬如意根的種子不斷流注而使祂恆而持續地存在，也是需要有藉緣的，那就是無始以來就存在的無明及貪著，這些煩惱就是意根出生的藉緣。同理，佛在阿含中曾說過識陰的定義：二法爲緣生。所以說，眼、色爲緣生眼識，耳、聲爲緣生耳識，乃至意、法爲緣生意識。所以眾生最寶愛的意識覺知心自我，仍然是二法爲緣才能從如來藏中出生的，也是要藉意根及法塵爲緣，如來藏才能流注意識種子出來，然後才有意識覺知心的存在。

對這種藉緣的了知，現代的世間智者已能了知；譬如醫師都知道，頭腦若是被嚴重撞擊而毀壞了，意識就無法出生了，就說意識不在了！所以遭遇車禍而昏迷的人被送到醫院以後，醫師都會先問：「意識還在不在？」若意識不在了，就會先檢查頭腦受損的狀況等等。這表示，醫師們都知道意識覺知心是要依靠頭腦（勝義根）的完好無缺才能存在的；那麼這個頭腦五勝義根就是意識出生及存在的所依緣。而世間智者知道會中斷的意識等心一定有所依緣，就會去研究各種不同狀況下的意識，由此研究來了知意識出生及存在時的所依緣。但是，世間智者對這些緣深入瞭解以後，卻總是把諸緣背後、能生諸緣的眞心如來藏忽略了，於是眞心如來藏就成爲「緣所遺者」；也就是說，世間智者探究諸緣時，都只是在諸緣的探究上面用心，而把出生諸緣的眞心如來藏遺漏，不曾理解祂的存在，不能證實祂在何處。於是眞心如來藏就成爲「緣所遺者」。

在佛門中也是一樣，往往學佛二十年以後，在探究諸緣時卻把眞心如來藏給遺漏掉了。更荒唐的是，學佛以後往往變迷信而無智了；譬如世間智者的醫師都知道，意識覺知心不論是有念或是離念時，都必須有正常的頭腦（勝義根）及正常的五色根（扶塵根）作爲所依，才能存在及維持正常的運作；可是號稱是學佛而開悟了的更有智慧的出世間智者，卻反而不如世間智者的醫師，硬是狡辯說意識離念時不必有所依緣就能獨自存在，根本不如世間智者有智慧。如來藏出生了意識覺知心以後，這個見聞覺知心就去攀緣種種的外緣；後來學佛以後，就向內返觀而觀察各種的因緣，卻單單把眞心如來藏給遺漏掉了，於是眞心如來藏就成爲「緣所遺者」。

古今錯悟的大師們，都是在諸緣中不斷的尋覓眞心，大多落入意識覺知心的變相中；總是在各種緣中尋覓哪一個緣是意識的根本，或是錯認爲意識離念時就會變成非意識，會變成常住的眞心，或是會變成眞心如來藏；卻從來都把眞正的如來藏心給遺漏掉了，一向都不曾去注意到這個如來藏那麼分明的不斷運作著，使如來藏成爲他們參禪時的「緣所遺者」。於是 佛說：「探究諸緣之時總是被遺漏掉的如來藏心，眾生正因爲遺漏了對眞心如來藏的觀察，由此而跟著遺漏了如來藏本來就無暗的光明，雖然意識覺知心每天從早到晚都一直運行在如來藏中，卻都不能自己覺悟到眞心如來藏的存在，所以無法發出智慧的光明來，因此而繼續長處於無明之中，就不免一世又一世的冤枉輪轉於五趣六道之中受苦。」

眾生在種種外緣中攀緣執著的時候，不論是從哲學、從生命的研究中去探討時，卻總是把眞心如來藏本有的光明給遺漏了；這個「緣所遺者」究竟是遺漏了什麼？當然是遺漏了眞心如來藏的光明相。佛說：「由諸眾生遺此本明」，由於把這個本明妙心給遺漏而不曾找到祂，於是「不知道意識覺知心自己是如何的虛妄，也不知道自己背後有一個常住不壞的金剛心如來藏，本來就把自己的光明不斷發揮出來而實際上存在著」；於是「雖終日行」—每天都在運行祂、受用祂「而不自覺」，結果卻都不曾自己覺知到這個法界中的事實，於是就不免因爲執著覺知心自己而不斷想要把握自己—想要把自己抓得緊緊地不放—連我見都斷不了，何況能成爲證悟的菩薩？

所以禪宗祖師講：「日用而不知。」是說凡夫及阿羅漢們每天都在受用祂，卻不知道祂的存在及作用。也許你在心裡說：「奇怪！哪有？我什麼時候用了祂？哪有可能用了祂卻不知道？」但我告訴你，你就是不知道；雖然不知道，可是卻每天都在用祂；祂爲你做牛做馬，你就這樣「終日行而不自覺」，這就是日用而不知。這個日用而不知，不是有一個很有名的禪宗公案嗎？以前那些錯悟的大法師們，也常常拿它來講禪呢！只是都講錯了！

玄沙師備禪師，有一天因爲韋監軍去找他求法，請問佛法大意；韋監軍問他：「如何是日用而不知？」玄沙禪師並不答話，只是拿個棗子給他說：「吃果子吧！」或許是八月十五賞月的時節，韋監軍接過棗子，一心要趕快吃完了才好再問；因爲他心中想：「禪師一時不想答覆我的問句，我得趕快吃，吃完了才好再問。」於是他三口併兩口吃完了，立即又問：「如何是日用而不知？」玄沙禪師就說：「這就是日用而不知。」韋監軍那時心想：「奇怪！如何是日用而不知呢？禪師是什麼處爲我指示了呢？」等你來到正覺，進了禪三選佛場以後終於破參了（平實導師這時輕拍桌子說）：「啊！就是這樣！」眞是直截了當、不假思索，當下就是了。

可是那些悟錯了的大法師們卻解釋說：人家玄沙禪師明明告訴你，你吃果子時要專心吃果子，結果你不專心吃果子，吃完了還來問我什麼叫作佛，這樣叫作日用而不知。像這樣講禪的師父，根本不懂禪，完全落入意識生滅心中了。這就好像說，玄沙師備禪師特地把一整座的金山放在他眼前，捧出來給他，結果他不要那座金山，卻向地上拾了兩顆黃銅說：「哦！眞是黃金寶貝呀！」那些大法師正好就是這樣。玄沙禪師眞正指示給他們的是什麼東西，他們根本不曉得。其實，禪師早就指示了啊！但就是因爲太親切，所以反而理所當然的忽略了。有人就來問：「師父！您說祂很分明的現在我們眼前，爲什麼我們總是悟不了？」祖師於是說：「只爲分明極，翻令所得遲。」只因爲祂太清楚分明的示現了，結果人們想要證得祂的時候，卻反而不斷的延遲了。因爲太過清楚，你就沒有辦法找到祂；這就好像說，魚在水裡面游，牠沒有感覺到水；人們每天在呼吸空氣，也沒有覺得空氣重要；就這樣子不覺得如來藏的存在，「雖終日行而不自覺」；因爲不自覺的關係，不但斷不了我見、我執，更無法證實相法界的內涵，結果是沈淪在凡夫知見中，就一世又一世地枉入諸趣。諸趣，通常是講五趣，不講六道；明明諸趣都講六道，爲什麼善知識卻往往只講五趣而不講六道？這是因爲阿修羅道也有其他種種的變異——阿修羅遍生於五道之中，天道有天道的阿修羅，人間有人間的阿修羅，畜生中有畜生的阿修羅，餓鬼道、地獄道中也都各有他們的阿修羅。阿修羅既然遍處於五道之中，那就歸屬於五類眾生之中，所以六道就只剩下五趣。

譬如人間的阿修羅，是說有人生來就是兇惡的，一天到晚總是想要害人；他只要是稍微看不順眼，拿刀就捅人；現在武器進步了，不一樣，拿出槍就來射殺別人。而且，有的人間阿修羅，讓你看不出他很兇惡；從表面上看來，他是很溫文儒雅的樣子，若不是很熟悉的人，根本不知道他的兇狠毒辣。所以說，人間的阿修羅仍然是個人，只是心性兇惡殘暴；但兇惡殘暴的人有時候卻往往看來溫和斯文，背地裡卻是極兇惡殘暴的，所以單從表面來看人時，往往不一定都準確。有的人是表現在外很兇猛的，容易知道他是阿修羅；可是有的人是潛藏著，卻都是暗地裡去做，這也是阿修羅啊！所以，阿修羅並不是眾生所想像的那樣；但阿修羅是普遍存在三界五趣之中的，只是眾生不太能瞭解。

言歸正傳，這一段經文的意思就是說：修學無上菩提，必須要知道兩個根本，第一、是要認知妄心，第二、是要認知眞心爲什麼會讓眾生輪迴生死。換句話說，這段經文已經破斥了應成派中觀的六識論了：一、印順意識細心常住說以及達賴意識極細心常住說的應成派中觀六識論，認爲意識是眾生流轉生死的根本原因；宗喀巴也是一樣的主張，認爲意識是持業種者及持一切法種者，所以宗喀巴認定意識是生死的根本。然而意識只能存在一世，不是由前世轉生過來的，也不能去到下一世，如何能持種受生呢？因爲意識是由此世的五色根爲緣才能出生在人間的，五色根不從前世來，當然前世意識不能來到此世。所以意識不是生死流轉的根本心，只有常住不壞而通三世的如來藏心才是能持種的心，才會是眾生生死流轉的根本心。

二、印順應成派中觀說過去世所造的業滅了以後，那個業可以自己存在而不需要有阿賴耶識來執持業種，業的勢力可以自動轉移到未來世去，然後就現行而使人受報，所以就叫作「業相不滅」，又說業滅了以後叫作「滅相不滅」，所以印順的應成派中觀不需要有阿賴耶識來成就佛法及因果律。他們既然這樣主張，那麼請問他們：「花這麼漂亮，這個漂亮離開了花還是存在的。這講不講得通？」他們一定答不出來或是不願意回答。印順的應成派中觀講的就是這個歪理：花的美麗，離開了花體時還是會存在的。又好像說：刀子很鋒利，那個鋒利離開了刀子還是會繼續存在的，後來雖然刀子壞了，但是刀子的鋒利會自動轉移到下一把刀去，當下一把刀子出現的時候，那個鋒利就會再出現。但是，上一把刀子的鋒利歸屬上一把刀子，不歸屬於下一把刀子；各有各的鋒利，互不相借。同樣的道理，這一世五陰所造的業，若是要由下一世的五陰來承擔，就必須有一個前後聯貫的心，這個心是與前後世五陰緊密關聯，而不是互不相干的，那就是如來藏阿賴耶識。因爲後世五陰與此世五陰都是由同一個如來藏出生的，如來藏收藏了前世五陰所造的業種，轉生到下一世去現行，而由下一世五陰來承受業果；但前後世的五陰並不是同一個五陰，而兩個五陰的背後卻是同一個主體識如來藏，也是同一個意根，這樣造因與受果才不會錯亂。

若是人們只有不能去到後世的五陰六識（含意識），而沒有能去到後世的意根及如來藏，那麼前世五陰所造的業過去了以後，前世五陰死了而永遠斷滅以後，業的勢力又如何去到後世感應實現？因爲若沒有意根與如來藏帶著業的種子（功能勢力）轉生去後世，業種應當是無主而獨存的，那麼後世的五陰又與前世五陰所造的業有何關聯？若有後世的某一個不相干的五陰隨機承受了那個業種，就成爲無因而承受，因爲後世五陰與前世五陰之間並無關聯，那麼因果的報償就全都屬於隨機承受而成爲因果錯亂了！

在阿含中，佛也說過：意識是無常法、生滅法，是本識如來藏入胎以後才由本識出生的。所以每一世的意識都是各自獨立的，都是不能去到後世而不是常住的。既然每一世的意識都是獨立而不能來往三世——都是只能存在一世，六識論的應成派中觀師又不許有意根及阿賴耶識存在，不許有阿賴耶識執持業種去後世，那麼後世的五陰受報時就成爲無因而受報，就成爲因果報償錯亂了。這就是應成派中觀的邪見——不必有阿賴耶識持種去後世，業的勢力可以自己存在而實現果報，或者如同宗喀巴、達賴同以不能去至後世的不存在意識來持種去至後世。

那麼我們要瞭解：不能證得無上菩提，都是由於不能證得這個「元清淨體」所致。這個「識精元明能生諸緣」的「元清淨體」——如來藏，當你證得之後，體驗祂的體性，就可以了知原來五陰自我是虛妄的，唯有祂才是真實的；而且，五陰我沒有真實我，如來藏也沒有五陰我的我性——也是無我的。可是，如來藏雖然沒有我性，佛在阿含中卻方便說祂為我——五陰非我、不異我、不相在。正因為如來藏常住不壞而能生一世又一世的五陰，與五陰非一亦非異，所以我中有無我，無我中有我，這就是太極。可是道家說太極生兩儀，他們的太極是想像的，不是實證的。而太極本體是什麼？太極其實就是阿賴耶識。太極生兩儀，就是阿賴耶識出生根與塵；兩儀生四象，就是有了根與塵之後，就有意識及所知諸法，根、塵、意識、諸法，就是四象，於是八八六十四卦等萬法就陸續出生及演變不斷了；但是萬法歸根結蒂、追根究柢的結果，還是都從如來藏—太極—中出生的。道家是從推理而知道這個原理，卻不能親證；但佛教中的菩薩們從佛修學，卻是要實證太極的所在、太極的功能，而太極就是如來藏。學佛的人若是不能證得這個「能生諸緣」而「識精元明」的如來藏心——「遺此本明」，就不免「終日行而不自覺，枉入諸趣」。

（以下是二○○一年十月三十日講經前的答問，因與楞嚴法義有關，故載入此書中。）

【今天般若信箱有二張問題，第一張有三個問題，三個問題中的第二個問題又有三個問題，我先唸第一張的問題：

「以下有三個問題請老師慈悲開示：一、明心見性乃識自本心，見自本性，若第八識無知無覺，是誰體驗明心見性？若第八識有知有覺，如何與七轉識之知覺性分別？」我先答覆這個問題，這第一個問題的前半段說：「如果第八識沒有知沒有覺，那是誰在體驗明心見性？」這個問題，諸位有沒有覺得有一點眼熟或是耳熟？義雲高與喜饒根登座下的釋性圓登了報紙公開質疑我的，也是同樣這個問題，我們已在《菩薩正道》書中答覆過了。釋性圓說：你講意識是斷滅的心，那意識斷了，你把意識否定了，是誰修證佛法？這就如同這部經文中說的「其誰修證無生法忍？」這個問題現在先不必回答，到了後面經文中（編案：詳見一一五頁起）自然就會爲你解答了！所以這部經眞的是好，我也不必先答，以免重複宣講而浪費時間。

但是我要從經文中沒有說的層面來回答這個問題。第八識如果有知有覺，那麼請問：你將來若是入了無餘涅槃時十八界俱滅，涅槃之中只剩下第八識如來藏時，應當還是有知有覺了！既然還是有知有覺，三法印又怎麼可以叫作涅槃寂靜呢？那這個涅槃顯然是不寂靜了，因爲還是有知覺而仍然有六塵。二禪人，連初禪境界都覺得太鬧了，而他都還沒有證得涅槃就離開五塵了呢！何況涅槃是寂滅、極寂滅，寂靜、極寂靜，怎麼可能還會有知有覺也有六塵呢？那你假使想要知道這個問題，很簡單！只要你眞正的明心了，自然就會知道了。那你如果還沒有明心以前就想要知道這個疑問的所在，我們到稍後經文裡面講到「**其誰修證無生法忍**」時，就會由經文來告訴你這個答案，所以現在不要浪費時間來先解釋這個問題。

但是，從另一方面來說，你說：「**如果第八識有知有覺，那如何與七轉識之知覺性分別？**」那我請問：「**第八識，你證得了沒有？**」先不討論第八識是否應該有知有覺，我請問：如果你認爲第八識應該有知有覺的話，那麼三乘諸經似乎是都顚倒了！是否都要改過來重寫？因爲經中說的「法離見聞覺知」就必須要改爲「法即見聞覺知」了！那這個問題可就嚴重了！所以這個問題現在暫時不回答，我們稍後在經文中就會講到這個問題。如果你有仔細聽，並且聽懂我所說的意思，這個問題自然就不存在了，所以這裡就不必先答覆，因爲會成爲重複再講一遍而浪費了大家寶貴的時間。

第二個問題：「**古來禪門有三關：一、初關，悟此身乃四大和合而成，無有實我。**」我先回答這個部分。這個說法是不對的，我不曉得你這個講法是根據誰的講法來說的。如果有哪一個祖師這麼講，那我告訴你：這個祖師一定是沒有悟的人，一定是悟錯的人。因為禪宗的初關不是去「悟這個五陰四大假合而成，沒有眞實我」，這樣開悟的人是聲聞的初果見道的基礎，只是知道色身假有罷了！但是我見仍然存在，尚且不能成為聲聞初果人，何況能明心而證法界實相？所以這並不是禪宗的開悟內容。聲聞初果見道是悟這個五陰的全部都是眞實無我，不只是悟得色身假有，而是證知五陰—包括識陰覺知心—都不是眞實法，全是虛妄的，這才是聲聞的見道，而不是只有證知色身是四大假合虛妄。

禪宗的開悟是菩薩的見道，而菩薩的見道並不是只有這樣；證知五陰的虛妄，只是菩薩見道前的基礎，也就是聲聞初果的見道，不是只有證知色陰的虛妄。所以了悟五陰的假有，並不是菩薩見道的內容；菩薩的見道，是在六住位就已經雙證能取所取空，也就是五陰的無常、無我；換句話說，聲聞的初果見地，是菩薩在六住位滿心時就必須要完成的，那時已經現觀覺知心—離念靈知—的虛妄了。然後，菩薩七住的明心，是怎麼明心的？當他找到了一個實相心，反覆檢查這個實相心確實是常住不壞的金剛心，也證明祂確實是出生五陰十八界的心，這樣子明心了，才是禪宗的破初關。所以，千萬不要誤會了！像您這樣說，「悟此身乃四大假合而成，無有實我」，這不是禪宗的初關，連聲聞初果都沒有實證。禪宗初關既說是明心，那麼當然是有一個不壞的眞心可明；如果有哪個祖師如您所說，就證明他還沒有悟，或是悟錯了！因爲他根本沒有找到如來藏。既沒有找到如來藏，怎麼叫「明心」呢？假使「悟此身乃四大假合而成，無有實我」就是禪宗的開悟明心，那麼禪宗就成爲聲聞法而不是大乘菩薩所修的勝妙法了。

至於您說的「重關前後際斷，悟得山河大地十方虛空無非空花幻影」，這樣的證境其實跟您自己所說的初關一樣啊！前後際斷只是覺知心的境界，都還沒有證知覺知心的虛妄，連我見都還沒有斷除呢！怎麼能說是開悟實相了呢？從自己色身的假有再轉移到山河大地等法的虛妄性，了知都是空花幻影，其實仍然沒有看見佛性，仍與重關的眼見佛性無關；既與聲聞的見道無關，也與禪宗的證悟法界實相無關，充其量只是觀察到一切法無常故空罷了！沒有一切實法，還是一切法空，那這樣的話，禪宗講的「明心、見性」，其中的重關見性又在哪裡呢？既然講重關見性，就是有佛性可見；若是沒有看見佛性，又怎麼叫見佛性而過重關呢？

那麼您第二個問題說的「牢關三身四智合一，悟我一如本空，淨智融通色空無礙獲大自在」，我不曉得這是誰向您胡說的？禪宗的牢關並不是這樣；三身四智合一是成佛的境界，古來禪宗過牢關的祖師們有誰是具有三身四智的？牢關的主要意涵，我已經在《禪—悟前與悟後》書中列出來了！如果你弄通了，不必來問我；若沒有弄通，你來問我，我也不會告訴你，因爲這個不能明講——是不可以明講，不是講不出來。我若爲你明講了，就害你沒有體驗的機會。所以您這裡所講的「三身四智合一」，這怎麼叫作牢關？三身四智合一，那是佛地境界了！而且，說三身與四智合一，也還是有很大語病的。至於禪宗祖師們，即使過了牢關，也還沒有到達佛地，還差得遠呢！最多只是證得慧解脫而已，也不是每一位過牢關的人都能證得慧解脫的，哪裡就到佛地了？還差得遠呢！

慧解脫的阿羅漢跟菩薩的慧解脫不一樣，菩薩過牢關慧解脫，是很清楚知道無餘涅槃中的本際，阿羅漢的慧解脫卻完全不知道無餘涅槃中的本際，這裡面還是有很大差別的。即使眞的過了牢關，也還是未入地的，距離佛地還很遙遠，怎麼能說過了牢關就能三身四智合一呢？依他那樣的說法，當他過牢關時就是成佛了！其實沒這回事！所以您這個問法不對。不管您是從哪裡問來，或是從哪裡抄來的，我跟你肯定一件事情：向你這樣講的人或者古時的祖師，他連明心都沒有，更別說是過重關的眼見佛性或是過牢關了！所以請您不要信受他。因爲他既沒有找到眞實心，怎麼叫作明心破初參？既沒有眼見佛性，怎麼叫作見性過重關？沒有眼見佛性，當然就不能說他已過重關；至於牢關的內涵，他也不曉得，像這樣，怎麼可以說他懂得禪門三關呢？

第三個問題是：「不破初關不入山，不破重關不閉關，如何解釋？」這個是誰寫或是誰講的呢？他們自己亂施設一個東西就拿來跟眾生開示，然後施設一個子虛烏有的法義，現在讓你拿來問我，我該怎麼跟你答呢？我是要罵這個祖師？還是要罵你？「不破初關不入山」，從古到今，你看中國所有證悟的禪師們，都是破初關以後出去開山的，他不是入山去閉關修行的，反而是住山建寺開法接引眾生的，總是入世去弘法度眾的。

再來講「不破重關不閉關」，破了重關以後是已經眼見佛性了，還要閉關幹什麼？破了重關，是證悟極深的金毛獅子，該要出來度眾生了，怎麼還要閉關苦修呢？這些錯悟的祖師們，根本就還沒有悟，卻亂講一氣來誤導眾生！所以我們的公案拈提中多數是眞悟的祖師，但是錯悟的祖師我們也把他們的錯悟之處拈提出來，要讓大家瞭解，不再跟著他們走上岔路。並不是被寫入《傳燈錄》的每一個祖師都是證悟的。事實上還是要看《傳燈錄》的編輯者有沒有慧眼，他還沒有悟入，當然就會把還沒悟的祖師也全部寫進來，因為他分不清楚珍珠與魚目的差別嘛！他看見魚目跟珍珠似乎一樣，就把魚目也放進一堆珍珠中，成為魚目混珠的人。你提出來問的這一段祖師言語是有問題的，所以您提出這個問題，問得不好！我要公開的說，問這個問題的人一定是還沒有破參的人。我雖然這樣說了，但是您不必傷心，將來去禪三破參回來時，就會知道我為什麼會這麼講，那時你就會證實：果然蕭老師講的沒錯。

接下來還有一張：「導師於上週解釋《楞嚴經》經文：『一者無始生死根本，則汝今者與諸眾生，用攀緣心為自性者……』，之中攀緣心解釋為見聞覺知攀緣心，觀之前徵心，阿難尊者大都以妄想意識心認為是眞心，回答佛的問話，因此有人說攀緣心是七轉識皆有，有人說攀緣心只是六、七二識，有人說攀緣心只是第六識，有人說攀緣心只是第七識，有人說攀緣心是六識較重，七識較弱；有人說攀緣心六識較弱，七識較重。眾人想法不一，請導師再慈悲開示，以解除眾人之疑惑。」我告訴你，這麼多的「有人說」統統正確，是看你住在什麼樣的境界中，以什麼樣的層次來說。譬如說，當我說這個攀緣心時是指見聞覺知心，而不解釋為末那識；就好像　佛說「意識滅，七識俱滅」，就成了無餘涅槃；請問：到底 佛的說法有沒有問題？《楞伽經》中大慧菩薩不是提出了這個問題嗎？「佛說六識滅就成爲無餘涅槃，可是明明佛在《阿含》講說要十八界滅——七識滅盡，才成爲無餘涅槃啊！如今佛說六識滅就入無餘涅槃，那是不是您不建立十八界？不建立七識呢？」佛說：「我建立總共八個識，所以七識是有的。」大慧又問：「可是佛爲什麼剛才又講：六識滅就成無餘涅槃呢？」佛說：「六識永滅的時候，七識就跟著滅盡，所以就成爲無餘涅槃。」那麼我這裡講的見聞覺知心是攀緣心，也是同樣的道理，因爲見聞覺知心若是眞的肯讓自己死掉的話，這個末那識自己不會思惟，祂認定見聞覺知心這個想法、這個知見是正確的，祂接受了，接受了以後就不會再使如來藏出生中陰身，那就成爲無餘涅槃了。我說的就是這個意思。

那麼這個提問中講：「有人說攀緣心是七轉識皆有。」當然七轉識皆有啊！如果您睡著無夢的時候，前六識斷了，那時如果沒有第七識在攀緣，那您明天早上怎麼能醒來？當然是七識皆有嘛！「有人說攀緣心只是六、七兩識」，如果攀緣心只是六、七二識，那您豈不是變成眼不見色、耳不聞聲……乃至身不知觸？可就有問題了！但他這個說法是不是錯了？也不盡然！譬如說，您若進入了二禪以上的等至位，那時的攀緣心就只有六、七兩識，那時您是不觸五塵的，所以他這個說法也對，要看他是指什麼時候而說。

接著**「有人說攀緣心只是第六識」**，這麼說也對，因爲對凡夫而言，他根本不懂什麼叫作末那識，他根本不知道第七識是什麼，連聽都沒聽過；如果您向他講前六識，他還聽得懂一些；就好像印順法師那些人，你跟他們講六識，他們多少還聽懂一些；您若是跟他們講末那、阿賴耶識，他們是一定聽不懂的。所以您若是跟他說攀緣心是六識，他們同意，這個看法也是對的；因爲末那識不會直接去攀緣六塵的，直接去攀緣六塵的都是六識，末那識根本不直接去攀緣，怎麼會有第七識可說呢？所以他們這個說法也對。

再從另一個角度來說，您說**「有人說攀緣心只有第七識，別的都沒有」**，那也對啊！當你睡著無夢的時候，攀緣心就只是你的第七識，沒有前六識，所以就說攀緣心只是第七識。所以要看是在什麼境界時而說的，睡著無夢是這樣的，無想定中也是這樣的，滅盡定當中也是一樣的。**「有人說攀緣心是六識較重，七識較弱」**，這也對啊！因爲攀緣六塵的都是六識啊！第七識只是被動的跟著六識來攀緣六塵。那麼**「有人說攀緣心六識較弱，七識較重」**，這也對！爲什麼呢？譬如你住在初禪的等至位當中，你的六識根本不攀緣，可是這時末那識突然弄出一些妄想給你，那邊弄一個，這邊又弄一個，讓你無法進入三禪的等至位，這時不是七識較重，又是什麼？所以他的說法也對。所以說「法無定法」，因爲三界六道當中有無量的法、無量的境界，你不能夠單說哪一個是正確、哪一個是錯誤；所以，這五、六個有人說，統統對。可是到了沒有道種智的人手裡，他就說：「只有某一個對，其他統統錯。」那他就錯了！所以說，法無定法，看你修爲的層次在哪裡，你就可以了知他說的是什麼層次、什麼樣的地步、什麼樣的境界。所以我就用這種方式，以解除眾人疑惑。但是可以確定的是：七處徵心所說的心，都是覺知心妄心。請問：你們疑惑除了沒有？好！應該已經除了，可以回歸經文來講了。

上週最後是講：【一者無始生死根本，則汝今者與諸眾生，用攀緣心爲自性者，二者無始菩提涅槃元清淨體，則汝今者識精元明，能生諸緣；】最後講到：「緣所遺者，由諸眾生遺此本明，雖終日行而不自覺，枉入諸趣。」眾生都是這樣，一向都是遺此本明，把這個妙覺明心給誤會了、忽略了，所以落入識陰之中，斷不了我見，時時刻刻都誤認虛妄的覺知心爲眞實常住的自我，以爲覺知心可以去到下一世，以爲覺知心是常住不壞的；當中陰身活到第七天而開始毀壞時，才知道覺知心不能久住，才知道覺知心必須有色身的五根配合才能久住於人間；於是又不得不投入母胎中去取得另一個身體，想要使覺知心繼續存在，當然就會「枉入諸趣」了。

我們上週也講了一個公案，說眾生都是日用而不知；因爲實際上，所有的有情眾生都是每天在運作第八識，可是每天日用之中不斷的在運作祂的時候，卻總是不知道祂在何處，也不知道自己每天是如何地用了祂，所以禪師才說眾生都是日用而不知。這一段經文中，佛也說眾生是「終日行而不自覺」，都是每日依靠這個眞實心而不斷的運行著，結果卻都不自覺。因爲不自覺，於是認爲見聞覺知的心是眞正不壞的自己，所以就落入我見當中——時時把握自己、處處把握自己，因此就輪迴於諸趣。

可是，眾生輪迴於諸趣中，實在是很冤枉而入，因爲眾生「能生諸緣」的「識精元明」的如來藏眞心，每天都很分明地顯示著，從來都沒有遮隱，只是眾生都不知道。因爲眾生入了這五趣當中，而五趣當中會有六道眾生，都是由於不知道這個眞實心，所以錯誤的認定覺知心自己是眞實不壞的心，反而把背後的眞實心如來藏給遺忘了，因此就凡事都以覺知心自我爲中心，當然就會與六塵萬法相應；一旦與六塵萬法相應的時候，一定就會逐物迷己，一直在追求覺知心外面的物相——六塵相中種種的境界法；逐物迷己久了以後，把自己眞實的本心給完全迷惑了、忽略了！因此就爲了想要保持覺知心的常住，死後不得不一再地入胎，想要保持覺知心常住不壞，才會「枉入諸趣」。爲什麼又說是「枉」入諸趣呢？因爲眾生不斷地進入五趣六道中輪迴，確實眞的很冤枉。因爲一世努力追求得來的全都是虛妄法，都是暫時而有的法，也都是假合的法，到最後死時還是一場空啊！根本就沒有所得，只是暫時有所得，其實還是歸於無常空，仍然是歸於空無；可是眾生不知道，就這樣子去迷惑而輪轉生死。佛陀接下來又說：

【「阿難！汝今欲知奢摩他路，願出生死；今復問汝。」即時如來舉金色臂，屈五輪指，語阿難言：「汝今見不？」阿難言：「見。」佛言：「汝何所見？」阿難言：「我見如來舉臂屈指為光明拳，曜我心目。」佛言：「汝將誰見？」阿難言：「我與大眾，同將眼見。」】

講記：前面七處徵心以後，發現覺知心眞的不能說是在什麼處，因爲祂不是物質色法，而是心。現在這裡已是第八處（第八次）來探討我們的見聞覺知心：這六識心究竟是眞？或是非眞？因爲前面已經七處徵心，說明見聞覺知心根本是虛妄法。但是說明覺知心是虛妄法，目的是要爲眾生破除我見，讓眾生不要再執著見聞覺知心自己，不要再把覺知心自己當作是眞實不壞的自我。可是，這樣詳細地破除覺知心常住不壞的錯誤認知以後，又不想讓眾生墮入斷見中，所以現在換到另一個層面來講。前面說這見聞覺知全部都是虛妄的，現在要換到另一個方向來說見聞覺知非虛妄、非不虛妄。

同樣的道理，這個第八識，對於還沒有悟、或是悟錯的人來講，要告訴他們說：祂是完全離見聞覺知的，從來不了知六塵的，從來都不思量六塵諸法的。可是對於已經證悟的人來講，卻要告訴他一切種智的道理——如來藏含藏著一切法的種子。也要告訴他：這個如來藏不是完全沒有覺知，但是祂的覺知並不是三界六塵中的覺知。因爲，如果祂完全沒有覺知的話，那跟石頭、木塊就完全一樣了，那麼你想要做什麼的時候，祂又怎麼會知道呢？當你想要做什麼的時候，當你想要運作一些法的時候，祂又怎麼能夠跟你配合呢？所以這時就要爲證悟如來藏的菩薩們說，祂不是完全的離見聞覺知，但祂的知覺性並不是三界中六識對六塵的見聞覺知。

所以說，法有各種層次差別不同；可是你如果還沒有眞正覺悟的時候，就不免會把從人家那裡聽來的說法——譬如人家針對證悟菩薩的最後階段開示：「如來藏阿賴耶識並不是完全沒有覺知的。」就誤會說：「應該是把我的見聞覺知心打坐而變得很微細了，那就是變成眞心如來藏了，就是開悟了。」密宗應成派中觀的意識細心常住說，就是這樣誤會佛法而出生的；那你如果也跟著那些大法師們這樣子修，可就錯了！所以佛法還眞的是很難講，也確實是很難修證；所以自古以來才會有那麼多的祖師悟錯了，原因就在這裡。

但是當你明心了以後，再加上見性這一關也通過了；當兩關都過的時候，佛法對你來講，可又是變成坦途大道了，又覺得是很容易修行了。因爲整個成佛的道路你已經看得很清楚，經典請出來時你就可以讀懂，這時佛法又變成坦途大道而沒什麼障礙了！難、就難在入門。可是佛法的眞正入門，這兩關是最難通過、最難實證的。有很多人說：「牢關好難，我連看都看不懂。」明心了，也眼見佛性了，卻還是看不懂；牢關的七道題中，第一題就已經看不懂了，更別說後面的那幾題。對於明心又見性的人來說，往往是第一道題目就搞不懂了！譬如「如驢覷井、如井覷驢」，井怎麼看驢子？驢子怎麼看井？驢子看井還容易體會一些，井看驢子，這要怎麼體會呢？所以好多人第一道題目就弄不通了，眞的好難！但你如果眞的已到初地了，這牢關其實根本不值一提，爲什麼呢？因爲對於初地菩薩來說，那也是很簡單的事情啊！

對明心與見性的人來說，牢關確實很難理解，何況實證？同樣的道理，對眾生而言，明心和見性二關是非常大的關卡；這兩個大關卡若是都已通過的話，接下去修學佛道真的是坦途，沒有什麼大障礙了！若說還有大障礙，那就是入地所需的證量；但入地往往是幾劫以後的事，而不是現在這一世的事，因爲需要很大的福德作資糧，也要伏除性障。除非是這一世就想拼入初地心中，否則可以說以後學佛的路途都是坦途了。這時，如果要說還有障礙的話，就是自己的性障現行而障礙自己，使自己無法永伏性障如阿羅漢，所以無法超越欲界境界而進不了初地心中。除此而外，是不會有什麼障礙的。因此，講到這裡，前面七處徵心已經說過見聞覺知心虛妄以後，現在就要再來一個第八處徵心了——這是第八次再來徵心。所以接下來要講的就是見聞覺知的心性，既非生滅亦非不生滅，既非虛妄亦非不虛妄的道理。

所以，接下來 佛就說：「你阿難如今想要知道心得決定而不改易的這一條成佛之道，」這是說，阿難已經心得決定而確定要走上成佛之道的長遠大道，要確實知道這一條成佛之道的內容以後，才能如實地實行而究竟的出離生死；如果沒有如實了知—還不能到達心得決定的正路上—未得奢摩他之路，就無法出生死。阿難尊者當時在與 佛對答的時候，還只是聲聞初果，還沒有證悟大乘菩提—還沒有證得佛菩提—當然也是尚未到達初地；但是這部經講完的時候，他就已經成爲初地菩薩了！你看他跳得多快，從六住位未滿心，一跳就到了初地，這就是親身見佛的功德。那麼他現在是幾地菩薩呢？我們已經不能想像了！他是在二千多年前就入初地了。「**現在你阿難想要知道心得決定的成佛之道，願意出離生死；我現在就來問你一些問題。**」

這時 如來就舉起金色臂，並且「屈五輪指」。爲什麼講五輪？因爲有五根手指頭，這五根手指頭，也有很多的解釋，有人說代表五分法身……等；又如密宗把指頭的每一節，都規定各自代表一個意思；左右兩手又各不相同，一手表定，一手表慧（編案：詳見《狂密與眞密》第二輯附錄），這當然是他們爲了打手印而做的私設規定，與佛法無關，現在我們且不談它。那麼 佛陀這時把手伸出來握拳，把五指都捲曲而成爲拳頭，就叫作五輪指，因爲每一手都有五指。佛陀屈五輪指，示現給阿難尊者看，然後問阿難說：「**汝今見不？**」問他說：「**你現在看見了沒有？**」阿難尊者說：「**我看見了。**」眼睛既然沒瞎，當然看得見，所以 佛就問他：「**汝何所見？**」你到底看見了什麼？阿難尊者就說：「**我看見如來舉起手臂，把手指彎曲了，變成了光明拳。**」

爲什麼說是光明拳呢？因爲放射出光芒了，「曜我心目」，照耀了我的心，也照耀著我的眼睛。於是 佛又問：「汝將誰見？」你是用誰來看見我的五輪指呢？「將」就是「拿」或「取」的意思，是說：你拿什麼來看見我的光明拳？阿難就回答說：「我跟所有的大眾一樣，都是拿眼睛來看。」

【佛告阿難：「汝今答我，如來屈指爲光明拳，耀汝心目；汝目可見，以何爲心？當我拳耀？」**阿難言**：「如來現今徵心所在，而我以心推窮尋逐，即能推者，我將爲心。」**】**

講記：這是第八處講覺知心了，因爲前面已經七處徵心了；這裡既是第八處了，所以應該說楞嚴是八處徵心。現在佛問阿難說：「好！你既然說，你們是用眼睛來看見我的光明拳，現在我問你：我如來屈指爲光明拳，放光來照耀你的心與眼睛；既然你說是用眼睛看見的，你的眼睛若是可以看見的話，那你到底又是以什麼當作心呢？」因爲既然是眼睛看見，眼睛自己就能看見，那麼就不需要有心來看見了！可是，只要有眼睛就可以看見嗎？「你既是以眼睛來看我的光明拳，又以什麼來當作是你的心，而面對我光明拳的照耀呢？」

阿難尊者就回答說：「如來現今徵心所在，」徵就是推求、探討的意思，是說：如來現在是教導我們來探討、推求覺知心的所在，「可是我如今是以覺知心來推斷到最究竟的地步，來尋找及追逐覺知心所在的最究竟地步；這時，我這個可以推斷、尋找、追逐的覺知心，也就是這個能推求的覺知心，我就把這個覺知心當作是我的心。」

這眞是古今同調，不但現在的大法師們這麼說，古時的大法師們就已經這麼說的了！都是與證悟般若以前的阿難尊者同一個調子。阿難這時的意思是說：見聞覺知就是我的心，如果這個還不是，那麼我能夠推求尋覓，能夠起作意來觀察、了知及判斷的心，就是我的眞實心。當然，古今許多錯悟的大師們也都是這麼說：「根據《楞嚴經》的說法，這個見聞覺知心既然不住在七處，所以這個覺知心就是無所住的心，當然就是眞心。所以我們的覺知心只要不住於六塵任何一法中，從六塵萬法當中獨立出來，我不攀緣六塵而使覺知心自己本然存在，這樣就是眞心。」這個叫作斷章取義。爲什麼這個叫作斷章取義呢？接下來　佛就斥責了：

【佛言：「咄！阿難！此非汝心！」阿難矍然，避座合掌，起立白佛：「此

非我心，當名何等？」**佛告阿難**：「此是前塵虛妄相想，惑汝眞性；由汝無始至于今生，認賊爲子，失汝元常，故受輪轉。」】

講記：聽到阿難說，能推求眞相的覺知心就是我的眞實心，佛就斥責說：「咄！阿難！這個不是你的心！」咄，就好像台灣話說：「嗟！（讀作確）你說錯了！」這是一樣的意思，都是斥責的意思。就好像古文中寫到的「齊人不食嗟來之食」所說的「嗟！」正是這個意思，嗟就是咄。那麼阿難聽到 佛陀訶責的語句時，就矍然——心中驚嚇。因爲被 佛陀責備了，所以心中嚇了一跳，於是「矍然，避座合掌，」也就是趕快就避開座位——離開了座位而不敢再安穩地坐在位子上。佛陀責備了，當然得要趕快離開座位，不敢再坐著了。站起身以後，就趕快合掌向 佛稟白說：「這個能推逐、能尋覓、能夠推求諸法的心，既然不是我的眞實心，那麼這個能推尋、判斷、追逐眞相的覺知心，該說祂是什麼？」

「當名何等？」這是問佛：「那我應該說這個能推求、能尋覓的覺知心叫作什麼呢？」因爲阿難尊者聽到 佛陀斥責他，說他這個心並不是他自己的眞心，只好如此提出請問。佛就告訴阿難說，你這個能推求萬法的覺知心，是「前塵虛妄相想」，不是自己的眞實心。這句話要稍微解釋一下，才能眞的了知覺知心的虛妄性。前塵就是放在見聞覺知心之前，而被覺知心所面對的六塵——前塵。在見聞覺知心之前而被見聞覺知心所面對的是什麼塵呢？就是六塵——總共只有六塵。

「虛妄相想」四個字，要先來瞭解「想」字；虛妄相想，說的是這六塵虛妄相中的想陰。一般人乃至諸大法師都認爲，想就是用語言文字在心中自言自語；那其實是妄想，是想陰中最最粗淺的部分；但其實想陰的微細部分並不是這樣的，想陰的範圍很廣，是包括一念不生的覺知心，乃至四禪八定中的極微細覺知心也都是想陰所函蓋的；所以在阿含中，佛說：「想亦是知。」

那麼「前塵虛妄相想」講的是什麼呢？是說你這個能推求眞相的覺知心，是面對眼前所見的六塵而產生的對虛妄相的了知——這個能推求眞相的覺知心是落在前塵虛妄相中的了知心。「前塵虛妄相」是說覺知心所面對的六塵都是虛妄的法相，不是眞實法，不是實相法界；因爲面前的六塵萬法都是所生法，是生滅不住而不是常恆不變異的。想就是想陰，想陰就是這個了知。

「此是前塵虛妄相想，惑汝眞性；」「阿難！你不瞭解這個能推尋眞相的覺知心，只是依附於前塵而出生、而存在的心，不知道這只是落入前塵虛妄相中的了知性——想陰，所以就以這個作爲你的眞實不壞心，於是就迷惑了你自己眞心的體性了。」對自己的眞心如來藏的體性迷惑了，就不能探究到法界的實相了！

「由汝無始至于今生，認賊爲子，失汝元常，故受輪轉。」「由於你從無始以來不斷流轉而到了今生，一直都是這樣錯認賊人爲最親愛的兒子，」如果認自己的眞兒子爲最親愛的眷屬，那就沒事，這兒子外出賺來的錢財總是會想辦法帶回家；可是如果錯認了賊人作兒子，這個假兒子外出的時候不是要去賺錢帶回家，他是要從你家裡挖錢財出去享用；並且會不斷挖出去，直到挖光爲止。所以，錯認識陰六識妄心爲眞實而常住的自己，就叫作「認賊爲子」，因爲覺知心流轉於前塵虛妄相中，不斷地流轉以後就會淪墮而遠離正法的實證；當你認定祂就是眞實心的時候，等於是授權給祂：凡是與你覺知心相應的法，你都可以貪著攝取。於是，當祂向面前的六塵流轉時，就不能固守你所有的法財，祂只會把你的功德法財一直向外散掉而已，因爲覺知心愛樂六塵而一直向外攀緣六塵嘛！這就像一個敗家子一樣，不會守成，「那你阿難這樣錯認以後，就是認賊爲子；當你阿難錯認這個能推求的覺知心賊人爲親兒子，就不可能認取原來就存在的常住心」，這就是「失汝元常」

的意思，「於是就會一再地接受五趣輪轉的痛苦。」

前面的七處徵心，是在說明能了知諸法的覺知心，是依於六塵等法而流轉的虛妄心，不是常住心，不是實有自己體性的眞心——不是「元常」之心；元是原本的意思，「元常」是說原來就已經存在而常住不壞。在七處徵心以外，如今加上這個能推求、能尋逐的覺知心，來徵探祂是不是原來就存在的常住心，已經是第八處徵心了！但這八處徵心的結果，佛說阿難這樣認取覺知心爲元常心，其實都是「認賊爲子」。由於「認賊爲子」了，就不會再起心動念想要另外推求尋覓元常眞心了，這樣一來當然就會「失汝元常」而忘失了自己原本就有的常住眞心。「由於這個緣故，所以你阿難就會生生世世不斷去接受生死輪轉的種種痛苦。」

【**阿難白佛言**：「世尊！我佛寵弟，心愛佛故，令我出家；我心何獨供養如來？乃至遍歷恒沙國土，承事諸佛及善知識，發大勇猛，行諸一切難行法事，皆用此心；縱令謗法，永退善根，亦因此心；若此發明不是心者，我乃無心，同諸土木；離此覺知，更無所有，云何如來說此非心？我實驚怖，兼此大眾無不疑惑，唯垂大悲，開示未悟。」】

講記：這一段經文，眞可說是阿難尊者爲那些落入離念靈知心中的大法師們請問的，也是爲推崇印順派的各大法師們請問的，因爲他們都同樣落入這個意識心中——都同樣落入識陰等六識中。阿難尊者早就是初果人了，在初果中早就斷了身見(不以四大所成的色陰爲眞實我)，怎麼還會落入識陰中？他早就聽聞 佛陀說過很多遍了：「**眼、色因緣生眼識……意、法因緣生意識。**」怎會不知道覺知心是識陰等六識妄心？但是他初次聽聞如來藏眞心時，心中總是還無法決定，所以誤以爲 佛說的如來藏就是覺知心。這一回由於摩登伽女的先梵天咒，被攝入婬席的因緣，於是裝模作樣——假裝糊塗而提出這個妄心的問題來請問 佛陀，也許就可以因此而得決定，成爲眞正的菩薩。阿難這一問，也眞是問得好，不然就不會有 佛陀在這部經中的開示了，也不會深入的解析覺知心的虛妄了。

從表面上來看，阿難站在凡夫大眾的立場所說的，確實很有道理；一切聲聞凡夫以及大乘法中還沒有悟入眞心的凡夫菩薩們，都是同有此疑；因爲同樣不知道這個面對前塵的覺知心，爲什麼會是「**虛妄相想**」？阿難經過七處徵心，發覺都不對，如今在這裡第八處徵心所講的能推求、能探究的覺知心也錯了，那該怎麼辦？任憑自己再如何的找來找去，就是找不到另一個可以稱作眞心的心了；想來多數的大眾也是一樣的，所以他現在爲自己、也爲大眾的利益，只好用賴的方式了，因爲不賴不行。佛陀被賴定了，一定會講出更勝妙的法，來解除大眾的疑惑，於是阿難就說：

「世尊啊！我是佛所寵愛的弟弟，」因爲他是 佛的最小堂弟，佛最寵愛他；「我是由於心中愛念於佛，所以佛陀因爲這個緣故而讓我出家；可是我的心其實不是只單獨供養如來您一人而已，不論是以前所曾供養過的諸佛，乃至我將來普遍的經歷恒河沙數的佛國世界，這樣奉承服侍諸佛以及所有善知識，發起了大勇猛心而修行種種難行的佛法眾事的時候，也都同樣是用這個能知能覺而能推求尋覓眞相的心；縱使在這個過程中，有時也曾經謗法而導致永退善根，也是由這個覺知心而作的。假使我所發現而明白的認取爲元常的這個覺知心，竟然不許說是我阿難的眞心，那麼我阿難應該是沒有心的，應該是如同大地土與無情的樹木一樣的無心；但是，假使離開了這個能覺與能知，我阿難就再也沒有心可說了，爲什麼如來竟然還說這個覺知心不是我阿難的眞實元常心？我聽了您這樣的開示以後，實在很驚恐、很怖畏；不但我阿難如此驚恐怖畏，與我同時坐在法會中的大眾們，也沒有一人是不疑惑的；唯願世尊垂愍，以大悲心來爲我們這些還沒有悟得元常眞心的未悟者開示。』從這裡開始的經文，就會解答剛才聽眾所提出的問題了。（編案：詳見九十一頁。）

阿難能成爲釋迦佛的侍者，其實也是過去無始劫以來就曾經承事過無量佛了；但是遍歷數不盡的國土世界——恒沙國土（由於恒河沙很細，你們如果去過三芝鄉白沙灣，看過那些沙子，雖說那沙子已經很細了，其實還不夠細，白沙灣的一顆沙子磨碎成六顆，其中的一顆就是恒河下游的細沙，恒河沙是很細的。並且恒河中游有許多沙子是貝殼的粉末，也是很細。恒河沙那麼細，恒河又那麼長、那麼寬，在下游之處，甚至可以在恒河上看日出，恒河的下游是很寬的——流到瓦拉那西的時候已經很寬了！去朝聖的佛弟子們，多數人都會在清晨時到瓦拉那西的恒河上看日出，那你說恒河有多寬！沙那麼細，河那麼長又那麼寬，請問恒河沙數得清嗎？當然是數不清的。）阿難及未悟的大眾們，心中一定都是這樣認爲：我過去遍歷恒沙數的國土，承事過無量諸佛以及善知識，都是發了大勇猛心而修行一切難行的法事；在這些過程中也都是用這個能知、能覺、能推尋、能探究的覺知心在修行，在承事諸佛及承事善知識；在這麼長遠的時間裡，不但是承事諸佛及善知識時都是用這個覺知心來修行、來做事，即使有時候誤信惡知識的邪教導而造作了謗法的惡事，因此而永退善根乃至下墮三惡道中受報，也都是由於這個覺知心。不論行善或造惡以及修行，全都是由這個見聞覺知心來做的啊！所以阿難這樣說：「如果現在我經由與佛問答中所發明出來的智慧，全都是由覺知心所有；竟然說我原來的這個覺知心不是我自己眞正的心，那麼我其實就沒有心了。」

眞的啊！找來找去都找不到還有別的眞心，而這個能知能覺又能推尋的覺知心，從各種不同的層面來探究的結果，又發覺也不是我阿難的眞心，而說這個覺知心是假有的，是「虛妄相想」的想陰所攝的妄心，那麼又該是哪個心才是「元常」而「識精元明、能生諸緣」的眞心呢？明明只有這個見聞覺知心，只有這個能推尋、能作主的覺知心，可是七處徵心以後，阿難第八處反觀這個能推尋眞相的覺知心，認爲是眞心；沒想到這個第八處所徵探出來的覺知心，竟然都還不是眞心，而被 佛陀說這仍不應該被阿難認爲眞心。這樣說來說去、推來推去，竟然都沒有一個覺知心可以說是眞正的心，竟然都是假的。又找不到另一個第八識心，所以心中就想：既然是這樣，我們所知的能知能覺的心都是假的，那我們應該就是沒有心的了。

若是沒有心，那不就是跟泥土、木頭一樣了？那就是說，離開見聞覺知以外，就沒有心可說啦！可是眼前明明就只有一個能對六塵見聞覺知的心，再也沒有別的心可說了，爲什麼如來會說這個見聞覺知心不該是我們大眾可以認取的眞心呢？那豈不是要變成斷滅境界了？如來是不是說「這個見聞覺知不是眞心，將來應該滅掉而成爲涅槃」，應該這樣來了生死呢？想到這裡時，心中當然不免會驚恐，心想：「大眾應該也和我一樣會驚恐。」於是就提出了這個疑惑：「我實在是非常的害怕，非常的驚訝，非常的恐怖。並不是只有我一個人如此驚怖，包含這些在座的大眾們也跟我一樣，沒有一個人是不疑惑的，唯願世尊垂大慈悲，開示我們這一些還沒有悟入的人。」開示就是把眞心打開來示現給大眾看。也就是求 佛直接宣講啦！

【爾時世尊開示阿難及諸大衆，欲令心入無生法忍，於師子座摩阿難頂而告之言：「如來常說：諸法所生，唯心所現；一切因果、世界、微塵，因心成體。阿難！若諸世界一切所有，其中乃至草葉縷結，詰其根元，咸有體性；縱令虛空亦有名貌，何況清淨妙淨明心、性一切心而自無體？若汝執吝分別覺觀所了知性必爲心者，此心即應離諸一切色香味觸諸塵事業，別有全性。如汝今者承聽我法，此則因聲而有分別；縱滅一切見聞覺知，內守幽閑，猶爲法塵分別影事。我非敕汝執爲非心，但汝於心微細揣摩：若離前塵有分

別性，即眞汝心。若分別性離塵無體，斯則前塵分別影事；塵非常住，若變滅時，此心則同龜毛兔角，則汝法身同於斷滅，其誰修證無生法忍？」**即時阿難與諸大衆默然自失。】**

講記：這時 世尊開示阿難跟大眾，想要令大眾以能推尋眞相的覺知心，可以證入無生法忍之中；換句話說，就是要幫助大眾進入初地。因爲只有初地開始才有無生法忍，十迴向位以下都沒有無生法忍；必須是進入初地心以後，才算是有無生法忍。所以，這時 世尊於獅子座—仍然坐在獅子座上—就伸手撫摩阿難的頭頂。關於獅子座，並不是眞的有一頭獅子坐在地上給你來坐，也不是把座位雕刻成獅子的模樣；凡是諸佛所坐的位子都叫作獅子座，因爲若不是一切法中王—金毛獅王—就不能坐這個座位，所以叫作獅子座，所以諸佛所坐的位子都叫作獅子座。

這時 如來在獅子座上，就伸手爲阿難摩頂，爲阿難開示說：「如來常說：諸法出生以後所能再出生的法，全都是眞心所顯現的；世間的一切因果現象，山河世界、以及虛空中的無量微塵，全都是因爲這個眞心而成就諸法及諸法所生的一切法的各自體性。阿難！如果各個世界的一切所有物質—在各世界中的一切物—乃至最沒有價值的雜草、樹葉、纏在一起的藤絲根結等物，若是深入的探究它們的根本——深入探究它們的自性，都有各自不同的體性；縱使是空無所有的虛空，也都還有它的名稱與法相面貌；何況是本來清淨微妙的清淨光明心，是能夠與一切法的體性相應的眞心，怎麼會是沒有祂自己的眞實體呢？」這就破斥了六識論凡夫所主張的「如來藏唯名施設而無自體」的謗法邪說了！怪不得所有六識論者都要異口同聲的把《楞嚴經》打成僞經。

這段經文中的意思是說：我如來常常這麼講，諸法所生的一切法，其實都是「唯心所現」。講到這裡，請問諸位：這段經文中，有沒有講到內相分？有很多人一直在質疑說：「你們正覺寫出來的書中，總是說唯識學中有講內相分。其實都是你們自己編造的，三乘諸經中根本就不曾講過有內相分這個東西，不信！你們找出來給我看看！」那你如果沒有道種智，還眞的要被他們給問倒了，因爲三乘諸經中絕對找不到「內相分」這三個字。但是我要告訴他們：許多地方都說到有內相分，只是沒有用「內相分」這三個字來講。

譬如這段經文中說：「諸法所生，唯心所現；」諸法是不是包括一切法？請問：所眼見的色法、所耳聞的聲法、所鼻嗅的香法、乃至身所觸的觸法，是不是都含攝在諸法之中？（大衆答：是）是！好了！現在很簡單了，色聲香味觸法等六塵以及六根、六識都是「**唯心所現**」，六根、六塵與六識就是諸法，由這十八界諸法再輾轉出生的萬法（譬如車子），也還是要由如來藏來出生而顯現出來的；既然萬法也是十八界等諸法所生的，也是要從如來藏中出生的（編案：從二〇〇三年起，此密意都已在禪三時由學員自己舉證以後，才會被印證為悟）。又如六根也是諸法，藉六根諸法就能出生六塵；但六塵並不是直接從如來藏中出生的，而是由如來藏所生的五色根—五種扶塵根及勝義根—作為藉緣，並且加上有個處處作主而遍計執性的意根，才能出生這六塵的；所以意根與五色根即是諸法，而諸法（六根）所生的法—六塵—還是從如來藏心中直接出生，而不是由六根直接出生的，當然「**諸法所生**」一定是「**唯心所現**」的。

佛陀在這句經文中說，「**諸法所生**」的一切法，都是「**唯心所現**」。意思是說，六根為緣而出生的六塵，是「**唯心所現**」的。那麼請問那些六識論的大法師們：**所見五塵或六塵都是自己的心**（意識）**所現，這解釋得通嗎？**六塵究竟是由自己的哪個心所顯現出來的？那些六識論的大法師們當然都解釋不通，因為他們所見的六塵都是覺知心出生的因緣，當然不是由他們的覺知心所出生的，怎能說是「**唯心所現**」？當他們依六識論來解讀這部經典時，或是解讀《華嚴經》時，當然就解釋不通了！因爲「唯心所現」說的是第八識如來藏心才能顯現六塵，不可能是由他們所認知的意識細心或極細心所顯現的。顯然這些大乘經中的說法與他們的認知不同，也與他們爲人所說的法義不同；他們當然要認爲這部經的法義是亂說不通，當然要毀謗是僞經，因爲他們讀不懂其中的意涵。但是他們讀不懂，不等於所有菩薩們都讀不懂，讀懂的菩薩們可都讚歎這部經典講得太好了！哪裡還會毀謗是僞經呢？

但他們落入六識論的見解中，而六識都是「諸法所生」的；也可以說是「諸法所生」所說的諸法，因爲六識都是如來藏所出生根與塵二法爲緣才能出生的，所以這識陰等六識也是「唯心（如來藏心）所現」的；但他們既然否定了如來藏心而落入根塵爲緣所生的意識心中，當然就無法解釋這句「唯心所現」的經文了！總不能解釋說：根塵爲緣所生的意識覺知心出生了根與塵。他們心中想：「我眼前所見的光明，分明是電燈所顯示的光；而我覺知心所假借的眼根，明明不是我覺知心所出生的，而是我覺知心所依的法，你們正覺怎麼可以說是自心所現、唯心所現？這話講不通。」

他們這樣的質疑，表面看來似乎有道理。譬如說，香點了來，覺知心聞見了，這香塵明明是點了沈香，你才聞見了，明明是外法，不可能是由心所生的，你怎麼可以說那個香是覺知心所顯現的？這沒道理啊！但是問題來了！如果真是這樣，就應該說「諸法所生，外緣所現」，不是「唯心所現」。經文得要改了！並且，類似這種意思的聖教語句，在三乘諸經中非常的多；《華嚴經》不是也講嗎：「三界唯心，萬法唯識。」三乘經中到處都是這麼講的啊！那是不是說：這些經典都要修改？因爲依據六識論者的當代諸方大師所見，萬法都不是唯識所生啊！明明萬法是萬法，各人的覺知心六識哪有出生萬法？

他們認爲：我把電燈開關給關掉了，所有的色塵就都不見了，一片黑暗；我想要再見到種種顏色時可都看不見了，哪裡可以說這些青、黃、赤、白等顯色、形色、表色，都是我的心所現？這個話講不通。可是許多經中——三乘菩提經中——爲什麼要這麼講？這就顯示：你看見的、嗅到的、聞見的，乃至你身所觸都是內相分。當我們看見外面的色塵相，其實你沒有眞的看見外色塵，你所看見的是唯心所現的心中的色塵相；是由你的眼睛攝取外面的色塵相之後，你的覺知心並不在你的眼睛裡面看見；經過前面的七處徵心，以及現在第八處徵心之後，請你們自己觀察一下：自己的覺知心是不是在眼睛裡面？顯然不是！

覺知心既然不在眼睛裡面，而眼睛又是物質而不是心，怎麼可以說眼睛看見了？當然不能這麼說。可是明明覺知心又看見了色塵——透過眼睛而看見了！那你看見的是哪一個影像呢？因爲在眼睛裡面的色塵影像是顛倒而不是正立的，但你所看見的影像卻又是正立而不是顛倒的，顯然你不是在眼睛中看見的，當然不是看見外相分色塵；可是爲什麼你透過眼睛又可以看見外相分？那意思就是說，你所看見的並不是外相分的色塵——不是外面的色塵相，而是看見自心第八識所變現出來，跟外面的色塵相完全一樣的影像——內相分，所以你的覺知心從來沒有接觸到任何的外法。從無始劫以來，不管是哪一世的覺知心，所接觸到的六塵，全都是自己的如來藏所變現的六塵；當然，在五塵上面所顯現一切法，一定也是自心如來藏所顯現的。眼根的扶塵根—眼球—所看見的外色相，這個外色相在眼球的視網膜中是顛倒的——不是正立的影像，而是顛倒的影像；可是大家所看見的影像卻都是正立而非倒立的影像，那意謂著所見諸法全是自心如來藏所顯現。

我們也可以用影像監視器的道理來譬喻。諸位在屋子裡的顯示器面板上所看見的，都只是銀幕面板上的影像，不是直接看到屋外；假使不知道這個原理，而又沒有看到面板本身，就會誤以爲真的看到外面的影像了！而眼球就像是裝在屋外的攝影鏡頭，眼球後面視網膜就是攝影鏡頭後方的影像顯示處，那裡的影像是上下顛倒的；從眼球後面聯結到腦部視覺區的視神經，就像是從攝影鏡頭後方拉到屋裡顯示器的那條電線。經由電線把視覺訊號傳入顯示器時，顯示器裡的運作機制再把訊號反轉爲正立的影像而顯示出來；也就是說，經由視神經傳達了所見色塵的影像訊號到腦中以後，如來藏會在腦中的視覺區—眼勝義根—中，將視神經傳遞給祂的倒立影像反轉過來而顯示正立的影像，這時已經不是視網膜中上下顛倒的外色塵影像了，而是電腦主機—如來藏—藉視神經傳來的倒立影像訊號，來產生正立的內影像——正立的內相分色塵。

請問：屋裡銀幕上面變現出來的內影像，是由誰變現出來的？當然是顯示器中藏有一個主機，由主機把鏡頭傳過來的上下倒立訊號變現成正立的光影，然後投到銀幕面板上給你看。那個會變現內影像的主機才是你的眞實心，而六識覺知心就是坐在屋裡銀幕面板前面觀察影像的人。屋裡的人是經由銀幕及攝影鏡頭來看見屋外的影像，但屋裡的人若是沒有智慧，就宣稱是直接看到外面的影像，辯稱沒有屋裡的影像存在而只有屋外的影像。同樣的道理，我們每一個人的六識覺知心也是在勝義根中，只是因爲無形又無色，就不能說是在內、在外、在中間了；其實只是經由眼睛攝取外相分進來，第八識收到外相分的訊息，就在你的勝義根中變現出一幅正立的影像，然後覺知心就看見了勝義根中正立的影像，就說：「哦！**這就是我看見的外面的世界。**」其實你並沒有眞的看見外面的世界，你所看到的都是自心眞如所變現的內相分影像，而那個影像跟外境一模一樣，完全沒有差別。所以 佛陀才說：「**諸法所生，唯心所現。**」你所看見的諸法（六根）所生的六塵影像，都是你的自心所現，不是講外面的燈光照出來的影像是你的自心所現，而是說你所看見的所有的影像都是你的自心所變現出來的。

若是落入印順法師等應成派中觀的六識論邪見中，當然就無法解釋這一段經文了！因爲覺知心只能領受六塵而無法變現六塵，那要如何解釋「**諸法所生、唯心所現**」的道理？無法解釋了，就乾脆毀謗說「楞嚴經是僞經」。所有的應成派中觀師都會這樣毀謗，所以印順法師不認同這部經，也不認同所有曾經宣講第七、八識的大小乘經典；比印順稍早的呂澂先生，也一樣是六識論者，他毀謗得更嚴重，甚至寫文章來毀謗《楞嚴經》爲僞經，名爲〈楞嚴百僞〉。其實他們只是被六識論先入爲主的邪見所崇，不懂得要求證第七識意根及第八識如來藏，也不懂阿含諸經是密意說八識並存的解脫道；直接否定了七、八識以後，凡是遇到「萬法唯心所生」的聖教時，就一定弄不懂；又怕人說他們沒有悟得般若中道正理，因此就索性全面否定七、八識的存在，無視於初轉法輪四大部阿含諸經中的八識說法；所以後來乾脆認同一分日本人的錯說，公開主張「大乘非佛說」。

眼根攝取外色塵，而由覺知心中的眼識與意識來了別內相分的色塵；同樣的道理，你所聽聞的一切音聲，也是你的自心眞如變現出來的，然後你覺知心意識與耳識就在勝義根中接觸聲塵、體會聲塵。色、聲如此，香、味、觸也是如此；覺知心所觸知的五塵都是內相分五塵，不是外五塵；而法塵則是在五塵上面顯現出來的，若不是有五塵及覺知心，就不會有種種法塵顯示及存在；而五塵、法塵及覺知心，是要藉六根出生的；但諸法六根所生的六塵、六識及萬法，也都是由自心如來藏中出生的，不是由諸法六根所出生的，所以 佛說：「**諸法所生，唯心所現。**」

那麼諸位明白了這個道理以後，還要不要去貪看外面的美景、山光水色呢？不用了！因爲貪來貪去時所觀賞的都只是自己的內相分而已；當你看到風景很美時，其實只是自己的內相分色塵在美，不是眞的看到外面山光水色很美；外面的山光水色只是內相分中的美麗景色的助緣而已，其實你所看見的還是自己如來藏顯現的內相分中的山光水色。瞭解了這個道理以後，對你們以後修證無生法忍就會有很大的幫助。爲什麼會有幫助呢？這裡就不告訴你們，你們以後自然就會知道。

以上的經文是說，一切諸法唯心所現；而你所接觸到的痛、癢、痠、痲、苦、辣等身體的觸覺相分，也是由你的如來藏所變現的啊！所以當你感覺到痛、感覺到癢時，其實都在你的勝義根中領受，不在你的腿上、腳上、手上；只是有情爲了在欲界、色界生存而不得不產生一個機制：讓你知道是什麼地方在痛、癢……等，於是就會誤以爲眞的是某個地方在痛等。但是眾生不瞭解，都以爲腳痛就是在腳上領受痛覺，其實痛覺不是在你的腳上領受，而是在你的勝義根頭腦中領受；但勝義根會顯示痛覺是在腳上，讓你知道腳上需要做一些調整或處理，藉以維持色身的正常以及良好的運作。其實痛的領受不在腳上、不在手上，不在任何一處，而是在你的勝義根中。但是那個痛覺相分從哪裡來的？還是由你的如來藏阿賴耶識變現出來的啊！只是如來藏有一個機制，會讓你覺得是腳在痛；但你其實並沒有接觸到腳上的痛，你的覺知心只接觸到如來藏透過身根及勝義根而變現出來同樣的痛覺，讓你以爲是腳在痛而已。所以說：諸法所生都是唯心所現。沒有一法不是你的眞心如來藏所變現的。

說到相分光影，有人不懂就亂解釋，說大家所見的色塵相就是在場的共業眾生所共同變現的。那我就要請問他了：如果是大家共同變現的，那應該是同一個影像才對，那就應該你從那邊看過來的影像，以及他從那邊看過來的影像，都是完全相同的一個影像啊！可是爲什麼兩邊所見的影像有所不同？因爲若是共同變現的色塵相，那一定是同一個色塵相，那就應該在場的人們所見的影像是完全相同的，不論從哪一個方向看過來時都會完全一樣；那也應該你們看我時是這樣的影像，我從這裡看過去你們那邊時，所看見的影像應該是和你們所見的影像完全相同的。但是你們看見我的影像，跟我看見你們的影像並不一樣，這表示，各人所見的色塵相，是各人的自心如來藏各自變現，不是由大家共同變現的，這眞的不能誤會了。

所以說，「諸法所生」都是「唯心所現」，這一句聖教中其實已經明白的告訴你，所見都是內相分。所有敘述內相分的經句中，並不必一定要用內相分這三個字。譬如有人在書中說，歐美人士皮膚是白的，我們亞洲人則是黃皮膚；但是有些愚癡人就說：「那本書中根本就不曾說有白種人。你不該說那本書中有說過白種人。」可是書中明明已經說明住在歐美的人種膚色是白的，只是沒有說出「白種人」三個字。但是愚癡人讀不懂，就說：「我在書中到處找來找去，我也用電腦搜尋過了，都沒有找到『白種人』三字的記載。」可是書中有說歐美的大部分人是白皮膚的，那就已經說過是有「白種人」了。可別像那個愚癡人一般，只因爲沒有讀到白種人三字，就說那本書中沒說過有白種人。

同樣的道理，佛說「諸法所生，唯心所現」，就已經是說有內相分了，不必一定要用「內相分」三個字來說。其實我們每一個人的覺知心，都好像早期的戰車駕駛者、操控者一樣，都是坐在戰車裡面，透過鏡面裝置的反射來看外面影像的，外面的影像是透過二次折射進來的；他是透過鏡面來看見外面的世界，其實所看見的只是鏡面中的影像，並沒有眞的看見外相的影像。現在戰車更發達，鏡頭與車內的影像是四面八方的，因爲已經由電腦及攝影鏡頭來見了；這時是每一個方向都看得見，但他有沒有眞的看見外境呢？事實上，應該說「非看見，非無看見」。說他沒有看見，是因爲他看見的只是車內電子裝置顯現出來的內相分；可是你說他眞的沒有看見外境嗎？又不然！因爲那個內相分的影像跟外境影像是一模一樣的。

那麼你們已經聽我說了這麼久的法，其實所聽見的也都是你自己內相分的聲音；但是卻要用我作爲助緣，我講出這個聲音之後，透過空氣的震動，傳到你的耳朵裡面去，耳朵再透過神經纖維將聲音轉化後的訊號，傳到你的耳勝義根裡面去，你的阿賴耶識就在耳勝義根中變現出同樣的聲音，然後你就以爲眞的聽見蕭平實講話的聲音了！其實你從來沒有聽過我的聲音，你從來所聽到的聲音，都是你的自心眞如藉我的聲音所變現出來的自己內相分的聲音；而你沒有聽聞蕭平實講過一句話，你所聽到的都是你的自心眞如所變現的內相分聲塵，你所以爲聽到蕭平實所講的話，都只是一個表相。

但是因此就能夠說眞的沒聽到嗎？也不行，因爲卻又眞的有聽到了。這是因爲在你心中所聽到的聲音，跟外面蕭平實說話的聲音是一模一樣的，是沒有差別的；除非你的耳根有損壞、有變異，否則你所聞的聲音一定是一樣的。所以說，從世間法來講，也是有中道可說：「非有聽見、非無聽見，非有看見、非無看見。」若是還沒有悟的人，就好像以前荷澤神會被六祖打時一樣，六祖打了他一棒，問他：「你如今是痛？或是不痛？」他說：「是痛，也是不痛。」這是依意識的解會來說的，所以六祖不認同他。因爲他當時還沒有實證，誤會了離見聞覺知的聖教，他當時是用猜的，把意識覺知心套用佛法的名相來說，那其實不是眞正的悟。後來眞悟了，才知道以前六祖打他的意思。

這就是說，諸法出現的時候，以及諸法再生諸法時，其實都是眾生自己的眞心如來藏所變現出來的；也就是說，能變現諸法的心，才是有情的眞心；離念靈知心只是意識，是無法變現諸法的。在七處徵心的過程中，乃至在第八處徵心時，也都否定離念、有念、能推尋的覺知心，都說是妄心，不能稱爲自己的眞實心。當然，這是從內心內境來講；可是接下來又把外境含攝進來講：「**一切的因果、一切的世界、一切的微塵，都是因心成體。**」

換句話說，所有的因果，如果離開了你這個如來藏眞心，就沒有因果可說了。怎麼說呢？因爲如果是由見聞覺知心來執受一切善業惡業種子，那麼見聞覺知心在晚上眠熟時就斷滅了，正當眠熟之時，這些善惡業的種子應該也都跟著覺知心的斷滅而消失掉了；可是明明沒有消失，明明還存在著，可以讓眾生繼續受報及生活；如果沒有自己的眞心執持這些種子繼續存在，那你今天晚上睡覺眠熟之後，覺知心斷滅了，已經沒有一個主體來執持你這一個覺知心的種子以及業種，那應該明天早上我蕭平實可能在你的身中醒過來，你可能是在某甲的身中醒過來，而某甲又在我的身中醒過來，因爲覺知心都同樣在晚上暫時斷滅了，卻沒有心執持各人自己的色身。這樣，還有什麼因果可說呢？當然沒有因果了！可是明明今天晚上睡著，覺知心斷滅了以後，明天還是照樣能在你原來的身中醒過來，並沒有在別人身上醒過來；可見還另外有一個心執持著你的種子，使你明天早上再出現；祂執持著你所造的一切無記業種，使你明天再出現於同一個色身中，這樣因果才能成立。

如果沒有那個如來藏眞心，就會像印順法師所講的：「業過去了以後，業雖然滅了，變成滅相，可是這個滅相是不滅的，所以業的勢力還是存在的，所以未來業還是會再現行。」請問：滅了還有滅相嗎？如果我給你一千塊錢以後，我又把你的一千塊錢拿回來，而你卻主張說，你消失了的一千塊還是在的，而且是永遠不會再失去了。這講得通嗎？印順說：滅相不滅，所以因果還是在的，所以業種還是在的；然後這個業種滅了以後的滅相不滅，所以這個滅後的滅相到了未來世中，種子再現行的時候就又會連續起來了！滅了以後就成爲空無了，竟然還可以自己主動而且正確的連續起來，這樣叫作什麼因果相續呢？

這就好像說，我跟你通電話的時候，叫一個人去把電話線全都剪掉，而這個已經斷滅掉的電線的滅相不滅，所以我仍然能夠繼續跟你講話，電話還是可以通的。這樣的說法能講得通嗎？這只能叫作強詞奪理。滅了就是沒有了、空無了，那他的見聞覺知心滅了以後，怎麼還可能執持著他的種子？他的善惡業種子怎麼還會存在而不散失？但是現見一切善惡業種及所熏習的世間技藝等無記種子，都是存在而沒有滅失的，這顯然已經證明每天晚上會斷滅的覺知心，是不可能執持種子的。

而且，已經中斷、暫時斷滅的覺知心——你自己，其實是不可能執持自己的種子；因爲當你自己晚上眠熟而斷滅了，滅了就不可能執持識陰覺知心種子，那明天爲什麼又能夠有覺知心的種子流注出來而重新現起覺知心的自己？又如何能使你自己覺知心又現行而醒過來呢？那表示另外還有一個心，祂能夠執持覺知心的種子，使你覺知心明天早上又現行；當種子現行時，你覺知心又出現了！這就證明一定是另外還有一個第八識如來藏來持種，才可能使今晚已經斷滅的覺知心在明天早上繼續現行。

那也許有人說：「那也不必一定要有第八識，第七識也可以持種啊！當意識滅了以後還有第七識意根繼續存在而不斷絕，這個意根還是可以執持種子的。」聽起來好像也有道理，但是緊接著問題又來了：意根如果可以執持種子，佛說意根就是會思量的心，我們在實證上也是如此證明了，那麼祂一定能藉著見聞覺知心而思量：這個我要不要繼續做？這個我要不要收藏起來？這個我要不要把它丟棄？然後作下對自己有利的決定。請問，如果眞是這樣，那麼惡人可都穩賺不賠了！因爲可以今天殺人越貨，擄掠了許多錢財回家；這些惡業種子既是由會思量作主的意根所持，意根就可以自己決定把惡業種子丟掉：「我不必受惡報了！多妙！」那還有因果嗎？沒有因果了！

可是，咱們先不從因果來講，只從事實來講；譬如說造了惡業的人，當他臨命終的時候，可不是業相現前了嗎？正當業相現前時，他說：「我要把所有惡業種子都丟掉，免得下墮三惡道。」雖然意根已經作主而這樣決定了，結果還是沒有辦法丟掉，死後發覺惡種的業相又現前了，結果還是得要下地獄去接受生前殺人的果報。下地獄受報的時候，他一定又會這樣想：「這麼痛苦。死掉算了！」就由意根作主而決定死掉，想要離開地獄；可是偏偏死不掉，沒辦法死；這表示惡業種子不是由他能作主的意根所執持的，因爲他的意根已經作主決定要把惡業種子丟掉，也不想再要那個地獄身，全都決定要丟棄，可是偏偏丟棄不了；當他痛苦到不能忍受時就昏厥過去，接著死掉了！可是一陣業風吹過來，立刻又活轉過來，還是在地獄裡面繼續受苦，還是跑不掉。這表示意根雖然無始劫以來都不曾暫時斷滅——從來不曾間斷過，可是祂仍然不是能執持業種的心。

這就很清楚地表明了，如果說意根可以作主把惡業種子丟掉，只要保留善業種子，而且意根也是無始以來都不曾斷滅過的心，那就一定可以實現只保留善業種子而丟棄惡業種子的決定，現實世界中就應該都沒有三惡道眾生的存在與受苦了，可是爲什麼現見還有許多三惡道的眾生呢？可見那些三惡道的眾生們雖然都不想要繼續持有惡業種子，可是過去所造的惡業種子還是無法丟掉的。這就表示意根之外必定還有另一個能執持一切善惡業種子的心，還有一個能執持一切色法種子、能執持七轉識種子的另一個心存在，那就是第八識如來藏心——阿賴耶識。

若沒有這個無覆無記性的第八識心的存在與運作，就不可能會有種子的生起現行及受善惡報的種種有情，因果律就不可能存在，就不會有三惡道眾生了，所以 佛說：一切的因果，都是「因心成體」。一切的因果都是要因爲有這一個眞實心的常住，才能成就一切因果的體性；如果沒有這個第八識心的常住不壞而有功用，一切的因果就全都沒有辦法成立的。

同理，「一切世界，因心成體」；現在說到世界了，這也是講世界悉檀，也就是在說明宇宙中的無數世界是怎麼來的，也是說明三界有情及世間是怎麼來的，這在後面卷七的經文中還會開始做更詳細的開示。一切世界爲什麼也是「因心成體」呢？很多人都沒有想到：爲什麼十方世界會有成住壞空的現象不斷地輪替呢？都是因爲眾生需要。眾生怎麼會需要世界有成住壞空的輪替過程呢？這是因爲造善業的眾生需要受善報，造惡業的眾生也需要受惡報，所以這個世界就因此感應而形成了：當眾生需要一個受報的場所以及未來世繼續造業的場所，於是共業眾生的如來藏受到業種的感應，就共同形成一個全新的銀河系出來；而這些共業眾生的業力——業種——業的功能差別勢力，是存藏在哪裡呢？都是存藏在這些共業眾生各自的第八識心中。

十方虛空中的無量世界，並不是像一神教所講的由阿拉創造、由耶和華創造。不是！阿拉、耶和華也只是世界形成之後，在這裡面受諸苦樂，他們也是被動的出生到欲界天中來受大福報而已。正是因爲眾生的第八識有這一些種子，共業眾生的這些業種就會由於受報的需要而共同形成一個力量，使得虛空中某一個世界形成；當這些業報完了以後，這些世界就開始毀壞，眾生又輪轉到他方世界去。這些共業眾生在這個世界住的時候，還有別的世界所住的眾生正在造作同一種業，將來業緣成熟時，這些共業眾生的如來藏又在別的虛空感應而生成另一個世界，這些共業眾生就漸漸又往生到新世界去受報，同時又造種種業。眾生就這樣子在十方世界來來去去，而十方世界的成住壞空的過程，也都是由共業眾生的如來藏共同來成就，所以一切世界也是「**因心成體**」，不是誰所能創造的。

一切世界都是因爲眞實心的持種及感應能力而成就的，所以當然是以心爲體；但這個心並非前面七處徵心時阿難所說的見聞覺知心，也不是第八處徵心時說的能推尋、能探究的覺知心；因爲見聞覺知心沒有辦法創造任何世界，連眼前的六塵都無法創造或顯現，何況是創造世界？如果耶和華不信我說的話，或是阿拉不信我說的話，可以來找我辯論；不管是公開的或私下的辯論，我都接受；因爲現見他沒有這個能力，因爲他的層次連欲界都沒有超過，尚且無法超出欲界六天；可是創造世界這件事，連能出三界的阿羅漢都還做不到，凡夫位的耶和華、阿拉又怎麼能做得到？他們連眼前的六塵都無法創造了，何況是創造世界？

如果他們現在也在這裡聽經，聽到我說這個話，心中不痛快，可以現身來與我辯論，我會立即接受，可以當場證實他們沒有創造世界的能力。有很多方法可以證實他們沒有這個能力，因爲他們連三界都出不了，而能出三界的三明六通大阿羅漢都還無法創造物質的人間世界，何況是他們所不知道的色界與無色界，他們哪有能力創造三界？這是很簡單的邏輯，因爲他們都還沒有證得初禪，連初禪天的模樣都不知道，何況能創造色界諸天世界？連色界天的境界都還不知道，何況能出離色界？尚且不能出離，何況能創造？無色界天的道理，依同一個邏輯來推理，當然也可以判定他們是無法創造無色界天境界的，因為他們都還不知道無色界天的境界相。所以世界不是由他們創造的，這是無可質疑的。

此外，宇宙虛空中還有無量數的微塵，也是「因心成體」。很多人是每天渾渾噩噩過日子，從來沒有想過：物質世界出生了許多物質，讓我們大家食用，食用十幾億年下來以後，這個地球應該枯竭了。我們吃了許多食物，地球上的其餘種類眾生也吃了許多食物，吃了十幾億年以後早就應該枯竭了，可是為什麼到現在都還沒有枯竭？並且，食物為什麼能生長出來？食物長出來以後，為什麼又會自動地成熟？如果食物長出來以後不能成熟，那你就沒有辦法受用它；那些食物成熟以後，為什麼又會自動爛掉？如果食物成熟以後都不會爛，那你也沒辦法享用它；因為欲界眾生所有的摶食，都以爛壞為相；如果食物不會爛壞，你就吸收不到營養；譬如你拿到好端端的一顆蘋果，作成蘋果泥以後，你喝下去一大杯蘋果泥，明天排出來時還是香噴噴的蘋果泥，都沒有爛壞而使色香味都沒有改變，請問：你喝了它以後，能夠得到它的營養來滋養色身嗎？不可能！

這意思就是說，植物之所以會出生，之所以會發芽、成長，會開花、結果、長大、成熟、爛壞，都是由於眾生需要它這樣子；當眾生需要它這樣子的時候，植物就會這樣子自動演變，可食的果實就會生長及壞爛，讓眾生可以受用它。但這不是任何人的覺知心去加以變現、操控，號稱全知全能的上帝也完全作不到，因爲上帝連這個道理都不懂——食以爛壞爲相。所以，食物會經由植物的開花、結果、出生、成熟、爛壞，是由於共業眾生的自心如來藏中的共業種子共同感應運作，才使得它會這樣子自動演變，不是由上帝—神—來造作的。所有的欲界天神都還不懂這個原理呢！何況能完成這個工作？

那麼，十方虛空世界壞掉了以後，別的地方虛空又有世界形成，請問它是怎麼形成的？是否不需要物質就能形成？不然！事實上是需要把太空之中很多的微塵凝聚起來，然後才能夠形成一個世界；如果不把太空中的無量微塵凝聚起來，就沒有辦法爆炸而生出很多的星球，而那些四大物質又是從哪裡來的？上帝曾經創造過這些物質嗎？沒有！而且，上帝只曾創造平面的世界，不曾創造過圓球形的地球，那麼就連這個地球都不是他創造的，何況虛空中還有無量數的星球世界？當然也都不是他所創造的了。但除了這個銀河系世界的無量星球以外，十方虛空還有無量數的銀河系世界，上帝對此是無所知的，何況能創造？所以十方虛空的無量世界，全都是由眾生的眞心如來藏來共同成就的，不是由誰單獨來成就的，連熟知這個道理的 佛陀都不說世界是祂創造的，何況不知這個道理的上帝，又有什麼能力來創造他所不知的世界？因此我們當然可以說，佛陀所說的「一切世界因心成體」的說法，是絕對正確而無法被推翻的，而這道理還會在本經卷七以後繼續開示的。

眾生—包括上帝們—的見聞覺知心、能推尋諸法的覺知心，是不可能成就世界的，當然要被稱爲妄心，不是眾生的眞實心，所以 佛陀不肯阿難所說的「能見聞覺知、能推尋的覺知心即是眾生的眞實心」；只有眾生們眞正的心而非被生的見聞覺知心——如來藏，才有能力來創造世界，才有能力使世界成住壞空不停地運行，才有能力來使植物生長、開花、結果，而且使食物成熟、爛壞而不斷的重複同樣的過程。

那麼爲什麼會有這種現象？都是因爲受報的眾生們有此需要；所以共業眾生的業力，促使共業眾生的如來藏，從無始劫以來自然而然的出生了虛空中的無量微塵——極細的物質。只要有一個眾生存在，就會有一個眾生所需要的一分微塵存在虛空中；眾生在人間、在天界生活上需要用到的微塵應該有多少，虛空中自然而然就會有所需要的微塵，來供給這些共業眾生的如來藏變生山河大地的需要。而虛空中這些微塵是從哪裡來的？都是從眾生的如來藏中變生出來的，能變生微塵物質的心才是眞正的眾生心；佛陀在七處徵心中爲佛弟子們所要徵探確定的心就是這種心，這才是眞正的眾生心，而不是藉根塵二法爲緣才被如來藏出生的見聞覺知心——能推尋、能捨念入定的覺知心。

能變生虛空中無量地水火風四大微塵的功能，並不是眾生的覺知心—識陰六識—所擁有的功能；這種變生四大微塵的功能，就是《楞伽經》中所說的大種性自性，這是只有第八識如來藏才具有的功能；連意根都沒有這種功能，何況是藉意根爲緣才能出生的覺知心—識陰六識—怎能有此功能？而上帝連自己的第八識如來藏在何處，都還弄不清楚，怎能變生四大微塵？又怎能創造世界？

眾生的第八識心有大種性自性—能變生四大—的功能，而這個功能所變生的微塵共有四個大種類——地水火風，遍滿十方虛空中。眾生有多少，虛空中就會有多少眾生所需要的微塵；經由這些微塵以及共業眾生的第八識中的業力運作，使得一個世界開始形成，漸漸變成可以安住下來生活的時候，共業眾生就轉生到這個新世界來；等到共業眾生受報完了以後，這個世界就開始變壞而漸漸消失，又回歸爲微塵狀態。十方虛空中的無量微塵既是由眾生的如來藏眞心來成就的，所以一切微塵也是「因心成體」；不是無因無緣而有十方虛空中無量無數的微塵，而是因爲眾生的第八識眞心，所以才有十方虛空中的無量微塵。而這些微塵都是由眾生阿賴耶識的大種性自性所感生出來的，都不是無因而有的。

佛陀宣說了「一切因果、世界、微塵，因心成體」的前提以後，接著又說：「阿難啊！如果諸世界一切的所有物質，在一切所有物質中，從最大的山河大地說到岩石、樹木等，乃至說到最小的雜草的一片葉子，或者說微細的蔓藤長出來而已經打結了的縷結，你如果去探究一切物的根本或來源，其實每一種不同的有色物類，都各有它們自己不同於別種物類的體性——咸有體性。」爲什麼要這麼多的體性呢？譬如，爲什麼芥菜是苦的？爲什麼甘蔗是甜的？爲什麼仙楂是剝削性的？爲什麼甘藍是甘積性的？爲什麼會各有複雜的同異性？有很多外道說那是自然而然就這樣的，但是這都是眾生心如來藏所運作出來的結果，不是自然如此的。

爲什麼孔雀的毛就是那麼漂亮？爲什麼玫瑰就是有刺？人間就已經有非常多的爲什麼，都是無解的。天界的「爲什麼？」也是一樣的多，也都是無解，而諸天的天主與天人也都不知道爲何如此。但現代物理科學也只能解釋出表面上所知的各種不同的原因，但是爲何會有各種不同的原因？其間的共同原因又是什麼？就只能解釋說：「因爲自然就是如此的嘛！」就說：「本來就是這樣嘛！」然而，其實並不是這樣的，而是因爲這些就是眾生眞心中含藏的各類不同體性的種子所展現出來的；因爲人間眾生的覺知心與業種有無量無數種類的差異，色身受報時就會有各種不同的需要，所以這一些被眾生需要、被眾生受用的植物就有無量無數種。由於眾生的覺知心有無量無數種的差異，爲了業報所需的各類不同種類的因果報償，所以動物就會有無量無數種；共業眾生就在各類不同動物安住於同一世界的情況下，來互相依存而互相酬償業果，但這些都是由各自的如來藏所成就的。

所以說一切法都有各自的體性，這些體性也都是從眾生的眞心如來藏中顯現出來的；如來藏之所以會這樣顯現出來的原因，則是由於不同種類的眾生在往世各自造作了不同的心行所致。很多人明心以後都是日用當中沒有去體會它：爲什麼這個草藥可以治這個病，就不能治另一個病呢？爲什麼另一個草藥可以治那個病，就不能治這一個病呢？這些藥物爲何會自然具有不同種類的治病功能呢？醫學家也只知道其中的成分不同，而不知道爲什麼成分會自然有所不同？這其實都是因爲眾生的心有大種性自性爲前提，經由眾生的業行感報而生出不同的種類來。所以眞正說來，世間沒有一種病是不能治的，問題只是出在人類有沒有找到那個藥；所以，科學及醫學越來越發達的結果，所開發出來的藥是從哪裡來的？結果還是從大自然中去取得，都無法離開大自然；這就表示說，眾生有需要那種藥類植物，所以那種草藥就會生出來；眾生若需要哪一種礦物質來治某一種病，這個世間就會有那種礦物質存在，問題是人類有沒有去找到它們？後來果然找到了，就能治那種病；當那種藥物找到的時候，就說是新藥，說人類又發明了新藥；但仍然是從大自然中找到的，還是由共業眾生的如來藏心共同出生的，這就是「因心成體」。這意思就是說：一切因果、一切世界、一切微塵，全都是「因心成體」。既然是「因心成體」，當然深入探究它們時，其中「乃至草葉縷結」，探究它的根源，一定會發覺全部都有它各自不同的體性。

「縱令虛空亦有名貌，何況清淨妙淨明心、性一切心而自無體？」「且不說這一些有物質的法，就說虛空好了！即使是依物質之空無處——物質之邊際──而施設的虛空，也有它的名相與面貌啊！」既然指說物質的邊際所顯現出來的法相叫作虛空，於是就有了虛空之名與相貌。「既然連虛空都有一個名稱與相貌，何況是眾生的這個清淨而能契符一切眾生覺知心的微妙清淨的光明心，怎麼可能會沒有自己的心體與法性？」也就是說，這一個眾生各自都有的具有眞實法性的心，不但能夠出生山河大地、植物、無情物，也能夠出生一切眾生的覺知心而與眾生的覺知心性相應──「性一切心」。眾生的眞心如來藏既然是這樣，怎麼可以說這個眞心沒有自體及法性呢？所以阿難剛才說，見聞覺知及能推尋的心都不是自己的眞心時，就會成為無心，而說「我乃無心，同諸土木」，這個說法是不對的。這裡是從因果、世界、微塵，從種種法中來證明確實是有一個如來藏存在，並不是沒有這個第八識。這幾句聖教量中，已經否定應成派中觀師所說的「阿賴耶識是種子的集合體」的妄說；應成派中觀師這樣說的目的，是想要使人誤以為：阿賴耶識雖然是存在的，但其實只是種子集合在一起而說是阿賴耶識，所以阿賴耶識緣起性空，並無自己的體性，所以　佛所說的阿賴耶識如來藏，只是緣起性空的方便說。但是　佛陀這幾句聖教中，已經否定他們居心叵測的妄說了！

接下來　佛開示說：「若汝執吝分別覺觀所了知性必為心者，此心即應離諸一切色香味觸諸塵事業，別有全性。如汝今者承聽我法，此則因聲而有分別；縱滅一切見聞覺知，內守幽閑，猶爲法塵分別影事。」

佛又開示：「如果你阿難堅固的執著，」「吝」就是不肯再轉變，說「這個能分別、能覺觀而具有了知性的覺知心，必定是眞正的心，那麼你這個覺知心就應該在離開一切色聲香味觸等六塵中所造的種種事業之外，還有其他具足眾生一切功能的完全法性存在，才可以說是你的眞實心。譬如你阿難如今正在承聽我所說的佛法，顯然這個能聽的覺知心是因爲我說法的聲音而有分別——不是離於聲音之外而能分別；」這其實是依止於聲音才能有分別的功能，不能外於六塵而另外有維持眾生生存的功能，並且是無法在離開六塵時仍然擁有分別功能的，可見是依他起性的緣生法，當然不可能是自己的常住眞心。

所以，很多大法師都以爲覺知心住於一念不生時就是無分別心；而佛陀卻說：眞正的心是離開六塵時仍然還有其他功能的。這個離念靈知意識心卻是離開了六塵就無法存在的，更無法繼續分別了。離念靈知心是無分別心嗎？那些大法師們落在離念靈知心中自以爲悟時，是眞的無分別嗎？其實不然，還是有分別的；譬如我在這邊說法，諸位全神貫注、一念不生的專注聽法時，還是能了知我在說什麼啊！這時心中雖然都沒有語言妄想了，卻還是能知道我在說什麼內容啊！這就表示你們心中離念而了知了，了知就是分別完成了，因爲你離念靈知已經了知我在說什麼了。並不需要在聽法時心中同時生起自己的語言文字來思惟分別，就已經了知我說的是什麼法義與內容了。了知的了本身就是分別，不因爲心中沒有語言文字就無法分別。

所以 佛說：「**阿難！你現在承聽我所說的法義，這是因爲聲音而有分別；**」若是換一個方式來說，也可以這樣說：「**汝今眼見我兜羅綿手，此則因見而有分別。**」因爲你看見我柔軟的手指握成拳頭時，一見就知道這是光明拳；是一見就知道，不必等到心中生起語言文字說「**這是兜羅綿手、光明拳**」時，才能了知，而是一見之下就已經了知了。這表示一見之下就已經分別完成了，所以離念靈知仍然是分別心，所以因聲、因見而有分別。既是因聲、因見而有分別，不能離聲、離見─離六塵─而仍然擁有分別、了知的功能，當然就不是眞正的心，而是依於他緣才能分別運作的心。

同樣的道理套進六根、六識裡去，結果都一樣，所以證明離念靈知是分別心，因爲都是依於根與塵才能存在、才能分別，並不是「**離於六塵**」等事業而「**別有全性**」，所以離念靈知當然不是眞正的心，而是虛妄生滅心。佛又說：「即使你把一切見聞覺知全都滅除了，使覺知心住在沒有五塵覺知的境界中，內守幽閑；但這樣還是住在法塵中來分別，如同依附於影像而作分別一般，仍然是虛妄而不是眞實的心。」所以這還不是眞實心。

那麼請問：滅一切見聞覺知，是什麼境界？是眞正的滅了見聞覺知全部嗎？如果是眞正的滅掉全部見聞覺知，那就不應該叫作「內守幽閑」了！佛陀既然說那個境界是「內守幽閑」，爲什麼又說是「滅一切見聞覺知」呢？不懂的人就會根據這幾句經文而毀謗說：這種法義是不通達而有疑問的，所以這部經典當然非佛說，是房融等一夥人集體編造的，所以前後自相矛盾。但我在這裡公開的說：完全沒有矛盾，因爲這幾句經文講的是三界中最高的禪定境界——非想非非想定境界。在非想非非想定中，佛陀爲什麼說是滅卻一切見聞覺知的境界？譬如你入了極深的未到地定中，住在一念不生而不返觀自己的定境中，整整一個鐘頭過去了，你卻還以爲自己才只坐了十分鐘而已；但是時鐘報時的時候卻敲了四下，你心中想：「怎麼已經是四點鐘了？原來我已經坐了一個鐘頭。」可是你感覺才只坐了十分鐘，而那個十分鐘的印象是從哪裡來的？是從你即將進入那個深定前的等引位十分鐘的印象來的。等你住入那個極深的未到地定中的時候，你不會感覺時間一分一秒的過去，因爲那時你並沒有反觀到自己的存在，這叫作未到地定過暗。定中當時也不知道自己住在未到地定的深定中，也不會反觀定中是否還有覺觀，出定以後卻會認爲那時是沒有覺觀的；但其實定中是還有覺觀的，只是不曾起心動念來反觀而不知道定中仍有覺觀；所以 佛說：『「縱」滅一切見聞覺知，內守幽閑，猶爲法塵分別影事。』是**即使**眞的滅了見聞覺知，而其實是還沒有滅掉見聞覺知的境界，所以才說「『縱』滅」。

那麼其餘的定境呢？譬如初禪、二禪、三禪、四禪、空無邊處、識無邊處、無所有處，這些等至位中的定境，覺知性都還是很清楚的，只是不觸三塵或五塵罷了！卻都仍然很清楚地住在定境法塵中，可見是仍然有六塵中的法塵存在，無法離開六塵的全部，所以說「猶爲法塵分別影事」。可是比較有智慧的人主張說：「我在無所有處定中安住，我既然知道自己現在是住於無所有處，既不攀緣於空無邊處，也不攀緣識無邊處，我已離開空無邊及離開識無邊二處，現在住於無所有處中，但我爲什麼知道這是無所有處而安住下來？當我知道是無所有處的時候，就表示這還是有三界有，只是能離開空無邊處及識無邊處而已，所以無所有處的定境還是有個所有，表示三界中的自己還是存在著，不是無餘涅槃。至於爲什麼還會有這個無所有處的有呢？

是因爲覺知心自己還存在——還有自我存在。」還有自我存在而住於無所有處的定境中，問題又來了：「這樣的話，還是有三界我而不是完全的無我；若不是究竟無我，還有蘊處界所含攝的自我存在，那就不能解脫三界生死了。」於是他就從這裡再深入思惟，不斷的深入思惟：「喔！這還是不對，無法實證涅槃，因爲我這個識陰中的意識覺知還是存在著，這就錯了。」所以他就想：「我要把這個了知滅掉，那就是寂靜的涅槃境界了。」於心中起了作意要把了知性滅掉，認爲滅掉了知性以後，自己還存在而絕對寂滅了，就是涅槃了。可是他其實並沒有把了知性滅掉，他只是在無所有處定中轉進的時候，滅掉了證自證分而不反觀自己，於是入了非想非非想定中；住在這個定境當中時，只是不再生起證自證分——他只是沒有返觀自己的存在而已。

這其實是在無所有處當中時，不生起返觀自己的證自證分而不返觀自己，變成非想非非想定，於是就不知道自己還存在，誤以爲是滅盡自己的見聞覺知了。但其實他的了知性還是存在著的，只是當時定境中的自己並不知道，而出定以後也無法瞭解非非想定的境界中自己的了知性是否還存在，因爲並不生起證自證分而不反觀自己。這時自以爲是沒有了知性存在著，其實還是有了知性存在而不反觀自己的了知性存在，所以誤以為已經沒有了知性了。因為「**想亦是知**」，所以 佛陀說這個境界叫作非想非非想定——非知非非知定；也因為這個緣故，所以 佛說這種境界是「**內守幽閑**」。

當有人住入非非想定中而「**內守幽閑**」的時候，佛說這仍然是「**法塵分別影事**」。因為自以為非想，而其實是非非想嘛！他以為那個定境中是沒有想（想就是知嘛！）誤以為定中確實是沒有知覺的。非想非非想的翻譯其實譯得不很準確，如果翻譯作非知非非知定，似乎是定義比較清楚。但這樣一來，又會有人誤會，誤以為住在未到地定的深定之中不了知自己，就是證得非想非非想定，就誤以為已到三界頂了！那又會產生誤會了！所以翻譯經典也真的是很難。那麼這時他是這樣想的：「**我若是還有知，有知就是有我。那我就把這個知滅掉。**」於是他在定中就不再返觀自己，不返觀自己時就不知道還有知存在，就以為自己的知確實已經滅掉了。可是這時其實還是有知存在，只是不了知自己而不覺得還有知存在，當然 佛陀說這仍然是「**內守幽閑**」。而這時既然是**內守幽閑**而仍然還有知存在，當然還是住在非想非非想定的法塵分別中，自以為什麼事都滅掉了！其實還是在幽閑法塵中安住啊！可見凡夫外道證得深定而自稱他的心已經完全滅掉六塵而獨自存在，而說他那時定中的覺知心是「離諸一切六塵事業，別有全性」，其實仍然不曾滅掉全部的見聞覺知，當然仍不是眞正的心。

接著佛又說：「我非敕汝執爲非心，但汝於心微細揣摩：若離前塵有分別性，即眞汝心。若分別性離塵無體，斯則前塵分別影事；塵非常住，若變滅時，此心則同龜毛兔角，則汝法身同於斷滅，其誰修證無生法忍？」佛說：「我並不是指責你所執著的覺知心不是心，而是說覺知心不是你的眞心；只要你對於所認知的心，深入而詳細的加以揣測觀摩：若是離開了眼前所面對的六塵相，而仍然可以有分別的功能，這就是你自己眞正的心；假使你所認定的心，祂的分別功能若是離開了六塵時就沒有自己獨存的體性——不能自己繼續存在，這個心其實正是依附於眼前的六塵才能擁有分別功能的心，那麼這個心就如同光影等事一樣的不實了。六塵諸法都不是常住不變、不壞的，當六塵一旦開始轉變而終歸壞滅時，依附於六塵才能擁有分別功能的這個覺知心，就如同龜毛與兔角一般不能存在人間了；假使你阿難所認知的心是這種不能離六塵而單獨存在的心，而沒有別的心可以認作是你的眞心，那麼你阿難的法身就與斷滅空一般而不可能存在了，那麼又有誰能修證無生法忍呢？」佛陀開示完了以後，這時阿難與諸大眾默然無答，因爲大家都還沒有悟眞心如來藏，都落入這種離塵即不能存在的覺知心中，所以大家心中都已經自知有過失了。

佛說：我不是在責備你所說、所執著的覺知心不是心，但是你對於心，要微細的揣摩。「揣」就是去探測祂、推求祂，「摩」就是去詳細地思惟、整理、觀察祂。當你阿難對於自己所認爲的心，去加以探測、思惟、整理、觀察以後，如果這個覺知心離開了前塵，而仍然能有原來的分別性繼續不斷在運作，這就可以認定是你的眞心；如果覺知心的這個分別性，是離開面前的六塵仍然有體性存在的—覺知心假使能在六塵外繼續存在及運作而顯示出祂的分別功能—離開六塵以後仍然擁有原來的功能，才能說是自己眞正的心；若這個覺知心離開了六塵時就不能存在及作分別，顯然是必須依止六塵才能存在、才能分別的心，那麼這個心一定是依他而起的虛妄心、暫有心，那就如同「前塵分別影事」一般。

這意思是說，你所說的這個見聞覺知的心，是要依附於六塵才能存在、才能有分別性的；而這個覺知心如果不跟六塵相觸——不接觸六塵，你覺知心的分別性就消失掉了，這已經證明覺知心的分別性不能離開六塵而獨自存在；若是一旦離開了六塵，覺知心尚且不可能存在，當然祂的分別性是沒有自己獨存的眞實體性，所以祂原來所擁有的分別性也就跟著消失掉了！那麼，當時阿難所說的覺知心，仍然是「前塵分別影事」，只是依附於面前的六塵而作種種虛妄的分別，這樣的分別性就如同光影、幻夢一般的假有，阿難當時在種種妄想相中認定祂是眞實心，當然還是錯誤的認知啊！

既然這個覺知心是依於前塵—依眼前所面對的六塵—才能有分別性，一旦離開了六塵，也就沒有分別性存在了——離開六塵時覺知心就消失了；覺知心不在了，當然也就沒有原來能分別的體性存在了，顯然覺知心並非眞實心，不該認定爲自己的眞心，因爲覺知心的分別功能只是「前塵分別影事」一般的虛妄。話說回來，覺知心的分別性，是因爲與前塵相接觸才能存在，所以面對六塵時祂有了分別性；若是離開六塵，覺知心就消失了。譬如人們晚上勞累而上床睡覺時，並不是以滅除覺知心的作意而入眠的，而是以睡覺之想而離開了六塵，覺知心才能斷滅；當覺知心斷滅時就稱爲睡熟、入眠了，所以覺知心一旦離開了六塵就一定不能繼續存在。當覺知心不存在時—沒有六塵時—覺知心的分別功能就跟著消失了，由此緣故，說覺知心不是自己眞正的心。

凡是有智慧的人，都不會認定覺知心是自己眞正的心，因爲有智慧的人都會發現覺知心一旦離開六塵時，祂就不能存在；這也就是 佛陀在四阿含中常常說的「眼、色緣，生眼識。……」乃至「意、法緣，生意識」，就是阿含中 佛陀常常說的：「彼云何名為識陰？所謂眼、耳、鼻、口、身、意，此名識陰。」所以覺知心是識陰所攝的，都是二法—根與塵—為緣才能出生的，當然出生後存在之時也就必須依於根與塵二法為緣，才能繼續存在及運作。既然如此，覺知心—眼識乃至意識—若離開了六塵時就不可能繼續存在，何況能繼續擁有分別的功能？既然離前塵就無法繼續擁有分別的功能，顯然是依塵而住的；然而前塵是虛妄假有的，所以依塵而有、不能離塵的覺知心，當然更是「前塵分別影事」。

當然，大家都不能說覺知心不是心，佛陀也明說：「你阿難說覺知心是心，我不否認你所說的覺知心也是心。」問題是，覺知心是不是自己真正的心？若覺知心不是常住不壞的，還有誰要認定祂是自己真正的心？當然大家都要認取常住不壞的心作自己真正的心，有智慧的人都不想把因緣生、因緣滅的覺知心，認定是自己真正的心，除了沒智慧觀察覺知心虛妄的人——如同當代的大法師們與密宗的法王們。

「若離前塵有分別性，即真汝心。若分別性離塵無體，斯則前塵分別影事；」不論是誰，當他所接觸的六塵不是常住法時，依六塵而生、而存在的覺知心，當然也一定是虛妄法而不是常住法。六塵是含攝在色陰中的，五色根是色陰，五塵也是色陰，五塵上顯現出來的法塵則是法處所攝色，也是色陰。而色陰是入胎識所生的名色所含攝的虛妄法——六塵是色陰所攝；而名等四陰與色陰都是由入胎識來出生的，當然六塵都是所生的虛妄法。六塵虛妄，麁緣六塵而出生、而存在、而運作的覺知心——識陰六識，當然更是虛妄法，誰有智慧而樂於認取虛妄不住的識陰覺知心爲自己眞正的心？

六塵是常常會變異的，當六塵被意根捨棄時，意識就斷滅了，於是人們就說這樣是睡著了，而不說是意識斷滅了。其實入睡時全都是由於意根離棄六塵而使意識不再現起；當人們晚上的意識覺知心被意根暫時斷滅時，那就是眠熟了，這就是人間的睡眠。所以說，覺知心面對的六塵並不是常住不變異法，既然不是常住法，當六塵變滅的時候——譬如眠熟無夢的時候六塵變滅了，或如悶絕的時候六塵變滅了，亦如無想定中、滅盡定中、正死位中，六塵全都會變滅；當六塵全都變滅的時候，那麼你的覺知心卻必須依六塵才能有，所以當六塵變滅時，你的覺知心也就變滅了，那時你的這個覺知心哪裡去了呢？那時的覺知心就如同龜殼上面長的毛一樣，也如同兔子頭上長的角一般，都成爲子虛烏有的心了。

假使有人把這種依六塵才能存在的覺知心認作自己眞正的心，這是世俗人；假使有人學佛時如同世俗人一樣，把離開六塵就不能存在的覺知心認定作自己的法身；當他的覺知心晚上眠熟而斷滅時，那麼他的法身在晚上眠熟時就如同龜毛與兔角一樣不實；當他捨報而入了正死位時，或是悶絕時、入滅盡定時、入無想定時，覺知心一定會斷滅掉，那他的法身就同於斷滅；當他的法身斷滅時，請問：還能有誰可以修學佛法而證得法身，而說他已經實修證得無生法忍呢？因爲他的法身—覺知心—一到晚上眠熟時就斷滅了，還有誰能在法身斷滅的情況下來證得法身？來修證無生法忍呢？

那些落在離念靈知—覺知心—中的學人們，由於被元音老人的心中心法所誤導而自以爲悟，竟然引出《楞嚴經》的經文來跟我爭執，說這個覺知心就是眞心，說覺知心的六種功能就是佛性，他們爲什麼不讀讀這一段呢？我想，他們其實早就讀過了，只是經文的文句太過簡略洗練，他們讀不懂，才會把這部經中所說的**見聞知覺性非因緣生、非自然性，是如來藏所生**的經句誤會了，認定六識的功能性是常住的佛性，其實是落入自性見外道法中而成爲自性見者了。

現在回到講經前所提到的一個問題。提出問題的人是這麼說的：「第八識既然沒有知、沒有覺，是誰體驗明心見性？」在講解完前面這一段經文之後，現在我可以答覆您了！我就同時以這個答覆，作爲對這一段經文所增加的解釋。「明心」顯然是有一個人明白了自己的眞心，這是很簡單的道理，應該沒有人不懂這個明心的意思。這意思就是說，有一個人以覺知心妄心參禪以後，明白了自己還有另一個眞心。「明心」總不會說是明白覺知心自己就是眞實心吧？因爲前面這一段經文的眞義，我已經解釋很清楚了，已經把佛陀對覺知心的定義講得很清楚了：覺知心是不可能離開前塵而繼續存在的，覺知心是必須依附於前塵才能存在的，所以「明心」時當然是明白另一個心——第八識如來藏，而且是由能分別的覺知心來明心、來體驗明心的開悟境界；既然是由覺知心來參禪而證得另一個第八識心，而覺知心自己本來就有知覺，當然可以體驗明心與見性的境界，這與所證的第八識離見聞覺知，有什麼關係呢？怎麼會因爲所證的第八識離見聞覺知，就使識陰覺知心失去見聞覺知呢？

明心時，覺知心既然仍舊是覺知心，當然不會失去原有的見聞覺知；所明的第八識心在明心後仍然是原來的第八識心，當然也不會因爲有人明心而證知祂，就使祂改變而成爲有見聞覺知；所以，明心後仍然有人可以體驗明心的境界，不因爲明心就會使覺知心變成沒有覺知，也不因爲明心而使得第八識變成有覺知。提出這個問題的人，應該是才剛剛接觸正確的禪宗，才會提出這樣的問題來。這是因爲您以前所學的「禪」，大師們都是教你**要把妄心覺知心變成眞心**，而您後來聽說眞心是第八識，是離見聞覺知的；所以將以前從大師那裡學來的**將妄心變成眞心**的觀念，套用到「**明心是證第八識**」的知見上來；於是明心後覺知心妄心變成第八識眞心，而眞心第八識是離見聞覺知的，於是就產生了不必有的問題：**當覺知心明心而變成眞心離見聞覺知時，是由誰來體驗明心的境界？**這就是您的問題所在。

但我所說的明心，是由覺知心來找到另一個同時存在的第八識；覺知心明心時仍然存在而繼續保有自己的見聞覺知分別功能，第八識心在被明心的人找到時仍然是第八識心而與覺知心同時繼續存在，也繼續保持著原來離見聞覺知的自性；明心後是覺知心與被找到的第八識心同時同處繼續存在的，不是由能明心的覺知心來變成第八識而說是明心。您的問題，在經過這段經文的解釋而知道覺知心的虛妄以後，再由我拆解了您的問題所在，我想您應該已經知道自己的問題了！接著就知道應該如何用功參禪了，就可以遠離那些錯悟大師們的邪教導——參禪是把妄心覺知心轉變成眞心第八識。（編案：這個道理，在平實導師的書中已經都說明過了，但往往學人還沒有讀到，所以就提出了這種問題。這種講經前解答學人疑問的慣例，由於二〇〇三年初楊先生等人的法難事件而取消了；因爲平實導師發覺他們所提出的問題，在一一正確的解答之後，他們仍然不接受而繼續返墮於覺知心中，公然否定阿賴耶識而說此識不是如來藏；由此可見每一週講經前的問題解答，並不能使人聽聞以後就能理解而產生智慧，所以在二〇〇三年楊先生等人發動法難以後，平實導師即取消而不再於講經前爲人解答問題了。）

明心後，覺知心並沒有變成第八識而離見聞覺知，因爲明心前與明心後的情況都一樣：覺知心六識及第八識如來藏一直都是同時同處存在而並行運作的。不是覺知心變成第八識而消失了，所以明心後仍然有覺知心在繼續運作分別，來觀察所找到的第八識確實是離見聞覺知的，來觀察自己的五陰全部確實都是由第八識所出生的，並且還得要依第八識的運作支援，才能繼續存在及運作，所以沒有「明心後就變成沒有覺知」的現象出現或存在。這樣說明以後，您的問題應該就很清楚地解決了。

當然，明心一定是明白另一個離見聞覺知的第八識的所在，從此開始就能現前觀察祂的心性及功能，所以明心絕對不是把識陰六識覺知心—妄心自己——變成眞心第八識；明心也絕對不是把覺知心變成離見聞覺知而成爲白癡一般，更不是離開語言文字而了了分明時就可以說是無分別心，因爲這時還是了了分明的在分別諸法，並不因爲離開語言就沒有分別了。綜而言之，明心絕對不是明白覺知心自己，而是找到另一個與覺知心自己同時存在的第八識，是證得了眞心與妄心同時同處的法界實相。如果是明白覺知心自己即是眞實心，那就不必施設明心這個法，佛陀也不必七處徵心、八處徵心了；而且所有人都應該是聖者，一出生時都沒有語言文字而能了了分明的知道餓了、天亮了等等，那就成爲所有的畜生也都是一出生就是聖者了。

事實上，大家都覺得自己的見聞覺知就是眞心，小孩子也是這樣執著的，那麼覺知心修行離念時又如何可以說是無分別心？因爲未學佛法的小孩子也能這樣啊！由此可見，明心時一定是有一個見聞覺知的心在參禪，然後明白了另一個從來就無分別的眞實心如來藏；而那個眞實心如來藏，從來不在六塵裡面做任何的分別。當祂出生六塵的時候，就好像鏡子一樣的出生了影像，可是祂如同鏡子一般，不對影像做任何分別；也就是說，眞實心如來藏出生了內相分的六塵給覺知心來了知，卻不對自己所出生的六塵相分去做任何的分別——祂離六塵的見聞覺知。

那麼，請問：第八識既是被人家所明的心，既是被覺知心所明白的心，明心時的第八識需要見聞覺知嗎？（眾答：不需要）當然不需要。譬如說，你看見一個講桌，講桌是你所看見的；你需要有見聞覺知才能看見講桌，而被你看見的講桌，它需要能看見嗎？它根本不需要。是想要看見講桌的你，才需要有覺知來看見。換句話說，你要明心，是你覺知心要有知有覺，才能夠覺察到第八識眞實心的所在；一定是你覺知心有覺知，才能夠去找到第八識眞實心——明白第八識眞實心，所以你覺知心一定要有見聞覺知啊！但是被你所知道的那個第八識，祂何必一定要有六塵中的見聞覺知？而能夠明心的覺知心的你，在明心之後仍然繼續存在而沒有消失啊！怎麼會變成沒有覺知了呢？

如果被你所知道的那個眞心也有見聞覺知，問題可就來了！當你明心以後，你將有兩個覺知心——識陰覺知心與第八識覺知心。那你是不是明心以後該要互相商量說：「我們二個心是哥倆好，大家握個手，或者談談心來取得共識。」是不是該這樣？那你的第八識也應該每天都會跟你說話：「某某人！該起床了！」「某某人！你該吃飯了。」那麼萬一哪一天兩個覺知心的意見不同時，你該怎麼辦呢？所以顯然不是悟後會有兩個覺知心！所以說，第八識何必要有知覺呢？根本不需要！可是祂卻都知道你在想什麼。祂雖然離見聞覺知，只是不在六塵境界中生起任何的知覺，並不是對一切法全都無覺無知的，否則祂怎能稱爲心、稱爲識？豈不是跟木頭、石塊一樣成爲無情了？怎能稱爲心呢？

那麼您所問的：「若第八識無知無覺，是誰體驗明心見性？」我告訴你：是你體驗明心、見性，不是由第八識來體驗明心、見性。換句話說，另外有個眞實心讓你去體驗，或者明心之後過重關時，另外有個佛性讓你體驗。但並不是說，明心以後你覺知心就消失掉了；你覺知心還是存在的，但是你終於找到另外一個離見聞覺知的心了，祂叫作如來藏，是每天都跟你時時刻刻處在一起的心；祂每天晚上抱著你睡覺，或者說你抱著祂睡覺，都可以；然後每天早上你又跟祂一起起床，有這麼一個眞實心。這個心不是覺知心，是可以離開六塵而獨自存在的，不必依附六塵而仍然自己有作用的，才能符合佛所說的：「若離前塵有分別性，即眞汝心。」也符合 佛所說的：「離諸一切色香味觸諸塵事業，別有全性。」而祂也遠離 佛所斥責的：「縱滅一切見聞覺知，內守幽閑，猶爲法塵分別影事。」

這才是你所要明的心，所以祂不必有知覺，能參禪的覺知心的你卻必須有知覺；覺知心的你如果沒有知覺，就無法明白眞心如來藏究竟在哪裡——永遠都無法弄明白；正因爲覺知心有知覺，所以你能明白如來藏在哪裡、在做什麼。但如來藏是你明心所要明白的對象，祂不是參禪者；參禪者是覺知心自己，不是所要明的眞心如來藏；如來藏既不是參禪者，而是你明心時所要弄明白的對象，當然祂不必體驗明心的境界，而是由參禪的覺知心你自己來體驗明心的境界，祂不是要體驗開悟境界的心。祂根本不曾想要明白你，祂也沒有必要來明白你，因爲祂早就明白你而不斷的回應你，所以祂不需要明心，也不需要來體驗明心的境界；祂是你明心時所想要明白的對象，不是參禪者、明心者，所以祂不需要有六塵中的知覺性啊！

那麼同樣的道理，你想要看見佛性，那是你想要看見，如來藏不曾想要看見佛性，祂也不必來看見佛性；佛性從祂而生，只是祂的功能；可是祂不曾起意想要讓你看見，也不曾起意想要自己看見佛性。因爲，由祂來看見佛性，在佛菩提道的修行上是完全沒有意義的，是與成佛之道無關的，也是不必要的。參禪求見性的是你覺知心，是你要去看見如來藏的佛性，所以當然是你要去看見祂，那你覺知心當然要有六塵中的知覺；而祂從來不在六塵上面了別，並且祂是參禪者見性的對象，祂不是想要求見佛性者，所以祂也不需要具有祂所不需要的六塵中的知覺。這樣子，這個問題就爲您答覆完了。

那麼您這個問題中又說：「第八識有知有覺，如何與七轉識的覺性分別？」我已經說過，第八識沒有六塵中的知覺，也不必要有六塵中的知覺，所以這個問題就不必再答覆了。所以，在蘊處界無常故無我當下，並不是沒有一個眞我存在及運作的；在大乘法中，當你證得無我法—蘊處界無常故無我—的時候，無妨眞我如來藏還是繼續存在的。當阿羅漢證得蘊處界無我的時候，他們還是有眞我如來藏存在的，但他們並不知道存在何處，而無常故無我的蘊處界我卻仍然繼續存在人間，所以仍不是眞正的無我；他們要什麼時候才眞正的進入無我呢？要等到入了無餘涅槃，那時我—十八界—全都滅盡了，才是眞正的住在無我之中；其餘的時間，阿羅漢都是仍然有我存在的，這個我就是十八界的我，不是我們所引述《阿含經》中所講的第八識眞我。

而第八識如來藏眞我，這個「我」字仍然是方便說我，叫作假名我，因爲祂從來沒有「我性」。這意思就是說，你修學的是大乘法，不是二乘的聲聞、緣覺法，當然要修證無生法忍，才能成佛，不只是修學二乘的無生忍。而無生法忍所說的，全都是你的第八識所含藏的一切種子，又名一切界、一切功能差別。當你證得了第八識中的一切種子，就叫作具足無生法忍而成佛了；若是一切種子的實證尚未圓滿具足，就不稱爲一切種智，只能名爲道種智，就是諸地菩薩的智慧——無生法忍。

可是這個無生法忍，是要由你的七識心—狹義來說是要由你的前六識—去證實祂的存在而漸修，才能成就道種智無生法忍。你去證得道種智以後，就說你證得無生法忍了；可是你證得無生法忍時，你的第八識還是原來的樣子，不會有所改變：祂依舊離見聞覺知，當你睡覺時祂依舊不睡覺；當你起床醒過來，祂依舊是沒有醒，仍然對六塵不覺不知。祂從無始劫以來一直都是這樣子，但是祂卻不斷地在運作，不斷地配合著你，都知道你想要幹什麼。祂其實不睡也不醒，因爲祂從來不睡，所以你不能說祂醒；你如果說祂一切時間都是醒著，那祂就一定會有睡著時；但因爲祂從來沒有睡過，所以也沒有醒過。你不能說祂一直都是醒著的啊！因爲祂離見聞覺知而不了知六塵，又怎麼能說祂醒著？既然沒有醒過，怎麼能說祂會有睡著的時候？所以祂永遠都是這樣離兩邊的，永遠處於中道的，不論你從哪個方向來看祂。

那麼，佛的意思是說：一定得要有個心是離六塵—離前塵影事—之時，仍然有祂自己的體性具足繼續運作不斷——離前塵而別有全性；不是像覺知心一般離開六塵後就滅失了，一點點的自體性都不存在了。識陰覺知心雖然是如此的無常生滅，但是如果想要修證無生法忍，還是得要你這個意識心、覺知心繼續存在來修證；所以菩薩若是想要成佛，得要有意識覺知心來修行，來證得無生法忍，才能成佛。反過來說，如果你說這個與前塵接觸而能分別的覺知心，就是你的眞實心；那麼當你作意離開六塵而使六塵不再顯現於心中時，你覺知心就變成斷滅無存，所以覺知心的分別性就不存在了，又是誰能修證無生法忍？

前面所說的「**其誰修證無生法忍？**」是依佛的聖教來說：**假使以覺知心爲眞心、眞我、法身時，當覺知心變滅時，法身就跟著變滅了，還有誰能修證無生法忍？**無生法忍所證的對象已經變滅而不存在了！這是依被證的法身眞我實質上不存在來說的。我在這裡則是從能證的覺知心來說，假使能證的覺知心可以經由修行而改變爲離見聞覺知，而覺知心自己又是每夜都會離六塵而斷滅的生滅心，當覺知心眠熟時或是進入正死位時，已經不存在了，還有誰能證得無生法忍？能證的覺知心已經滅失了，當然無人能證無生法忍了。假使有人主張說：「**覺知心明天早上再現起而進入六塵中，無生法忍就會再度存在了，所以不必一定要證得如來藏來生起無生法忍。**」那麼，這樣一來，當覺知心存在時就有無生法忍；覺知心變滅時就沒有無生法忍，這樣所證的無生法忍就是無常變異法，無常變異法就不可能是眞正的無生法忍。眞正的無生法忍所證的標的法身如來藏，是不論你覺知心睡著而離開六塵時，或是你覺知心醒來而不離六塵時，祂都不了別六塵而隨時存在著，並且從來離六塵而繼續不斷地運作著；這樣實證者，所證才是眞正的無生法忍，因爲永遠不會暫時斷滅，何況是八小時的睡眠長時間斷滅？

並且，無法不能自行再生法，一定是有另外一個常住不會間斷的法，才能由祂再出生已無之法，無法是不可能出生任何一法的。也就是說，覺知心在夜晚眠熟時既然斷了，就不存在了，成爲無法——沒有任何一法繼續存在了；斷了而成爲無法時，就不可能無因而自己再生起，否則就成爲無因有果了。空無之中是不可能再有任何一法生起的，當然不可能會有明天的覺知心再出生、再存在運作，無不能生有。但覺知心眠熟中斷而成爲無以後，明明是在第二天早上又生起了；這就表示覺知心滅了以後，還有其餘的常住不壞心存在；這個常住不壞心必然是離六塵而仍然有其全性——祂的自體性是絲毫無損地繼續運作不斷的，不因覺知心的斷滅而跟著消失；於是在明天早上身體的疲勞消失以後，祂能再出生覺知心來分別六塵。

這意思是說：假必依實。虛假而生滅性的法、會間斷的法，一定要依止於另一個常住而實有的法，才能在間斷後、消滅後的另一個時間，重新再生起而繼續運作。假使沒有一個常住的眞實法永續恆存，來作爲常常生滅的虛妄法的依止，那麼生滅的虛妄法一旦間斷或滅失以後，就永遠不可能再自行現起——不可能在第二天早上再度無因生起；一定要有另一個常住而絕對不會一刹那間斷的心繼續存在不斷，才能在另外一個時間裡把覺知心再度生起。假使覺知心眠熟斷滅之後，不必由另一個眞實心來使祂再度生起，而是覺知心自己不存在以後，還可以自己再度生起，那就成爲「覺知心無因而起」，就與無因論外道的自然生起、自然存在一樣了，那就成爲自然外道了！

假使覺知心可以無因自起，那麼明天我死了，後天應該還可以像活人一樣自己再活過來——無因而能成就諸法。但事實上不能這麼說啊！我悶絕了以後，覺知心已經消滅了，如果後時還可以自己醒過來，一定是有另一個常住心維持不斷，作爲我再度醒過來的原因，所以又讓我醒過來；不可能我自己滅了而成爲空無之後，從空無之中再把自己醒過來。不論是世間法或出世間法，或是勝義諦中，一定都是這樣的道理。因爲這個能見聞覺知的心在晚上眠熟時既然斷滅了，斷滅了就變成無法，沒有法當中怎麼可能無因無緣而出生有法，明天早上又會自己再度出現？絕不可能！因爲無法就不可能再生法，如果無法能生法，那麼一切人都不必參禪，甚至連想要參禪的一念都不曾有，也會突然就開悟了，因爲無法能生法。那麼，也將會有一個現象不斷地出現：許多眾生根本就不曾學佛，也不曾想要學佛，更不曾想要成佛，可是無因無緣的就突然成佛了！而且，已成之佛也將會無因無緣就突然又變成無智的凡夫眾生了！無法可以生法故，這樣一來，可就天下大亂了，大家也都不必再學佛了，那麼佛法就會成爲戲論。世間法也一樣，將會因此而雜亂無章，成爲隨機生起；也會成爲依或然率而有時突然生起，有時突然中斷的因果混亂現象，那麼家庭倫理、國家政務……等一切世間事也都必然會成爲無因無果的雜亂事。

所以說，無因而能生法，斷滅而成爲無法以後還能再自己出生，而不是假必依實的眞理，將會有無量無邊的過失無法合理解決；這就是無因論外道、自然外道的困窘處，不幸的是現代的海峽兩岸大法師們，以及密宗應成派中觀的所有「法王」與印順派的門徒們，全都落入無因論、自然外道論中。懂了這個道理，就會知道：一定是此法斷滅之後，還有另外一個此法所依的法繼續常住不斷，到了時節因緣成熟時，這個常住不斷的法，就能使見聞覺知的法又出現了，一定是這樣的。所以，若非另有一個被見聞覺知心所依的常住法永續恆存不斷，那麼已經斷滅的見聞覺知心，絕對不可能在後來自己再度出生；因爲斷滅了就是無法，無法不可能再生任何一法，何況是已經不存在的覺知心自己？

不能像印順法師那樣硬拗，硬說這個法滅了以後，它的滅相不滅，所以明天又從滅相之中出現了這個法。這樣就成爲無因論外道啊！假使他的說法可以成立，我把他所擁有的一百萬元燒掉了以後，這一百萬元的滅相不滅，明天早上他的一百萬元還會再自己出現；那麼我如果放火燒掉他的一百萬元，當然是無罪的，應該可以這樣啊！此既如是，彼亦如是故。可是事實上不可能，這在現量上是可以被證實爲錯誤的。這就是說，你修證無生法忍時，一定是有一個見聞覺知心來修證，是能證者；可是見聞覺知心虛妄，若離前塵分別時，就變成虛妄的無法。假使有人說見聞覺知心離開了六塵時還是繼續存在著，那個覺知心當然就好像影事一樣——徒託空言，事實上仍然是不可能存在的。這意思就是說，一定還有一個眞實心常住不斷，使得你的見聞覺知心可以再度生起，也可以支持你見聞覺知心生起以後繼續存在、繼續運作，而這個眞實心是覺知心參禪時的所證。這個參禪時由覺知心所證的眞實心一定是常住的，才能成爲你的法身；有常住的法身，你才能夠修證無生法忍。佛陀說得這麼清楚，可是「即時阿難與諸大眾默然自失」；因為這個法身如來藏到底在哪裡？大眾還是不知道啊！還是找不到祂在何處。若是沒有人指導，確實沒有辦法輕易地找到祂；這眞的是難，因為既然不可以明講，只好用旁敲側擊的方式來暗示祂的所在。可是想要旁敲側擊時，善知識得要有智慧，才能懂得如何旁敲側擊；而參禪者也得要有福德因緣，否則善知識再怎麼旁敲側擊，參禪者還是悟不了。一定要悟得了如來藏而能現觀祂在何處？如何運作？心性如何？祂又是如何出生萬法？然後才能眞的聽懂 佛陀的開示，讀懂三乘經典。

【佛告阿難：「世間一切諸修學人，現前雖成九次第定，不得漏盡成阿羅漢，皆由執此生死妄想，誤爲眞實。是故汝今雖得多聞，不成聖果。」**阿難聞已，重復悲淚，五體投地，長跪合掌而白佛言：**「自我從佛發心出家，恃佛威神，常自思惟：『無勞我修，將謂如來惠我三昧。』不知身心本不相代，失我本心；雖身出家，心不入道，譬如窮子捨父逃逝。今日乃知：雖有多聞，若不修行，與不聞等；如人說食，終不能飽。世尊！我等今者二障所纏，良由不知寂常心性，唯願如來哀愍窮露，發妙明心，開我道眼。」**】**

講記：接著　佛又跟阿難說：「世間一切修學出世道的人們，其中雖然有許多人確實已經證得九次第定而可以現前證驗，卻總是無法除盡有漏法而不能成爲眞正的阿羅漢，都是由於執著這個覺知心——認定覺知心爲自己常住不壞的眞心，落入這種令人生死輪轉的虛妄想之中，誤認緣生緣滅的覺知心等識陰六識作爲自己的眞實不滅心。同樣也是由於這個緣故，你阿難雖然是非常多聞而能記憶的人，到如今還是無法成就聖果。」

因爲　佛很清楚知道，大眾們聽了開示以後還是朦朦朧朧、迷迷糊糊，不知道如來藏在哪裡，所以佛又跟阿難說：世間一切修行的人，縱使他們現前證得了九次第定，可是仍然沒有辦法漏盡，無法成爲阿羅漢；都是由於執著這個生死妄想的覺知心，把祂誤會而當作自己眞實不壞的心，所以說：你阿難現在雖然已經得到了多聞的智慧，還是不能成就聲聞菩提中的神聖果位——當然更無法成就佛菩提中的聖果。這時他已經是初果菩薩了，爲什麼還說他不成聖果？因爲初果人在二乘菩提中，只是即將進入聲聞解脫道的修道位而已；對於識陰六識覺知心的虛妄性，雖然已經現觀了，可是當他聽到有個常住心如來藏時，並不知道是第八識，誤以爲是識陰六識中的意識心或六識覺知心，正是　佛在《解深密經》中所說的「我於凡愚不開演，恐彼分別執爲我」，如今的阿難正是如此。

即使已經心得決定而證得聲聞初果，或者因此而證得大乘通教初果的聖位了，在大乘別教中來看，都還只是六住滿心位而已；六住滿心位的菩薩們相當於大乘通教初果及聲聞初果，雖然已經證得能取的覺知心與所取的六塵相分都是虛妄不實的具足見地，但在大乘別教來講，這還只是賢位而已，也還沒有進入大乘見道位中，當然更不是聖位，也因此故而說阿難這時還不能成就聖果。但是若從外道、凡夫來講，當時的阿難已是聖人了，因爲他當時已是初果人，已在四雙八輩的聖弟子數中。但若是從大乘法及聲聞法來講，這還不是聖人，最多只是三賢位中的第六住賢人，或是初果位而已。

佛說「**世間一切諸修學人，現前雖成九次第定**」，在這裡當然要先爲大家說明九次第定的意思。九次第定就是講九個次第修證的定境，是從未到地定開始，到達非想非非想定爲止。也有人把未到地定跟欲界定合而爲一，或者把欲界定後的未到地定跟初禪合爲一個定，來說九次第定。但一般都不把欲界定算進來，因爲連未到地定這個制心一處的定境，都還不是眞實禪定呢！也因爲欲界定的境界都還在欲界境界中的緣故。但因爲未到地定確實具有定的制心一處功德，所以未到初禪地以前的未到地定算是一個定，接下來是初禪、二禪、三禪、四禪；然後是四空定：空無邊處、識無邊處、無所有處，以及非想非非想處，這樣合稱爲九次第定。

爲什麼要把這些定境叫作九次第？因爲它的修證是有次第性的：若是還沒有證得未到地定就入不了初禪，還沒有證得初禪就入不了二禪，乃至還沒有證得無所有處定就入不了非想非非想定；必須先有較低層次的禪定實證而且不退失了，才有可能進修更上一個層次的禪定境界；不可能在還沒有具足第三禪以前，就從未到地定直接證得第四禪。所以不久前有一些外道們說：「你們正覺的禪定太差了，得要從初禪、二禪開始修。我們是先證得第四禪的，我們是先得捨念清淨定，然後再來補修初禪、二禪、三禪。」我說這是胡扯，不是如實語。至於爲什麼不是如實語呢？且聽下回分解。

上一週最後說：有些不懂禪定的外道評論我們正覺同修會的禪定修證太粗淺，誇耀說他們都是先證得第四禪以後，再回頭來補修初禪到第三禪。但其實是他們誤會捨念清淨定的意涵，才會這樣說的；他們這樣講出來以後，就已經證明他們不但連初禪都沒有證得，甚至於已經爲大家證明說，他們也是沒有證得第四禪的。因爲，第四禪的等至，必須從第三禪中退出而進入四禪前的未到地定中，經過一段時間的修持才能進入第四禪的；沒有第三禪的等至境界修證，絕對無法進入第四禪中。同樣的道理，若是還沒有證得初禪等至境界，是無法超越初禪而進入第二禪前的未到地定境界中，當然就無法證得第二禪。猶如人的成長，一定要先經過一歲、二歲、三歲的成長過程以後，才能獲得四歲的身段，道理是相同的。由此道理，證明那些評論我們禪定粗淺的外道們，都是未證謂證的妄語者，都是妄語籠罩佛教界的誑語者。

上一週講到 佛開示說：譬如你阿難如今正在承聽我所說的法義，這正是因為有聲音而生起的分別；若是沒有聲音時，就無法再於聲塵中作分別了；而如來藏眞心卻是離開六塵境時仍然一樣在做祂原來所做的了別，祂在六塵外的了別性仍然完全具足存在而不斷地運作著。並且說到：「縱滅一切見聞覺知，內守幽閑，猶爲法塵分別影事。」是爲大家說明：如果執著於覺知心識陰等六識，並且「客」於轉變，而繼續認定能分別六塵、能覺觀的心—在分別覺觀當中能夠了知的這個體性—就是自己的眞實心，那麼這個心就是因爲聲音而有分別——是依聲音才能生起分別性。意思是說，這個覺知心等六識，若是離了六塵就無法繼續保持祂原有的分別性，而不再有原來能分別的功能了。

我們上週也曾當場做了實驗，讓諸位聽聽聲音；而你們並沒看見那是什麼，單憑聞聲也能知道那是什麼物質所產生的聲音，不必等待語言文字出現時才能分別；而是當你聽到聲音—知聲的時候—就已經是分別完畢了，可見覺知心並不是般若經中所說的無分別心。但也因此說，這個分別心、了知心「離塵無體」，確實是因聲塵而有分別性，不能外於聲塵（六塵）而仍然保有原來的分別性。可是有人認爲說：「那我就把覺知給滅了，滅了覺知以後，我就是離開了法塵分別的虛妄境界，就變成眞心了。」其實不然，因爲那時的覺知仍然存在而未滅，並沒有眞的滅了覺知的功能，只是離開五塵而仍然住在定境中的法塵裡。在定境中滅掉覺知心，只有二個狀況可以眞的滅除，那是在定慧方面有修有證的人，也就是證得無想定與滅盡定的人，才能在定境中滅掉覺知性，因爲那時覺知心已經斷滅了。

無想定中滅覺知心，那是外道或佛門中的凡夫（當然，今天已經沒有佛門中或外道人物證得無想定了，因爲他們連初禪都證不到）；但是對於外道們來講，證得無想定的人已經是聖人了！因爲在外道，譬如一神教中，他們的天主、天神都還沒有到達色界天的境界，連初禪都還沒有證得；而道家所說的理，雖然可以說到無色界的層次，可惜的是，仍然沒看到有哪一尊天神是已經證得初禪的，當然更出不了三界。一神教的境界只在欲界天之中，它的天主就是這樣的層次，不可能比道教的天神境界更高，在思想境界上也遠不如道教的老子；至於阿羅漢的滅盡定境界，那就沒有任何一個宗教能到達。

但古時天竺的外道，在 佛陀出現於人間之前，有許多人宣稱已經證得阿羅漢果了，自稱是死後能出三界生死的聖者；但是 佛陀一一加以實證以後，證明他們那些「阿羅漢」們其實都不是眞正的阿羅漢，都還在三界生死之中；所以有的外道證得第四禪以後，轉進無想定中，就以爲無想定中的境界就是無餘涅槃了。但是 佛說這仍然不是涅槃，只是在四禪等至位中，把覺知心滅了而入住於無想定之中，不是無餘涅槃的境界。這是因爲，有的人曾經聽聞 世尊說過或過去佛流傳下來的說法：**無餘涅槃中滅盡十八界及識陰六識，當然是沒有見聞覺知的境界。**所以就想要在第四禪中把覺知心滅掉，以涅槃想而進入無想定中。佛陀出世時的外道們也聽說了 世尊所開示的無想定境界，所以知道這仍然不是究竟的境界，從此以後不敢再自稱是阿羅漢了。

但是也有人因爲不曾聽聞 佛陀的開示，輾轉傳聞佛法以後，他們心中這樣想：**在第四禪中若是把覺知心等十八界全都滅掉，就會變成斷滅空。**因爲他們既不知道意根的所在，更不知道如來藏的所在，不知道還有妄我意根與眞我如來藏繼續存在；所以他們就往四空定進修，後來到了非想非非想定，那時已經不自知了——不再生起證自證分而不能返觀自己的存在了，就以爲是全然無覺無知了，然後就自稱是阿羅漢了。其實，非非想定中仍然是有覺知的——意識還是存在的，只是那時定中沒有生起證自證分——也就是不返觀自我是否存在；連自我是否存在，都已經不再返觀了，因此正住在定中就以爲覺知不在了，就是無餘涅槃了。但其實這就是佛所說的「內守幽閑」——是純然的幽閑而沒有返觀自己—不生起意識的證自證分，所以「內守幽閑」的境界仍然不是眞正已滅見聞覺知的境界，因此世尊說「『縱』滅一切見聞覺知，內守幽閑」，是說「縱滅」，表示不可能是眞的滅掉見聞覺知以後還能「內守幽閑」，所以只有滅盡定才是眞的滅了見聞覺知的。

但這一類外道們以爲這時已經滅了一切見聞覺知了，其實還只是法塵中的分別影事，見聞覺知其實還是存在著的。所以佛說：「如果你細心地、微細地加以揣摩、觀察：如果離開了六塵（包括定中的法塵）而仍然能維持原來的分別性，就可以說這個在六塵外仍然有分別性的心，就是你的眞心。如果離開了六塵以後，這個覺知心的分別性就不存在了，那麼這個覺知心顯然不是你阿難的眞實心，而是有生滅的虛妄心；虛妄的心，怎麼會是你阿難眞正的心呢！若是你阿難仍然要認定這個離六塵就消失不見的覺知心作爲自己的心，當你這個覺知心離開六塵就斷滅而不存在時，那麼你阿難的法身就歸於斷滅而不存在了，你所謂的眞實心法身不就跟龜毛、兔角一樣不存在了嗎？這樣一來，你的法身就等於斷滅而沒有法身可證了，那你所說的法身就跟斷滅空一樣，請問這個時候還有誰能證得法身而修證無生法忍？」

上週所講的最後一段經文，對於同修會以外的大法師們，簡直就是一針見血地直接加以破斥了！因爲他們都落入識陰之中，從來不曾有人離開過識陰六識的境界；所以《楞嚴經》眞的是讓很多自以爲悟的大師們很痛苦的一部經典，因爲七處徵心而說覺知心不眞實，只是依附於六塵而存在的虛妄心；最後第八處徵心時，又說覺知心等六識都是依塵而有分別性，都是離六塵就無法存在而沒有了分別性，所以證明覺知心六識及其見聞覺知性並不是眞實心。可是有時卻又告訴你，說你也不可以說覺知心純然是妄心，目的是爲了稍後要說明的法義：覺知心是附屬於常住心如來藏的——轉依常住的如來藏心以後，覺知心就不再是生滅性的虛妄心了。這也就是圓教法門中所說的「一圓一切圓」的道理。但是因爲大眾聽不懂這個弦外之音，所以就如同百年來的大師們一樣的摸不著邊了。

那些近代的大師們都弄不清楚：到底這一部《楞嚴經》在講什麼？有的人弄不懂，就說自己確實不懂，也就沒事了！但是有些人就自以為聰明，讀不懂時不肯承認自己讀不懂，怕人說他們沒有智慧而讀不懂，乾脆就說《楞嚴經》是僞經，推說是房融等幾個人僞造的。如果房融等人眞的能夠創造這一部經，那房融一定不會單單只有創造這一部經，他一定還會有許許多多的論著出現在人間。這就如同毛遂自薦一樣，必然會有突出的言語而使他無法隱沒，乾脆自薦而出世利樂世人。像毛遂那樣的人，即使不自薦，人家也會推薦他，無法自己隱沒的；因爲像毛遂這樣的人，如同一隻鑽子被放在布囊中一般，人家說「錐不處囊」，尖錐之形遲早都會透出布袋之外。同理，房融既然有能力寫這一部經，而這部經又不是初地菩薩所能創造的，那房融絕對不可能只寫出這一部經典著作，因爲凡是有這種智慧的人，隨便都可以寫出許多深妙法義的論著來。

如果房融眞的有能力寫出這一部經，我跟大家保證：他一定是五、六、七地以上的菩薩。可是他們顯然不可能有這種智慧啊！都是只能翻譯而無法創作啊！所以我說，這一部《楞嚴經》眞的讓很多人非常迷惑，也很苦惱；因爲一方面說識陰的見聞覺知性絕對不是眞實心，是處在六塵中才能分別的心，離了六塵境界就歸於斷滅而不能繼續存在；在稍後的經文中，又從另一方面告訴大家：從菩薩而非聲聞人的立場來看，不可以說見聞知覺心是妄心，因爲祂既不是因緣生，也不是自然生，而是因爲祂的背後有一個眞實體；依止這個眞實心體，祂就不會成爲斷滅空，可以生生世世不斷地生起覺知心而不斷地運作；而覺知心所依的眞實體就是妙覺明心，也就是第八識如來藏。是說見聞覺知心其實是由常住的如來藏心，運用妙眞如性而藉各類因緣來自然地出生了；若是沒有如來藏心，或是如來藏心沒有勝妙的眞如法性，單有各類因緣或是單有自然性，還是無法出生見聞覺知心的，所以才會在解說覺知心的虛妄性以後，又說「本如來藏妙眞如性」而攝歸如來藏心中。可是很多大師都弄不清楚經義，所以越讀越苦惱；有的人很大膽，就乾脆否定這部經典，謗成僞經了。所以，見聞覺知心與祂的自性非自然性、非因緣生的道理，其實是在說：皆是如來藏所生。這個道理，在後面的經文中，將會繼續的演說，我們也會一一加以解說。

那麼這個時候 佛的意思是說，覺知心的分別性是不可能離開六塵而單獨存在的；但是這個覺知心確實有分別性，只有六塵現前時，覺知心才能存在；而覺知心存在時就一定會有分別性。假使意根在意識主導下起了睡眠的作意而不再接觸六塵時，六塵不在了—意根不需要六識來了別六塵了—覺知心也就消失、斷滅了，這時就是眠熟的時候。這段經文中所說的這種知見，和一般人的知見是相反的，因爲一般人都被大法師們誤導了！一般人總以爲，因爲有我的覺知心，所以才會有六塵在我心中出現。百人之中倒是有九十九人，都是這樣認定的；百人之中只剩的那個一人，其實是個異類，因爲見解和一般人及大法師都不一樣，這百人中的一人遲早都會進入正覺同修會中。

諸位有沒有想過這個問題：每天早上醒來之前是怎麼醒過來的？有沒有對那個過程思惟及觀察過？是因爲先有法塵在你心中出現，所以你覺知心才慢慢一點一滴的增長，然後才具足六塵而醒過來的；而你決定要眞正的清醒過來時，在決定要眞正清醒而起床的時候，其實也只是一念而已，但已是六塵很具足地與你相應了。假使你們有這樣去實地觀察，才會知道末那識的偉大；當那一剎那中決定要起床了——決定要醒來而不想再睡了，那個才是人類世間眞實的你—雖然祂仍然不是最眞實的你—祂也是入涅槃時會滅掉的心，但卻是可以來往三世的意根——末那識；這才是三界世間裡的眞正自我，雖然還不是實相法界中的常住不壞的法身。

所以，在三界中的覺知心，絕對不是眞實的世間自己，因爲這個覺知心沒有辦法離開六塵而存在；如果你睡著了，還能覺知那時似乎是純然的寂靜，完全沒有聲音，完全沒有五塵，那時你最多就只是醒在夢中，絕對不是在眠熟位中；這時最多是醒在夢中，不會因此而徹底醒過來；等到夢過了以後，你又重新睡著了——覺知心又斷滅了。在夢中，意識重新出生了，但因爲夢境中沒有聯結外五塵，完全是內相分的五塵與法塵，所以夢中的覺知心仍然是要依六塵才能存在的。如果沒有五塵，覺知心就無法現前及運作分別；沒有五塵而仍然有覺知心存在及運作分別，這只有在二禪以上的等至位中，才會有這個狀況，人間沒有這種境界。色界中也不是一切時都如此，而是在二禪以上的等至位中才會有這種境界，在等持位中還是有五塵中的三塵繼續出現及存在的；所以說，只有在無色界中才會有完全沒有五塵的境界，但無色界的這種境界仍然是顚倒夢想，因爲仍然是覺知心識陰所攝的獨頭意識的境界，仍然是虛妄境界。但是如今佛教界中有誰知道這個道理呢？都不知道；因爲到今天爲止，還沒有看到誰寫書或演講時講出這個道理或整理成書。

這意思就是說，覺知心既然必須依於六塵爲緣才能存在；如果有人堅定地把覺知心認作是自己常住的法身，那麼當六塵中斷的時候覺知心就跟著消失而不存在了，那麼他這時的法身就變成龜毛兔角一般而不存在了！那麼請問：覺知心六識的能見、能聞之性，乃至能覺、能知之性，是不是眾生的眞實心呢？顯然不是！因爲覺知心是夜夜都斷滅的，顯然還有另一個眞實心的存在。因此說，假使有人把覺知心認定爲法身，當覺知心離開六塵就斷滅時，他的法身也就同於龜毛兔角一般的唯名無實——性空唯名了。當這個時候，法身已經變成斷滅了，請問這時還能有誰來修證無生法忍呢？

這就點出來了：覺知心是依六塵而存在的，若是離開了六塵就無法繼續保有祂自己能分別的功能了，而法身卻是不生不滅的，是「離前塵」以後仍然「別有全性」的常住心。這就是告訴大眾說：每一個人除了覺知心，都還另外有一個心——眞實心。這就好像寫小說時，在剛開始之處，預先埋下了伏筆一樣。可是這時阿難尊者他們還沒有證得第八識眞如，也還沒有完全觀察到覺知心的虛妄——不能離塵而獨存、而繼續運作。所以當 佛陀講完這個道理時，阿難與諸大眾全都默然自失。因爲本來想：經過七處徵心以後，這第八處再說的最後一個地方，應該就是眞心了，結果竟然都還不是，因爲仍然落在覺知心中，不曾離開識陰的範圍。如今已經沒辦法了，所以只好默然自失。

對阿難等人而言，聲聞解脫道是容易理解的，然而佛法到底是在講什麼呢？大家都弄不清楚！眞的是太難了！佛看到這個情況，於是就從另一方面舉例來說：「世間一切諸修學解脫道和菩提道的學人，雖然已經現前成就了九次第定，可是仍然沒有辦法漏盡，無法成爲阿羅漢，都是由於執著這個『覺知心常住不壞』的生死妄想，把虛妄的覺知心錯誤的當作是眞實心。」意思就是說，從未到地定、初禪、二禪、三禪、四禪、空無邊、識無邊、無所有、非想非非想處，這樣具足證得九次第定以後，把這些世間禪定都修成了以後，還是在三界無常法中，於解脫道中沒有眞實作用而無法證得聲聞果，在佛菩提道中也一樣無法證得菩薩們所證的般若；當然是無法漏盡而成爲阿羅漢，也無法證入實相法界而成爲菩薩。

爲什麼世間禪定會叫作九次第呢？當然是因爲有其次第性，不能躐等而修。我們常常聽到有些外面的宗教團體說：「你們正覺太差了，什麼要從初禪、二禪開始修？我們都是先得四禪，再回頭來補修三禪、二禪、初禪，所以你們禪定的證量太淺了。」這就表示他們根本沒有證得四禪。因爲九次第定是有一定次第性的，沒有得初禪就不能得二禪，沒有得二禪就無法得三禪，乃至沒有得三禪就沒有能力進入四禪。那麼外面那些佛教團體，他們爲什麼會講錯？原因就是對於九次第定的次第與內容都不瞭解。如果不知道其中的內涵，即使每天打坐八個鐘頭，連續不斷的坐上十年，還是得不到初禪；把腿坐到斷了、癱瘓了，一樣得不到初禪境界。

如果瞭解禪定的原理，想要得初禪就易如反掌了！證得初禪的基本條件是先要證得未到地定。至於未到地定的境界，若說難，確實是很難；若說簡單，其實也很簡單。如果無相念佛的功夫能夠做得很好，未到地定便已經成就了，想要進入定境並不是難事。這時只要修除了五蓋，初禪就會自己主動現前，不必你去求。那麼當代的佛門大師及外道們都不曾證得初禪，而說他們先得第四禪，是因爲他們誤會了第四禪。第四禪有一個別名，叫作捨、念清淨定，可是這個捨、念清淨定，是說捨清淨、念清淨。特別是四禪所講的念清淨，不是指沒有語言妄想的那種妄念，而是正念清楚分明地存在時，遠離身覺觀而沒有了呼吸與脈搏，並且除了遠離五塵覺觀以外，連享受禪定境界—享受三禪身心快樂境界—的心態也不存在了，已經捨離那個身心之樂的貪著而清淨了！這才是捨清淨。當然這時也是不執著人間性命而願意捨壽往生四禪天的，才是眞正的捨清淨。

念清淨所講的念，不是指一般人所知的念。並不是說，心中起了語言妄想才叫作妄念，也不是覺知心中捨了語言妄想就可以稱爲念清淨。當覺知心中起了語言妄想時，那是最粗糙的妄念，是用語言文字在心中想事情，這境界是連欲界定都證不到的。把這種極粗糙的妄念斷了以後還有更細的妄念，也就是說你打坐的時候，常常一個念出現，一閃而過，而你很清楚知道它是什麼意思；就好像作家在寫小說時，突然間一念閃過，覺得這個構想很好，可是當時語言文字都還沒有出現在心中，他們把它叫作靈感。但這只是一個念頭而已，全無語言文字出現，而作家已經了知其中的意思了！這也叫作妄念，也屬於妄想。

還有，當你在二禪等至位中安住，突然間一念閃過，你不知道它是什麼意思——只知道自己覺知心很輕微地動了一下；當這一念閃過之後，你就已經退回初禪中了；這種微細念是沒有語言文字的，你也不知道它是什麼意思，但仍然是妄念。到了三禪等至位中，還有更微細的妄念；只要心中想獲得三禪中更精緻的身心快樂，就會退回二禪等至位中，因爲這也是不淨念——因貪而起。連這種與定相應的貪念也都要斷掉，要到什麼時候才能斷除呢？要到了第四禪中才能斷盡——其實應該說是先斷盡了這種微細樂的貪著以後，才能進入第四禪等至位中。這時就不會再有這種極微細的妄念，這時住在第四禪等至位中，是對一切快樂的貪著已經捨盡了，成爲捨清淨；而這時的定境中也是正念清淨的，絕無絲毫不淨的念，所以也是念清淨，合稱爲捨念清淨定。

可是會外那些外道們不懂，說他們先得第四禪，再修初禪。其實他們是認爲心中沒有語言文字的極粗妄想時，就錯認爲捨念清淨定，說是證第四禪了。那其實是大錯特錯了，因爲那只是欲界定而已，只能稱爲粗定，連初禪前的未到地定都還無法發起呢！何況能稱爲第四禪？至少要進入未到地定，才可能證得初禪；得初禪以後才能憑藉初禪來進入二禪，要憑藉三禪的境界才能轉進第四禪中；……乃至要憑識無邊處定才能進入無所有處定中，要憑無所有處定才能進入非想非非想定中。所以，九次第定是有次第性的，若是沒有證得初禪，根本就無法進入無覺有觀三昧——進不了二禪前的未到地定中；不得無覺有觀三昧，就進不了第二禪。那些人連禪定的根本道理都不懂，全無禪定的證量，連未到地定的實證都沒有，卻來嘲笑我們正覺：「你們證得初禪、二禪太淺了。」但是我在這裡公開的說：初禪境界已是他們那些大師們所無法想像的，何況是第四禪？因爲他們都誤會了。

所以，九次第定是有次第性的，因此就被稱爲次第禪觀；目前所知，會外還沒有人證得初禪的，我若是要爲他們講二禪的觀修，他們就更不懂了！即使是南傳佛法的大師們，目前也還沒有看到文獻—譬如他們寫的書籍或文章—證明他們有誰已經證得初禪。而當代的台灣與南洋所謂大修行人，當他們自以爲已證初禪、二禪以後，寫出來、講出來的境界，其實都仍然不是初禪、二禪境界，都是誤會了。但是就算有人已經具足證得九次第定，即使有人一步一步進修，到達了非想非非想定，那時還是「內守幽閑」；自以爲滅了一切見聞覺知，其實還是有見聞覺知存在，只是他自己不知道；因爲他的覺知心住於不返觀自己的情況下，所以不知道自己的覺觀還在，誤以爲已經沒有見聞覺知了。

這意思是說，只要覺知心存在，就一定有見聞覺知，只是見聞覺知性的輕或重的差別罷了，是無法離開定境法塵而獨自存在的。然而佛菩提果所實證的如來藏心，卻是離六塵而繼續保有祂自己所有的功能性，繼續不斷在運作的，因爲六塵都是祂所生起的，祂不是依六塵才能存在、才能了別的，這才是佛菩提證悟者應實證的心，也才是大眾的眞實心。不該把生滅性的、依前塵才能存在的覺知心，錯認爲自己的眞實心，因爲這心是時生時滅而無法獨自常住的，是識陰虛妄心。

對於佛菩提，如果還沒有親證第八識，假饒已經現前證得九次第定；這裡說的是親自證得了九次第定，不是單憑想像，而是「現前」具足證得九次第定圓滿了；在不知道覺知心虛妄之前，即使能夠住於非想非非想定九十年——九十年中都不出定，他還是無法成為漏盡的阿羅漢，還是有漏法，因為他的我見未斷，還落在覺知心識陰之中，特別是落入意識境界中而不自知。這樣自以為證得阿羅漢果以後，將來捨報就必定往生無色界的非非想天中；壽命最多八萬大劫，然後一定會結束那一期的生死而下墮三惡道中，因為非非想天的境界並不是長生不死的，並非不生不滅的涅槃境界。至於大乘的見道，就更別提了。

佛世有許多外道以為證得非非想定就是出三界的境界——涅槃境界，於是捨壽後就生到非非想天去；那裡的有情壽命最多八萬大劫，大部分是六萬劫、七萬劫就下來了，因為大部分人往生前的非非想定境界並不是很堅固。壽命最長的是八萬大劫，八萬大劫時間到了以後，心中突然有一念閃過，那個念是什麼意思呢？自己也不知道，卻已經下墮人間而出現人類或三惡道的中陰了！若是不貪著人間的人，就下墮於無所有處，或者下墮於四禪、三禪……等。但是大部分人是會下墮三惡道的，因為福德享盡而沒有新造的善業種子，所以大部分人會下墮三惡道中。

具足證得九次第定的人，為什麼還出不了三界而繼續輪墮？正是因為他們認定覺知心的我是常住而不滅不斷的，落入我見之中；因為不知道無餘涅槃中是滅盡覺知心的，是應該對覺知心自己全無一絲絲的貪愛而使覺知心永遠斷滅的；由於無智慧而不懂這個道理，都想要繼續保持著覺知心的存在，當然就必須繼續受生於三界中，才能繼續讓覺知心存在，於是就繼續受生，生死中的種種苦就無法遠離了。他們不知道這一個覺知心正是虛妄法，所以想要讓覺知心自己繼續存在；稍微懂一些佛法皮毛的人，就想保持覺知心自己的存在而離見聞覺知，以為不了知自己的時候就是自己已經離見聞覺知了，接著就誤以為自己已經成為阿羅漢了！都不知道這仍然是「**法塵分別影事**」，我見不斷的緣故，因此不能漏盡成阿羅漢。

這時的阿難尊者也是一樣，雖然知道識陰六識都虛妄，卻總是只求多聞而不肯加以實際觀察及深入思惟，所以還停留在初果智慧中，無法發起自己的見地而進不到大乘見道位中。佛說，即使有人具足證得九次第定了，都還無法漏盡而不能成為阿羅漢，正是由於執著這個生死妄想中的覺知心，把覺知心誤認爲是眞實心而當作是自己的心，眞是認賊爲子而不斷依止識陰覺知心相應境界來修行，就被賊子覺知心把煩惱垃圾往家裡搬，把法財不斷地往外搬——不斷地流失法財。

這一段經文，我講解得特別多，是因爲覺知心是否虛妄？有沒有深入觀察祂的虛妄？這對於當代學佛人—不論是大師或一般的學人—都是非常重要的，因爲這正是三乘菩提入道的第一步。不論是修學大乘法，或是只想修學二乘法，這都是必經之路；不能外於斷我見—現觀覺知心的虛妄—而獲得三乘菩提中任何一乘的見道；斷我見是二乘菩提的見道，也是大乘見道明心的基礎——要先斷了我見，參禪時才能夠不再落入識陰或意識中。由此緣故，佛陀不厭其煩的七處徵心以後，又再度徵心一次而成爲八處徵心，一一爲大眾證明覺知心虛妄，解說了覺知心虛妄的道理，讓大眾可以現前觀察到覺知心的自己，確實是虛妄而藉緣出生、藉緣存在，不是可以離塵自在的。

不但如此，佛陀在八處徵心之後，還特地爲大眾指出：即使具足修得九次第定了，若是不能斷除**覺知心即是眞實我**這個我見，還是無法成就阿羅漢果。這眞是無比的老婆。這意思已經很清楚的告訴我們：修定是不能得解脫的，解脫生死是依靠智慧而不是禪定—九次第定—不是依靠次第禪觀來證得解脫，而是先要斷除覺知心或意識常住的我見。何況如今南北傳佛法中的大師們，又有誰是眞正證得初禪的人呢？連初禪都無法發起，還能具足證得次第禪觀嗎？假使有誰自稱已經證得九次第定，我也許有一天心血來潮，特地找上門去，那時可要從欲界定的持身法、未到地定的不見頭手床敷、初禪的八種樂觸及變相、二禪的離五塵境界等，一一加以檢驗。對方若是讀來的而非親自實證的，一定無法通過我的檢驗；那時被我依體驗境界而當眾勘驗時，答不出來，可就要自覺無趣了！但是，縱使他們有人具足證得九次第定了，佛說他們仍然是凡夫，因爲**覺知心是眞實我**的我見還沒有斷除，仍然不離輪迴。

所謂的定解脫、慧解脫具足而成爲俱解脫，是因爲滅盡定而叫作定解脫，但是這個定解脫的本質是什麼呢？仍然是由智慧而得解脫。這個定解脫的智慧還是與慧解脫的智慧一樣，只是增加了四禪八定，使他由於慧解脫的盡智與無生智，而幫助他證得俱解脫果；但是慧解脫的阿羅漢，也有盡智與無生智，只是他們的定境還沒有到達非非想定而已（但是至少都有初禪或二禪的實證）。所以解脫的原因是在於斷我見和我執，是由於現觀五陰虛假的智慧而發起慧解脫的功德來證得解脫的；如果修定可以解脫的話，那麼佛世的許多外道們也都可以解脫了啊！那他們當時各都自稱是阿羅漢，佛陀就不許破斥說他們不是阿羅漢了！

可是他們一直都是解脫不了生死的，乃至須跋陀羅證得非想非非想定以後，年紀已經一百二十歲了；聽到 佛陀出現於人間，也聽說 佛陀破斥九次第定的實證者都不是阿羅漢。他很想去見，卻一直藉故拖延見 佛的時間。後來 佛陀特地在捨壽前三個月就放出消息：「我三個月後將要入涅槃。」他還是不肯去見 佛，因爲那時他想：「佛陀才八十五歲，我已經一百二十歲了，比佛年長三十五歲；我如果還去向佛陀學法，多沒面子？」就這樣一再地考慮，一天熬過一天。他心裡面煎熬著，熬到了 佛陀即將入滅的那一天，他心想：「這是佛陀住世的最後一天了，我今天再不去的話，可能就無法證得阿羅漢果了。」可是又想：「我還是再觀望一下吧！」一直熬到那個晚上，眾弟子們已經爲 佛陀的入滅事宜準備好了，他眼看著 佛陀已經要入滅了，還是一直拖延到即將入滅前才到，那時阿難尊者已經不肯讓他見 佛了：「佛已經要入滅了，你不該來打擾佛陀！」須跋陀羅知道這是自己最後的機會，就百般哀求；但阿難敬 佛的緣故，不希望有人再來打擾 佛陀，始終不讓他進去。後來爭執的聲音漸漸變大了，傳到 佛陀耳朵裡，佛陀就說：「阿難啊！

你就讓他進來吧！這是我在人間的最後一個弟子。」這時阿難才讓他進去見佛。他聞佛說法以後，當場斷我見而證得俱解脫果，於是請求 佛陀同意，就在 佛陀面前先入涅槃了。

這就是說，佛陀爲他開示：覺知心虛妄，你得要斷除。他斷除覺知心常住不壞的我見以後，由於有非想非非想定的緣故，當下證得滅盡定，就成爲俱解脫阿羅漢了。因爲他的我執早在證得四禪八定時就降伏了，可是由於我見不斷，我執就斷不了，沒有辦法出三界。佛陀爲他點出這個我見與我執的眞實義，他就當場了知而斷我見，於是我執隨著我見一起斷除了，就可以當場出三界了。你們如果有非想非非想定的功夫，只要聽我這一句話，當場觀察覺知心的虛妄而斷了我見，就可以同時斷盡我執，你也可以在這個現場進入滅盡定，也可以在現場取無餘涅槃來示現給眾生看：正法的威德力是如此強大。

須跋陀羅成爲俱解脫阿羅漢以後，就向 佛稟白：「我不忍見世尊般涅槃。世尊是眞正聖者，如此一席話的開示，我就能出三界生死了。但是眾生福薄，您已經要入涅槃了！我不忍見世尊涅槃，想要先入涅槃。」一般而言，世尊在世時，阿羅漢們不許在壽盡之前提早入涅槃，除非捨報時候到了。若是想要提前走人，一定要稟報 世尊核准，等 世尊核准了才可以走人，不是你想入涅槃就可以隨意入涅槃的；須跋陀羅懂這個道理，所以先向 世尊提出請求。那時 世尊為了崇揚正法的威德力，藉此來示現給眾生看：真實佛法的智慧能使人頃刻之間就證得涅槃。於是便允許他：「汝自知時。」也就是允許他了，於是他就在 世尊面前地上盤坐而入涅槃了，當時還在為 佛陀入涅槃而在忙著各種事情的阿羅漢們，反而要先為這個最資淺的聖弟子處理後事。

據說須跋陀羅的舍利塔如今還在鹿野苑，以前我去朝禮聖地時也曾經見過，但不曉得是不是真的？這意思就是說，縱使現前成就九次第定了，還是無法得漏盡的，還是要經由斷我見的見地—確認覺知心虛妄—才能得漏盡。於是 佛就為阿難尊者作了一個結論：你阿難由於沒有親自觀行而斷除我見的緣故，雖然現在已經是非常多聞的人了，可是由於沒有實地觀行而不得聖果，你是沒有辦法離欲的，才會被摩登伽女的先梵天咒邪婬勢力所攝，幾乎要毀破了戒體。

阿難聞已，重復悲淚，五體投地，長跪合掌而白佛言：「自我從佛發心出家，恃佛威神，常自思惟：『無勞我修，將謂如來惠我三昧。』不知身心

本不相代，失我本心；雖身出家，心不入道，譬如窮子捨父逃逝。今日乃知：雖有多聞，若不修行，與不聞等；如人說食，終不能飽。」

這一段經文說：阿難這時眞的是求法心切，因爲聽到 佛陀所說的道理，已經知道覺知心自己確實是「離塵無體」，確實是虛妄的，當然不是自己眞正的心；可是這個假有而虛妄不實的覺知心，卻可以每天晚上斷滅了以後，第二天早上又自己出現了，一定是有一個眞實心存在，才能使覺知心自己夜晚斷滅以後又可以在早上重新生起。然而阿難總是以爲覺知心的自己是眞實心，這樣聽了 佛的說法以後，知道覺知心既不是眞心，但也不能完全說是妄心，那又該怎麼辦呢？聽得越多，心就越發迷糊了，如今該怎麼辦呢？一點兒辦法都沒有，心裡面很急，而且也覺得悲哀，於是不知不覺的掉下淚來，因此就又起來禮佛；五體投地禮佛完了以後，又長跪合掌向 佛稟白：「自我跟隨佛陀出家以來，由於我是佛的堂弟而依賴著佛的威神，我常常這麼想：『不需要我辛苦地親自修行，總是在心中想著：如來一定會送給我三昧，我只要依靠如來就好了。』可是我不知道我的身和我的心，都是不能與如來的身心互相替代的；由於不瞭解這個道理的緣故，所以我沒有努力去修行，因此就一直都迷失了我自己的本心。雖然我身體是出家了，可是我的心並沒有眞正的入道；」這裡要注意：他所說的「心不入道」，是講不入佛菩提道，不是講不入解脫道，因爲他很早就證得初果了，解脫道的法義他是有所了知的，而佛菩提道的法義他是還沒有多聞的。「我這個樣子，就好像是貧窮的兒子捨棄了富有的父親，逃到外面流浪，去過著貧窮而困苦的生活一般。到了今天，我才知道：雖然我有多聞的智慧，過耳不忘，但是如果過耳不忘之後不懂得親自實修，就跟從來沒有聽過經典的人一樣沒有實證；這就好像有人肚子餓了，一天到晚都說他在吃飯，卻沒有動口實際上去吃飯，只是口頭上不斷說著吃飯；講了整整一天以後，肚子也不會飽啊！」

「世尊！我等今者二障所纏，良由不知寂常心性，唯願如來哀愍窮露，發妙明心，開我道眼。」阿難尊者又向 世尊請求說：「我們這些人，今天由於被煩惱障及所知障所纏住了，這都是由於不知道另一個本來寂靜的、常恆不壞的眞心的體性，才會如此的愚癡。我們現在唯一希望的，就是求如來能夠哀愍我們，就好像哀愍那個捨父逃走的窮子，獨自在外面孤獨無依的露宿街頭。唯願如來哀愍我們如同窮子露宿野外而不能獲得如來富有法財，懇求如來幫助我們發現微妙而光明的眞實心，打開我們這些愚癡弟子的道眼。」

【即時如來從胸卍字涌出寶光，其光晃昱，有百千色；十方微塵普佛世界一時周遍，遍灌十方所有寶剎諸如來頂，旋至阿難及諸大衆；告阿難言：

「吾今爲汝建大法幢，亦令十方一切衆生，獲妙微密，性淨明心，得清淨眼。阿難！汝先答我『見光明拳』，此拳光明因何所有？云何成拳？汝將誰見？」

阿難言：「由佛全體閻浮檀金、赩如寶山清淨所生，故有光明。我實眼觀五輪指端屈握示人，故有拳相。」**】**

講記：這時如來就從胸前的卍字涌出寶光，那個光非常的強烈，非常的耀眼；並且在強烈的金黃光芒中，夾雜了百千色美麗的光明；這個寶光向外放射出去，普遍於十方微塵數的諸佛世界，全都一時周遍的加以照耀；也就是說這個光明普照十方一切虛空中如同微塵數那麼多的所有佛世界，是十方虛空一切有佛住持正法的世界，全都一時遍照，並且將這個寶光灌入十方一切佛世界中的諸佛頭頂。這意思是說，佛陀放射出去的光明是大佛頂光；這個寶光從 佛陀胸前的卍字放射出去，胸前的卍字其實是智慧的表徵；這個智慧放射出去以後又灌入諸佛頭頂，表示 佛陀即將要宣說的法義，就是大佛頂的智慧的內容，也就是諸佛不見頂相的智慧。

在前面，已經由 釋迦佛的威神力，將娑婆世界和諸佛世界合爲一個世界，還記住嗎？那麼現在爲什麼又有十方所有寶刹的世界存在？所以前面那一段經文爲諸位所講的「合爲一個世界」，其實也是隱喻十方世界的有情，不論是凡夫、聲聞、緣覺或是菩薩，各自都同樣是一個五陰世界——一個十八界的世界中，並不是眞的把那些世界合併到娑婆世界來。因爲十方的世界還是繼續存在，並沒有被合併而消失掉。這意思就是說，你若是眞的想要求證眞正的佛菩提道，一定要把十方世界合爲一個世界——合觀十方世界所有有情都同樣是一個五陰、一個十八界；也都同樣要在十八界的世界中修行，來求佛菩提道。因爲，你的如來藏和十八界是同在一起的，不能離開十八界而想要去三界之外尋找佛世界。諸佛世界就在十八界之中，佛菩提就在這裡面求。

因此，這並不是在實質上把十方世界合併爲一個世界，再把它打散爲十方各自的世界。那爲什麼沒有打散合併後的一個世界，這時爲什麼又有十方所有的諸佛寶刹呢？可見合爲一界的說法，並不是眞的在事相上把十方世界合併爲一個世界；而是說一切諸佛世界就是同一類的十八界，因爲諸佛世界若是離了各自的十八界，也就沒有諸佛世界之可得，而諸佛在人間示現的十八界都是同樣而無差別的。這時在事相上來說：放出寶光遍灌十方微塵世界諸如來頂，然後又繞回來照耀阿難及在場的所有大眾身上。放光加持大家以後，佛就開示說：「我現在為你們建立大法幢，也同時使十方一切有緣的眾生，同時獲得勝妙微密的性淨明心，發起清淨的慧眼。」

物質的「大法幢」，在顯教中比較少見，因為顯教一向比較注重法義的實修與弘揚；密教卻很喜歡學表相，所以他們都會製做法幢，懸在佛像的頂上，來顯示他們確實是佛教中的一派，其實只是學表相。幢，有一點好像傘的模樣，有圓圓的寶蓋，但是又從寶蓋的邊緣垂直再做下來一尺到二尺左右；把這個寶幢在佛像上面懸著，做為遮陽、擋雨的意思，以示對佛的尊敬。我們講堂的高度不夠，沒有辦法在佛像頂上安放寶幢。

一般的寶幢都是事相上的，但在佛法中，真正的寶幢其實是法幢。也就是說，對於佛法的本體，你能夠把它加以描述、宣說，讓人聽懂而生起意樂，一樣想要親證而繼續弘傳下去；你能夠了知佛法所依的本體，才能叫作法幢，否則都只是在學習世俗表相而已，稱不上是法幢。現在 佛就是要為大眾建立法幢。但因為這個法幢不是世間法，也不是世俗諦的二乘菩提法，所以叫作「大」法幢，也就是佛菩提道的法義。

而 佛陀想要為大眾建立的這個大法幢，並不是只有為眼前的大眾們建立，也要使十方的一切眾生同樣獲得這個勝妙、微密的法。「獲妙微密」，爲什麼叫作「妙」？因爲不必你去做任何的解釋、說明，也不必你去做任何的引導指示，這個眾生無法想像的勝妙心，都會自動配合得很好，所以這個心是很勝妙的。「微」是說祂的體性很微細，祂的什麼體性很微細呢？是說祂的覺知性極爲微細，因爲祂的覺知性從來都不在三界中；雖然祂一直都跟你同在一起，可是祂卻從來不會落在三界六塵諸法中，卻仍然繼續保持著祂自己所有的功能性——「**離於前塵**」而「**別有全性**」。這個非常微細的知覺，絕非未悟及錯悟的大師們所能臆想測知的，所以叫作「微」。

等你有一天眞的悟了，才會知道我爲什麼說祂的覺知性很微細；在還沒有證悟之前總是想：**大概是把我這個覺知心的覺知性，進修到很微細就變成微妙心**。絕對不是！祂是與覺知心同時存在的另一個心，不是把覺知心的覺知性修到變成很微細而變成祂；祂的覺知性是本來就那樣的微細體性，從來都不在六塵中起分別；能分別、了知六塵的心，永遠都是很粗糙的，永遠不可能像祂那樣的微細。那又爲什麼說祂「密」呢？因爲是外道所不知，也是佛門中的凡夫大師們所不知，乃至定性二乘無學聖人與有學聖人都不知道，只有菩薩隨佛修習以後才能證知祂的極微細覺知性，不共二乘聖人，何況能共凡夫及外道？所以叫作「密」。

這個勝妙而微細的心，同時也是性淨、性明的心。「性淨」是說祂從來不曾貪染六塵，從來不怕生死，也是從來不貪生死，祂自己的體性是本來就如此，不是經由修行才變成如此的，所以說是「性淨」。祂的體性又是本來就光明的心，不是像七識心常常想到一些低劣的世間貪愛法，祂是本性清淨的心，當然有光明顯現，除非被七轉識的貪愛及無明所遮障而無法顯發出來；但祂的光明被七轉識的染污法所遮障時，就如同太陽的光明被烏雲遮住一樣，而太陽則是仍然在照耀出它的光明；所以這個勝妙而微密的眞心如來藏的光明，是從來都不曾一時一刻不放射出光明的。因此而說祂是「性明」心，也是「性淨」心，合稱「**性淨明心**」。

如果能正確地證得這個「妙微密」的性淨、性明心，你就得到清淨眼了——慧眼已經發起了，擁有實相般若了。爲什麼證得這個心就得清淨眼而能夠擁有實相般若的智慧呢？當你找到勝妙微密的如來藏心時，把般若諸經請出閱讀，想要瞭解般若諸經到底講什麼；你自己讀了之後，將會發覺以前讀不懂的地方，現在讀了就清楚了！般若諸經的法義，如果你眞的破參了——不是落入識陰之中，那你就不需要別人幫你解釋，自己可讀懂；只是其中的法義能否完全吸收的問題罷了，但是卻一定可以讀懂的，而且會發覺以前是自以爲懂，其實是不懂的。這就顯示說：當你證得第八識勝妙微細心——如來藏，當下你就已經得到清淨眼了，已經得到慧眼了，般若諸經可以自己讀懂了。

「阿難！汝先答我『見光明拳』，此拳光明因何所有？云何成拳？汝將誰見？」接著，佛就開示說：「阿難啊！你剛才答覆我說，你看見了我的光明拳。我問你，我這個光明拳是因爲什麼而有的？怎麼樣可以變成拳頭？而你又是用什麼來看見的？」佛陀提出了三個問題。

阿難就回答說：「由於佛陀整個身體閻浮檀金色的光明，如同光明無遮的火炎紅色而無雜草的寶山一般的清淨身所生，所以才會有光明照耀我們大眾的心目，也因此才會有您這個光明拳的法相啊！」這個光明拳的法相會有光明照耀之相，是因爲佛陀的五蘊十八界全體，再加上如來的八識心王也全部都是清淨的，因此才會有這個光明出生。「而我阿難實際上是用眼睛來觀察，看到佛陀手掌的五指彎屈而握成拳頭來示現給我們看，所以才會有您的光明拳的法相出現。」「艶如寶山」，「艶」是講紅色而沒有草木的山，使人很容易就看到它的存在；有草木就會有腐爛的東西，而它沒有草木，所以是清淨無垢的。所以「艳如寶山」意思就是遠遠看起來如同紅寶石一般的紅土山；以這個來譬喻 佛的身相就像是那樣光明性的，而不是陰暗的。

【**佛告阿難**：「如來今日實言告汝：諸有智者要以譬喻而得開悟。阿難！譬如我拳，若無我手不成我拳；若無汝眼，不成汝見；以汝眼根，例我拳理，其義均不？」**阿難**言：「唯然！世尊！既無我眼，不成我見；以我眼根，例如來拳，事義相類。」**佛告阿難**：「汝言相類，是義不然；何以故？如無手人，拳畢竟滅；彼無眼者，非見全無。所以者何？汝試於途詢問盲人：『汝何所見？』彼諸盲人，必來答汝：『我今眼前唯見黑暗，更無他矚。』以是義觀，前塵自暗，見何虧損？」**阿難**言：「諸盲眼前唯睹黑暗，云何成見？」**佛告阿難**：「諸盲無眼唯觀黑暗，與有眼人處於暗室，二黑有別？為無有別？」「如是，世尊！此暗中人與彼群盲，二黑校量，曾無有異。」「阿難！若無眼人全見前黑，忽得眼光，還於前塵見種種色，名眼見者；彼暗中人全見前黑，忽獲燈光，亦於前塵見種種色，應名燈見。若燈見者，燈能有見，自不名燈；又則燈觀，何關汝事？是故當知燈能顯色，如是見者是眼非燈；眼能顯色，如是見性，是心非眼。」】

講記：現在 佛陀開始轉大法幢了！佛為阿難等大眾開示說：「我如來今

天就以誠實語爲你們說，你們之中諸多有智慧的人，得要用譬喻來說明以後，就能夠開悟實相而獲得正確的理解。阿難啊！就譬如我這個光明拳，如果沒有我的手，就不能成就我這個拳頭；可是從你那邊來說，如果沒有你的眼根，就不能成就你的能見。在這個情況下，用你的眼根能見的道理，來比喻由我的手變成拳頭的道理；你認爲這樣譬喻的道理，是不是同樣可以互相平等呢？」阿難回答說：「正是您所說的這樣啊！世尊！既然沒有我的眼睛，就不可能成就我的能見之性；依我的眼根而成就能見之性，來與依佛的手掌轉變成拳，來作例子而作同類的比較，這個事相的道理是同樣類似的。」

沒想到 佛陀卻向阿難說：「你剛才說這兩個事例的譬喻是相類似的，但你所說的道理其實不對。爲什麼我說你所講的道理不對呢？」因爲不一定能相提並論的緣故。「譬如沒有手的人，」他生來就沒有手，只有生長到手腕爲止，或是手掌後來被砍掉而失去了手掌的人，「這個沒有手的人，他的手畢竟是滅了而沒有握拳的功用；可是另外一個沒有眼睛的人，或是後來失去眼睛的人，並不會因爲沒有眼睛就完全看不見。」當阿難正在想：奇怪！沒有眼睛的人，怎麼還會看得見？佛接著就解釋說：「由於什麼道理，我說眼盲的人還是看得見呢？你若是不相信，可以試著在路上去找出一位瞎眼的人，問他說：『你有沒有看見了什麼呢？』那一些瞎眼的人都會告訴你：『我現在眼前只看見黑暗，其他的一切，我都看不見。』從這個道理來觀察那些瞎眼的盲人，他們所看見眼前的色塵是黑暗，並不是完全沒有看見，他原有的能見之性又有什麼虧損呢？」

意思是說，盲人的能見之性還是繼續存在著的，能見之性並沒有因為眼根壞掉而消失了，因為他們還是可以看見黑暗，並不是完全不能見。他們只是沒有能力看見光明，因為沒有這個光明相，所以看不見外面的各種色塵；可是他們盲人所看見的暗，也是色塵之一啊！所以說：沒有手掌的人，「拳畢竟滅」；但是沒有眼的人，見不畢竟滅，他們的能見之性還是繼續存在的。這意思就是說，盲人只是因為眼前所看見的色塵是暗相而無明相，所以不能看見諸物，可是他們的能見之性還是存在的啊！並沒有虧損啊！所以還是能看見暗相。由此緣故，有時是不能以此類彼的；因此，「如無手人，拳畢竟滅」，與彼無眼者見畢竟滅，是兩回事，不能以此類彼，所以 佛說「彼無眼者，非見全無」——還是可以看見暗相。

但是阿難當時還是聽不懂，所以就向 佛請問說：「諸盲眼前唯睹黑暗，云何成見？」阿難問：「這些盲人眼前只能看見黑暗，既然只能看見黑暗，怎麼可以說他們還能成就能見之性呢？」這跟一般人學佛前的想法一樣，總是認爲盲人是無所見的，其實盲人還是有看見黑暗的；只是因爲眼根壞了而無法看見外相，所以只要一醒過來，就能看見黑暗相，並非一無所見的。那又怎麼可以說盲人是無所見的呢？當然也就不能等同於盲人沒有能見之性的說法了！

佛告阿難：「諸盲無眼唯觀黑暗，與有眼人處於暗室，二黑有別？爲無有別？」佛陀爲了使阿難等人都能確實理解，就向阿難開示說：「那些失去了眼根的盲人們，他們雖然沒有眼睛，只能看見黑暗；但是我問你：當他們與有眼睛的人同處於一個絕對黑暗的房間裡，請問這兩種人所見的黑暗，有沒有差別？」問得好！明眼人看見了黑暗，無眼的盲人也看見了黑暗，這兩類人所看見的黑暗，究竟是有差別的呢？或是沒有差別的呢？

「如是，世尊！此暗中人與彼群盲，二黑校量，曾無有異。」阿難終於聽懂了，只好回答說：「就像您所講的這樣啊！世尊！這個同處於暗室中的明眼人，所看見的也是只有黑暗；而那一群失去眼根的盲人們，所看見的也一樣是黑暗；把這兩種黑來校對、比量時，他們二種人在現量上所見的黑暗是沒有差別的，打從一開始就已經是沒有絲毫的差異。」阿難說眼明的人與盲人同處在一個暗室中所看見的黑暗是一開始就相同的，是沒有一點點差別的。「曾無」，就是已經過去的這段時間裡，一絲一毫都沒有——從來都沒有。是說，這眼明與眼暗的人所見的黑暗，是打從一開始的所見就已經是全然沒有差別的。阿難與諸大眾已經知道：「無手之人，拳畢竟滅」，與無眼之人，見畢竟滅；這二種道理是不可以比類同觀的。於是 佛陀接著開示說：

「阿難！若無眼人全見前黑，忽得眼光，還於前塵見種種色，名眼見者；彼暗中人全見前黑，忽獲燈光，亦於前塵見種種色，應名燈見。」這一段就是強調能夠看見種種色塵的，其實是心而不是眼睛；所以眼睛瞎掉的盲人一樣能見，不能說他們能見的功能不存在了，他們只是能看見黑，就好像眼明的人處在暗室中一樣，都只看見黑；而眼明與眼暗的人，兩種人所見的暗是一樣的，並無不同；由此證明，不是眼睛能看見，而是心能看見；能見之性是心所有，不是眼根所有，眼根只是心的工具或藉緣而已。

請問大家：色塵是有色的法，而你的心無形無色，無形無色的心怎麼能看見色？大家有沒有思惟過這個問題？現在 佛陀想要講解的就是這個道理。佛的意思是說：「如果沒有眼睛的人，」因爲阿難說是眼睛看見，而不是心能看見，所以 佛說：「如果沒眼睛的人全部看見的只是黑暗，只有黑暗而什麼都沒有，可是如果突然間他的眼睛變成有光明了——眼睛轉變而使功能恢復了，」譬如現在醫學技術進步而手術成功，眼角膜等等的移植成功了，使眼睛應有的功能恢復了，這就是「忽得眼光」，「這時重新再從面前的色塵中看見了種種色塵時，就說他是由自己的眼睛看見的，而不說是由他的心所看見的話；而另外那個同處於暗室中的明眼人，當別人在暗中突然間點了燈光而有光明照耀時，他對眼前的色塵也是同樣的看見了，依據同樣的邏輯，這個眼明的人在燈光打開而突然看見面前的色塵時，就應該說他這個見也是燈所看見，不該說是他的眼睛或心所看見。」

是啊！這是同樣的道理嘛！因爲阿難剛才說的是由眼睛看見，那麼明眼人的眼睛並沒有壞，同處於暗室中的時候，他與盲人一樣都只能看見黑暗；而阿難說這個明眼人的所見，是眼睛所見的暗，而不是心所見的暗；那麼後來打開燈光的時候又看見了種種色塵，顯然是憑藉燈光才看見的，依照同樣的邏輯，這時當然就應該說是燈所見——是憑藉燈所示現的光明才能看見的，這時的「見」當然應該說是燈看見了，而不是眼睛看見了，因爲眼睛再怎麼用力還是看不見種種色塵，而只能看見暗；是直到點了燈以後才看見的，所以應當是燈所見。對啊！依照阿難所說的眼能看見而不是由心來看見，點了燈以後看見了，當然也應該說是燈看見而不是眼看見，同一個情境下當然應該適用同一個邏輯，當然就應該是這樣講嘛！既然如此，依據同一個邏輯，明眼人在一般情形下能看見種種色塵，當然也應該被解釋爲眼能見而不是心能看見了！

「若燈見者，燈能有見，自不名燈；又則燈觀，何關汝事？」可是如果你說眼明者因爲有人點了燈所以看見了，而不是由心看見了，這又有問題了：因爲這樣一來就該說是燈看見了，而不是眼睛看見了！因爲這個明眼人處在暗室中時，眼睛好好的卻看不見，直到燈點了光明出來以後才能看見；應該是由燈看見，而眼睛還是一樣只能見暗而看不見眼前的種種色塵。所以點了燈光以後能見時，就應該說是燈能見而不是眼能見，所以阿難所說的眼能見的道理是講不通的。因此，佛陀說：「如果是由燈來看見眼前的色塵，是燈自己有能見的功能，那你就不應該把那個燈說是燈。」因爲它自己能看見，不該再說它是無情物的「燈」了。

「再從另一方面來說，如果確實是由燈來看見色塵時，而不是由你的心來看見色塵，也不是以你的眼睛爲助緣看見，那就是身外的燈自己能看見，那個燈的能見之性又干你何事？」這個能見之性是歸屬於燈所有，跟你有什麼相干？當電燈還沒有打開時所見的暗，說是眼的所見，不是心的所見；也就是說，在黑暗中不能見種種色塵時，說那時所見的暗不是心所見，而是物質的眼所見；那麼後來電燈打開時，眼也應該只能看見暗，不能看見種種色塵了。如果因爲光明滅掉時，就說眼能見黑暗以外種種色塵之性已經消失了，所以後來燈光打開時的能見，應該是由燈來見，不是由心來看見。所以後來燈光打開時，應該心還是沒有看見，而是由燈來看見。若是由燈來看，你就不該知道是看見了什麼色塵，因爲燈不是你啊！應該如是啊！

可是事實上顯然不是如此，當你重新把電燈的開關打開了，突然間你又重新看見種種色塵了！這時還是由你覺知心看見了，所以你不應該說燈看見，也不該說是眼睛看見。當後來燈光打開時，你可以說是眼睛看見的嗎？不行啊！因爲如果確實是由眼睛看見的，在這個暗室裡面把燈關了，你又看不見了！所以說，眼是看見黑，不是沒有看見；而這時所看見的黑，其實還是心所見，覺知心並不是沒有見；只是覺知心所假借的眼，由於無光而看不見；但這個看不見，只是看不見光明中的色塵相，能見之性還是存在著的，所以能夠看見黑暗的法相，並不是全無所見。假使能見之性在燈光被關掉以後就消失了，那麼後來重新打開燈光時所見的種種色塵相，就不該說是覺知心或眼根所見，就該說是燈所見的了。所以，眼明的人在暗室裡所見的黑，以及眼盲的人在太陽下所見的黑，是同樣的見；而這個見，都不是眼睛所看見，而是覺知心看見了同樣的黑暗。講了這麼多，這一段經文的道理大家應該都懂了、都瞭解了。這就是說：不論是看見明、看見暗、看見白、看見黑，都是覺知心看見，而不是眼睛能看見——不是由你的眼根看見。可是很多人沒有智慧，不能瞭解這一段經文的意思，把這一段經文的意思誤解了，就引來向正覺同修會爭執說：「你看！這一段經文中，佛講的明明是說：能見之性即是眞實常住的不壞心，當然就是佛性。」總是把妄心的心與性混雜不分。然而 佛講的佛性不是指他們所謂的六識之性，而 佛所說的凡夫所知能見之性也是說：全都是由覺知心看見，不是由眼根看見。眼根自己是不能看見色塵的，能看見色塵的是心，眼根只是心的工具。

可是誤會《楞嚴經》的人太多了，於是就各說各話。《楞嚴經》眞的不好懂：一方面由於太文言，另一方面又因爲所講的法義很微細，所以很多人乃至破參明心回來時，讀起來還是覺得這部經典的法義太深了！這是因爲還沒有把它的法義融會貫通，也顯示剛剛破參回來的人，智慧還很粗糙；這時般若實相智慧雖然開始出現了，但是還很粗糙而不夠深細，所以還沒有辦法完全了知佛意。那麼現在我如此詳細的解釋以後，諸位就瞭解了！這意思是說，看見色塵時是由覺知心看見，不是由眼睛看見。

可是問題又來了，覺知心無形無色，而色塵是色法；既然覺知心是心，無形無色，應該是無法碰觸色法的，爲什麼覺知心竟然能接觸色塵而看見色塵？這就很清楚了，這就表示確實是有內相分與外相分的差別。如果覺知心可以看見外相分的話，那麼覺知心就應該是色法、物質，而不該是心了，這時才有可能碰觸到物質的色塵；但是這樣一來，又有問題了：**當你們看見我的時候，你們的覺知心應該是有來碰觸到我的色塵，才有可能看見我**。事實上，你們的覺知心有沒有來碰觸到我的色塵呢？（眾答：沒有。）確實沒有啊！你們覺知心確實沒有跑出來碰見我的色塵，你們的覺知心還是在你們那裡，並沒有來碰觸我；可是你們還是看見了我，所以可見你們看見的我這個色塵，是在你們心中所碰觸的色塵，不是我這個身體色塵，因爲你們覺知心都沒有跑出來碰觸我這個身體色塵。

這就已經告訴我們：眼睛只是一個媒介、工具，它攝取外面的光影進眼球中，再傳送到勝義根中—頭腦中掌管視覺的部分—於是阿賴耶識如來藏，就根據外相分而變現一個跟外相分一模一樣的內相分在勝義根頭腦中，所以你在頭腦中看見了這個內相分時，就以為眞的看見了外面的色塵的蕭平實了，而你們的覺知心都不必跑過來碰觸到我，卻已經看見我了。其實你所見的只是你勝義根中的內相分，是由你的眞心如來藏所變現出來的心法，不是純物質的法，而是與覺知心緊密關聯的眞心所變現色，所以你的覺知心才能看得見這個色塵相分。因為外面的色塵是色法，色法的色塵是眼睛能見；而你的覺知心不是色法，怎麼能接觸物質的色塵？所以一定要由你的如來藏變現出一個好像外面色塵一樣的心所變的相分，這叫作帶質境的心所變法，似乎是有物質的色塵而能夠被你的覺知心所接觸，單純是內相分；由於是心所變現的法，所以覺知心才能接觸到而能了知色塵。這就是內外相分的道理，這個道理在很多的經文裡面都有說到，不是只有這裡；特別是阿含中講得更明白，而這部經中講的還不是很明白。講到這裡，佛陀作了一個結論：

「是故當知燈能顯色，如是見者是眼非燈；眼能顯色，如是見性，是心非眼。」「由於這個緣故，你阿難應該知道：燈只能顯示出色塵的法相，像這樣子在燈光照明下而能看見的，其實是眼而不是燈；同樣的道理，眼睛能顯示你所看見的色塵，像這樣子顯示出來的能見之性，是心而不是眼睛。」

這樣子，大家都懂了！以後可別再說是眼看見，應該說是心看見，而由眼來作爲助緣，幫助心來看見。

【阿難雖復得聞是言，與諸大衆口已默然，心未開悟，猶冀如來慈音宣示；合掌清心，佇佛悲誨。爾時世尊舒兜羅綿網相光手，開五輪指，誨敕阿難及諸大衆：「我初成道，於鹿園中爲阿若多五比丘等及汝四衆言：『一切衆生不成菩提及阿羅漢，皆由客塵煩惱所誤。』汝等當時，因何開悟，今成聖果？」**時憍陳那起立白佛：**「我今長老，於大衆中獨得解名；因悟客塵二字成果。世尊！譬如行客投寄旅亭，或宿或食；食宿事畢，俶裝前途，不遑安住；若實主人，自無攸往。如是思惟：不住名客，住名主人，以不住者名爲客義。又如新霽，清陽昇天，光入隙中，發明空中諸有塵相；塵質搖動，虛空寂然；如是思惟：澄寂名空，搖動名塵，以搖動者名爲塵義。」**佛言：**「如是。」**】**

講記：佛陀在前面詳細解說了以後，說是心能見，不是眼睛看見。可是說了這麼詳細以後，眞實心如來藏在哪裡？爲什麼是覺知心能看見而不是眼能看見？還在凡夫位的大眾們仍然是不懂——是眞正的不懂，所以阿難聽到佛陀所開示的言語以後，雖然「與諸大眾口已默然」，嘴巴已經默然了；因爲沒有辦法再問下去了，也眞不知道該怎麼問了。不論你怎麼問、怎麼答，佛陀總是有話說；佛陀說了以後，大眾聽了卻眞的是越聽越迷糊，後來根本就不知道該從何處問起，所以口中默然了。可是畢竟還是沒有悟入眞實心—究竟有哪一個心是可以離開前塵而仍然「**別有全用**」？不像是覺知心一定得處於六塵中才能有自己的全部功能。並且也不懂：到底爲什麼是心能見？不是眼能見？見的時候到底又是怎麼樣看見的？也是弄不清楚。所以還沒有開悟以前，或是悟錯了，都是沒辦法聽懂 佛陀所說的眞實法義。因此，這個時候大家都在冀望（「冀」就是希望、期待）如來用慈悲的法音，來爲大家宣揚及開示；所以這時大眾合掌清心—合掌等待之時心中都已經清淨了—把所有對外塵的攀緣都捨棄了，現在唯一所重視的，所最需要的，就是想要開悟眞實心；至於外面的一切六塵都已不重要了，都不放在心裡面了；所以說是「**合掌清心，佇佛悲誨**」。「佇」就是等待。

當阿難及大眾都在等待 佛陀慈悲的教誨，這時 世尊把拳頭張開了。「舒」就是張開，世尊把兜羅綿網相光手——如同兜羅綿一般柔軟的手，也是有縵網相而發出光明的手伸出來，打開而示現有法輪的手掌及五根指頭，放出光明來，同時教誨訓示大眾：「**我剛剛成道不久的時候，**」這裡所說的

「我」，當然是依五蘊來方便說我，「我剛剛成道的時候，去到鹿野苑之中，爲阿若多等五位比丘，並且後來也在鹿野苑中爲你們大眾開示，那時我說：『一切眾生沒有辦法成就菩提，也沒有辦法成爲阿羅漢，都是由於客塵煩惱所耽誤的緣故。』你們大眾當時，究竟是憑藉什麼而開悟的，如今已經成就聖果了？」從這一段經文中，諸位就可以知道：當初佛陀在鹿野苑初轉法輪時，所說的四聖諦、八正道，以及五蘊、十二處、十八界空，就已經不是斷滅空了！從這一段經文中，就能夠知道爲什麼二乘涅槃不會落入斷見外道所墮的斷滅空中。

佛既然提出來問了，憍陳那就從座位上起立，向佛稟白說：「我現在算是長老了，」因爲從鹿野苑初轉法輪到這個時候，已經過了三、四十年了；因爲《楞嚴經》是晚期講的密法，所以那時憍陳那已經成爲長老了。他說：「我現在算是長老了，在大眾中，我獨獨得到『解名』，」也就是對佛法有很深入瞭解而有大名稱，「當時世尊初轉法輪宣說四聖諦等法時，我悟得『客塵』這兩個字，所以我證成聖果。世尊！譬如旅行的客人，當他們投身委寄行李於旅館或餐亭的時候，或者是留下來住宿，或者是中午、晚上進來旅店飲食；這些人，一旦飲食或住宿的事情已經完成了，就會趕快收拾行裝，繼續往前邁步而不停留，他們根本就沒有心思安住下來。然而，如果眞的是旅店的主人，那他自然不會急著往別的地方前進，他一定會住下來。所以我這麼思惟：不住下來的人就叫作客人，長住下來的人就叫作主人，我就以這樣的道理，來將客人作了定義。」

憍陳那尊者又恐怕別人聽不懂，所以接著又舉出一個例子來說：「譬如新霽，」當烏雲漫天而且下了雨以後，烏雲消失，天空剛剛打開了，「清陽昇天，」雨下過而停止了，天空也就清明了，清爽的太陽升在天上；「這時光線從屋頂的空隙中照射下來，或者光線從小窗户照進屋中，藉著照射進來的那一束光線，就把房屋裡面的空中諸有，」也就是把屋裡的空中所有種種草木的灰塵，或者泥沙的灰塵等等，「全都照明而顯示出來，我們那時就看見屋子裡的空中有那麼多的灰塵，在空中飄來飄去。」

現代的房子裡面若是想要看見這種灰塵，並不容易，因爲現在都市中至少都是水泥地；四十幾年前、五十幾年前，我們鄉下都是泥巴地，如果很久沒下雨的話，雖然外面突然下了大雨，屋裡空氣中還是有一些灰塵飄浮的。以前鄉村老街的老屋子，櫛次鱗比而靠得很近，從窗戶進來的陽光不多，所以室內總是陰暗的，那時也都是平房瓦屋；但我們都會撤掉一片瓦，用一塊玻璃代替，玻璃四周都用水泥糊起來；當太陽照進來的時候，真的是叫作光線，是很分明的一束光照進來；當你看見整束的光線時，才會知道原來屋子裡的空氣中有這麼多灰塵飄浮著。平常看不見這些灰塵，但因爲太陽的光線直直照下來，空氣中有好多的灰塵，就能看見了。

「光入隙中，發明空中諸有塵相；」「這時候看到光束中所照耀出來的灰塵，塵質雖然搖動，而虛空卻是寂然不動的。那時我就這樣子思惟：這個澄寂不動的就叫作空，在空中不斷地動搖而有來去的就叫作塵，」也就是說，不動而寂然的空，即是主人常住；動搖來去的灰塵，即是客人而有來去，「所以這時我就想：這些會搖動而有來去的就叫作客塵。這就是我所說的客塵的道理。」佛就認可說：「就像是你所說的這樣子啊！」

但這個時候，其實還只是從妄心上面來說，憍陳那雖然聽聞　佛說而知道有一個本識常住不滅，但他卻只是信受不疑而尚未證得，所以他就只能從客塵—五陰—的來去不住與生滅虛妄上面來說，無法直接說到眞心如來藏的層面。這意思就是說，憍陳那還沒有證悟，只是證得二乘菩提果，所以就只能從蘊處界的生滅來去上面，解說蘊處界一世又一世來去不停的生滅不住性，講的當然是初轉法輪的內容。

佛在這部經中所講的八處徵心，當然一樣是說這個覺知心虛妄，但卻是要把這個覺知心導向不生不滅的第八識如來藏，要為大眾指出這個覺知心本來就是如來藏所含攝的種種功能之一，顯示覺知心自己並無常住不壞的自性。意思是要指明，覺知心只是如來藏許多功能中的一種——覺知心不是因緣生，也不是自然生，而是如來藏中含藏的許多種子中的一種，流注出來時就成為覺知心。所以，在第三轉法輪時期所講的大乘法中，都不要你滅掉覺知心去入涅槃，但也不要你把覺知性當作是眞實心，更不要你從覺知心中去找到某一種不同狀況中的覺知心來當作眞實心，而是要讓大眾瞭解覺知心的背後還有一個眞實心——如來藏，這才是大眾所應該認定為自己的心，不該把生滅的覺知心認定作是自己的心。

所以你不要先把覺知心否定掉，或是想要滅掉覺知心自己；而是要把覺知心生起來，在覺知心現起之後，用覺知心作為工具，由覺知心來參禪而尋找另一個與自己同時同處的眞實心——如來藏。這部經中八處徵心所講的覺知心，固然全都是「離塵無體」—依六塵才能出生及存在—的虛妄心，卻不是要教人滅掉覺知心，而是要教導大眾親證覺知心的所由，也就是親證法界實相——如來藏。因為這部經典是在第三轉法輪時期所講的，是要大眾都行菩薩道而不要大眾去行羅漢道——取證阿羅漢果而在捨壽以後入無餘涅槃。

你如果很想成爲阿羅漢，也是可以的，但你要發願成爲菩薩阿羅漢，世世發願受生來教導眾生親證聲聞解脫道，不要像聲聞阿羅漢證得解脫果以後一定會入涅槃。所以這部經中才會教導大眾詳細而深入地認清楚覺知心的體性，然後才會教導如來藏的種種法義；因此，覺知心六識固然都不是眞實心——是依塵而有的生滅心，是每天不斷地來來去去的虛妄心，如同旅店的客人一般不能常住；但是你也不能說祂是純妄的心，所以還會在後面告訴你：覺知心是從如來藏出生的，祂是如來藏的一部分。但是在你還沒有明心之前，要先告訴你覺知心虛妄，你就不會錯認覺知心自己是常住的主人，就會用這個覺知心去找另一個眞實心如來藏，就能成爲實義菩薩；因爲證得如來藏以後就會有實相般若智慧出生了，所以 佛陀才會這樣告訴你。所以等你眞的悟了，就會告訴你：覺知心只是眞實心如來藏種種體性中的一小部分而已。佛陀現在所講的也是這個道理。

言歸正傳，憍陳那爲什麼說覺知心是搖動的？因爲這一段經文中所講的，正是說覺知心搖動而來來去去。但祂爲什麼搖動呢？正因爲祂所依的六塵是搖動的。六塵之中有哪一塵是不搖動的？找不到有一塵是不搖動的。即使是見暗，暗還是有搖動的；因爲你所見的暗，也是剎那剎那不停地在過去，還是來來去去的；如果不是剎那剎那都在過去，當你眼睛只看到暗的時候，突然有人打開了燈光以後，你應該還是看不見的，因爲暗是常住而沒有來去、不是搖動而來去的；所以有人打開了電燈時，你應該還是只能看到暗。假使暗是不來去而不搖動的，即使有人打開了電燈而照射出光明時，由於暗還在而沒有來去、沒有動搖，所以你那時當然應該是看不見的。但是，當電燈一打開，暗就馬上不見了，可見暗也是剎那生滅的。

譬如明，明如果不是剎那生滅的，當你把燈關了以後，你應該仍然看不見暗，仍然會看見光明，因爲明是常住而沒有來去、沒有動搖的；可是燈一關，你馬上就看見暗，明就不見了！這表示，明與暗這兩個色塵相都是互待，也全都是剎那生滅而有搖動之法，全都是有來有去的客塵。大家瞭解了這一點之後，就能瞭解覺知心所面對的明暗，都是有來去的搖動相；覺知心所面對的明暗既然是搖動相，是剎那生滅而來來去去的，那麼面對搖動相的覺知心，當然是跟隨搖動的客塵而不斷的搖動著。

假使你的覺知心是如如不動的，那麼當你正在暗室中，光明現前的時候，你應該是不會知道：**暗已經消失了，現在這時是明**。因爲明或暗都是沒有來去而不動搖的。沒有來去而不動搖的法，當然是不會有所變異的。可是，當暗去明來的時候，你明明知道現在暗已經消失了，明已經出現了啊！你覺知心既然能夠隨時了知明與暗的變化過程與內容，這已經表示你的覺知心動了；當然要有覺知心搖動不住，時時分別色塵的變化，你才會知道暗去而明來，這是很清楚的道理。

瞭解了覺知心是來去的、搖動的，接著才好開始探究另一個不搖動、無來去的心。假使你已經認定覺知心是不搖動、不來去的，把祂當作是眞實心，實相般若就無法生出來，永遠都不可能了知法界中的眞實面目。認定覺知心是眞實而無來去的不動心，你就不會覺得有需要去探究是否另外還有一個眞實心，因爲已經認定覺知心就是眞心；既然已經找到了眞心，何必要再探究另一個眞心？如果有兩個眞心，其中一定有一個是虛妄的，這個道理很明顯，大家聽了一定都懂。

但是，覺知心除了搖動以外，爲什麼還說祂是客呢？因爲祂是來來去去的：今天早上祂來了，中午睡個午覺時祂又去了；午覺醒過來時祂又來了，到晚上睡覺無夢的時候，祂又去了。這個身體不就像是覺知心的旅店一樣嗎？覺知心不正是身體旅店中每天都來來去去的客人嗎？由於覺知心每天來來去去而不是常住的，當然不是身體旅店的眞正主人。祂每天來了又去，去了又來；直到這個身體旅店毀壞時，祂就不再來住這個旅店了；當中陰身旅店新開張時，覺知心就改住中陰身旅店了！第一個中陰身毀壞時，祂又改住另一個全新的第二個中陰身旅店；後來發覺中陰身旅店只能住七天，不可靠，於是就找了一對父母而投胎去了！這一投胎以後，就一去不回，因爲這一世的覺知心就永遠斷滅而不再來了，覺知心去不了後世而永滅了。

這一世的覺知心你，無法去到下一世再度生起。有哪一個你是可以去到後世的？只有你的意根末那識，只有祂能去後世，而祂不會與記憶相應，也不會反觀自己；意根了知法塵的智慧也很差，更不能了知五塵，所以意根不會記起前世曾經造了什麼善惡業、姓甚名誰；而能分別、能記憶的覺知心，卻無法來到新的一世，新的一世是依新的五色根爲緣而出生的覺知心，是全新的，所以出生以後都要從頭開始學習；因爲不是由上一世的覺知心住胎來出生，所以當然無法記得前世的種種事情，所以也有可能今生所娶的妻子正是前世的老奶奶；因爲自己前世年輕時就死了，而老奶奶卻是活到很老才死。

由覺知心不能記起前世種種事情的現象，證明覺知心的你不是從前世轉過來的，當然此世的覺知心也去不了後世；只有意根末那識能轉到此世來，可是末那識沒有記憶的能力，祂的分別功能又極差，所以你投胎了以後也不會反觀自己所住的境界；而來世的五色根也還沒有製造完成，來世的意識也就無法生起，當然不能了別五塵及大多數的法塵，而你的意根就這樣如同眠熟一樣地安住。處胎時因爲沒有意識可以給你用——沒有意識來爲你分別及領受六塵境界，所以你就變得很笨；當然處胎時的了別慧就非常差，只能在法塵上的變動去了別而已，根本無法了別法塵的變動中是什麼事情。

也因爲處胎的前幾個月中還沒有意識能分別六塵，那時你就不會覺得住在母胎中很痛苦；也不會覺得被拘束，因爲你還不會了別六塵嘛！等到你在母胎中開始有意識生起，已經大約是六個月左右的事了！有的人比較早熟，意識就會比較早出現，可能四個月時就開始出生意識了！有的人比較晚熟，意識的出現就比較晚，但是最多不會超過六個月，那時一定會有意識覺知心開始出現。但那個意識是此世新生的，不是從前世轉生過來的；是依附於母胎中那個胎身全新的頭腦—勝義根—作爲助緣，才開始出現的全新意識，不是從前世投胎、住胎而轉生過來的前世意識。這個全新的意識覺知心，還沒有熏習過母胎外的廣大世界，還不知道母胎之外有個廣大的世界，就認爲母胎中的世界是世界全部，於是心中就理所當然地安住於母胎中。

如果母胎中的意識是從前世往生過來而住在母胎中，那你一定會每天時時刻刻都在想著：「怎麼還不出生呢？這麼痛苦！老是蹲在這裡面，什麼事情都不能做，眞是好痛苦。」那時你沒有辦法安住的，一時一刻都沒辦法，到最後，出胎之前就已經精神失常了。明明知道外面世界多麼廣大，卻只能困在母胎中，想要伸個手腳都不能隨意；並且簡直比白癡還要笨，什麼都不能做，那你怎麼過日子？所以意識，或者說覺知心六識，都是有來有去的；只能一世之中，在同一個身體旅店中每天來來去去。而且是從入胎六個月開始，每天來去好幾遍；出生以後老了、死了，轉移到中陰身去，也是在入胎時死亡——入胎時中陰身滅了，一世中來來去去的意識覺知心就永遠消失了；這不是有來去、有生滅的法嗎？

既然你這個覺知心是來去的、生滅的法，每天都來來去去而不曾中止過；可見這個覺知心是身體旅店的客人，不是身體旅店的主人；常住於身體旅店中，從來都是眞正沒有來去的心，究竟是誰呢？（眾答：如來藏）當然是如來藏啊！意根還是有來去的，因為意根會思量——會作主，當意識了知自己的身體壞了，知道要死亡了；於是意根依意識的了知而作了決定：投胎去下一輩子好了！當色身毀壞而意根接受了這樣的作意，阿賴耶識如來藏就開始製造中陰身出來；於是意根與意識就必須轉住到中陰身旅店中，才能重新生起；但新生的中陰身旅店卻是如來藏創造的，如來藏仍然是新的中陰身旅店的主人，不是由意根或意識去當主人。那你說，這個覺知心怎麼可能是常住的主人？如何會是常住的眞心呢？顯然是不斷來去的客人。至於眞心如來藏在哪裡？這個不來不去的主人在哪裡？這當然是修學菩薩道的菩薩們應該親自參禪實證的。

【即時如來於大衆中屈五輪指，屈已復開，開已又屈，謂阿難言：「汝今何見？」阿難言：「我見如來百寶輪掌，衆中開合。」佛告阿難：「汝見我手衆中開合，爲是我手有開有合？爲復汝見有開有合？」阿難言：「世尊寶手衆中開合，我見如來手自開合，非我見性自開自合。」佛言：「誰動誰靜？」阿難言：「佛手不住，而我見性尚無有靜，誰爲無住？」佛言：「如是。」如來於是從輪掌中，飛一寶光在阿難右，即時阿難迴首右盼；又放一光在阿難左，阿難又則迴首左盼。佛告阿難：「汝頭今日，何因搖動？」阿難言：「我見如來出妙寶光來我左右，故左右觀，頭自搖動。」「阿難！汝盼佛光，左右動頭，爲汝頭動？爲復見動？」「世尊！我頭自動，而我見性尚無有止，

誰爲搖動？」佛言：「如是。」】

講記：剛才 佛陀是把手掌所握成的拳頭張開了，現在又屈五輪指——把有法輪的五指手掌屈握成拳，「屈已復開，開已又屈」，就一直做著這樣的動作，於是向阿難說：「你現在看見了什麼？」阿難回答說：「我看見了如來的百寶輪掌，在大眾中又開又合，又合又開。」佛向阿難說：「你看見我的手在大眾當中開了又合，合了又開；究竟是我的手有開有合呢？還是你看見我手開合時的能見之性有開有合？」佛陀還是要把色塵跟覺知心之間的關係釐清，要讓大家對覺知心有更深細的體會；假使這個地方體會不清楚，而說智慧有多好，都是騙人的。

譬如有人推崇南傳佛法覺音論師寫的《清淨道論》，勸我一定要讀；於是在上週末去台中的路上，我就把《清淨道論》大略讀了一下（因爲那種書大略翻一翻就可以了，不必細讀），整整三巨冊的《清淨道論》中，連十八界都講不清楚，連意根是什麼都不知道，更別說是要談論第八識了！而且，單單是二乘法中十二因緣的識緣名色也都講錯了！可是那些南傳佛法的大師與學人們，爲什麼如此盲從與迷信《清淨道論》呢？

這意思就是說，其實現代的南傳佛法大法師們也是言過其實，如同現代的北傳佛法大法師們一樣是言過其實。當代的南傳佛法弘傳者，其實是從一千五百年前的覺音論師時代，就已經對解脫道弄不清楚了！一千五百多年來鼎鼎大名，被南傳佛法的大師與學人們奉為阿羅漢的覺音論師，他連解脫道的斷我見內容都弄不清楚；而南傳佛法千餘年來都依他寫的《清淨道論》來修學，這樣糊塗的修學而說南傳佛法中有什麼聖僧，那都是騙人的。

如果要說這個地球上還有聖僧的話，只在我們現場法會中還有，在外面就沒有了！因為在座有許多位法師證悟了般若，這若不是聖僧，又是什麼？覺音論師所不知道的解脫道，以及不迴心阿羅漢所不知道的實相般若，我們會裡的出家法師們卻能知道；如果這還不算是聖僧，那要算是什麼？所以，誰要是供養到了這樣的聖僧，那眞是福報大！但是假使有人說從南洋來的什麼阿羅漢、什麼聖僧，我明白告訴大家：他們連十八界的內容都還搞不清楚。不管是越南的一行禪師或是緬甸的葛印卡，都一樣如此；而且他們也都還在迷信《清淨道論》，但是《清淨道論》應該是從優波底沙的《解脫道論》抄來的；自己加上一些解釋而另立一個名稱叫作《清淨道論》。但論中卻連十八界都講不清楚，意根也弄不清楚，這樣的作者可以稱為阿羅漢嗎？

《清淨道論》中對於十八界的敘述，比你們來正覺上課二年半以後的瞭解還要差。來正覺修學二年半以後，你即使還沒有悟得實相，至少還能知道自己的意根在哪裡、在幹啥，但覺音論師與那些所謂南洋來的阿羅漢們，卻都不知道，智慧是遠不如諸位的。由這個事實看來，對於覺知心和色塵之間的互相關係，確實有必要深入瞭解。現在若能弄清楚了，以後再往上去探究：如何是自己的眞實心？這樣就能理解佛法二主要道，想要明白自己的眞心如來藏，就有了正確的方向了！這就好像提綱挈領一樣，參禪時就不會參錯方向，這一世想要悟入也就不難了！

那麼 佛問阿難說：「你看見我的手在大眾中示現有開有合，這是我的手有開有合呢？或是你的能見之性有開有合呢？」現在 佛陀伸手開合幾次以後，提出問題來了；看見 佛陀的手掌開了又合起來，合起來以後又打開了，這究竟是佛手有開合呢？或是阿難等人的能見之性有開合呢？阿難答覆說：「是世尊的寶手在大眾中有開有合，而我所看見的只是如來的手自己在開在合，並不是我的能見之性自己在開合啊！」

佛言：「誰動誰靜？」從釋迦如來百寶掌的開合之中，引伸出這麼一段佛法來，佛陀問阿難說：「既然你說你能見的性沒有開沒有合，那麼現在問你，是誰動？是誰靜？」

阿難言：「佛手不住，而我見性尚無有靜，誰爲無住？」阿難現在比較有智慧了，回答說：「佛陀的手不斷地開合，佛陀的手掌一直不斷地動，我阿難有能見之性而看見了，可是我的能見之性連靜都沒有，怎麼可以說有誰是無住的呢？」這一回終於會答了，不會再回答說是誰住、而誰不住。佛言：「如是。」所以 佛陀告訴他：「對啊！你講得不錯。」

如來於是從輪掌中，飛一寶光在阿難右，即時阿難迴首右盼；又放一光在阿難左，阿難又則迴首左盼。佛告阿難：「汝頭今日，何因搖動？」這時佛又從五輪掌中飛出一束寶光，也就是投射出一束光明，把這個光束投射在阿難的右肩，於是阿難就回首向右邊肩上看。然後佛把光束滅了，又放射一束光明到阿難的左邊肩上來，於是阿難又回首往左邊的肩上看。這時 佛就問阿難說：「你的頭，今天是由於什麼原因而左右搖動的動來動去啊？」

阿難言：「我見如來出妙寶光來我左右，故左右觀，頭自搖動。」阿難說：「我看見如來的寶手放射出一束勝妙的寶光，來在我阿難的左肩上以及右肩上，所以我的頭就跟隨著寶光而左觀右觀，我的頭就因爲這個原因而左右搖動了。」

「阿難！汝盼佛光，左右動頭，爲汝頭動？爲復見動？」佛又問：「阿難啊！當你爲了觀看佛光的時候，忽左忽右而轉動你的頭，那麼這時究竟是你的頭在動呢？或是你的能見之性在動？」本來講的是動、靜，那麼阿難聽明，說能見之性是沒有動靜的，所以就不談動、靜了。接著佛又從手掌上放出寶光，分別射在阿難的左肩與右肩，讓阿難動一下頭，然後才提出問題來：到底是你的頭動？或是你能見之性動了呢？

「世尊！我頭自動，而我見性尚無有止，誰爲搖動？」佛言：「如是。」阿難說：「我的頭很自然地這樣動來動去，可是我轉頭而運用能見之性來觀看佛陀手上放出的寶光時，我的能見之性根本連停止都沒有，怎麼可以說是有什麼搖動呢？」佛就說：「對了！你這麼說就對了。」爲什麼呢？因爲，頭確實是會動來動去的，可是能見之性並不是頭所有的，當然不是跟著頭來搖動，哪裡會有動、有靜呢？覺知心擁有能見之性，不管你怎麼樣動搖身體，不論你往哪一處看來看去而把頭轉來轉去，但能見之性並不是頭或身體所有的，所以仍如以往一樣繼續在見，見的當下也無所謂動或靜。意思就是說，能見之性也不屬於會動、會靜的覺知心所有，當覺知心打妄想而動個不停時，能見之性一樣是沒有搖動的；因爲覺知心與能見之性，一樣都是從如來藏中出生的。只要如來藏出生了覺知心，接著會有能見之性出現；而這個能見之性，並非身體或頭部所有的，也不是覺知心所有的，所以當身體、頭部或覺知心在動搖時，能見之性仍然沒有動搖。這也是在提示大眾：想要修證佛法，不必把覺知心斷滅掉，更不必像聲聞聖人一樣將覺知心的能見之性斷除；假使把能見之性等法斷滅了，你就無法修證佛菩提了。斷滅了六識、六塵、六根，那是定性聲聞所修的法，於佛菩提道中是不應該這樣修的。

【於是如來普告大眾：「若復眾生，以搖動者名之為塵，以不住者名之為客；汝觀阿難頭自動搖，神無所動。又汝觀我手自開合，見無舒卷，云何汝今以動為身？以動為境？從始洎終念念生滅，遺失真性，顛倒行事；性心失真，認物為己；輪迴是中，自取流轉。」】（洎，讀作既）

講記：剛才　佛是跟阿難對答，對答的時候當然旁邊的大眾也都已經看見、都已經聽見；於是　佛對著大眾講，普遍告訴大眾說：「如果另外有其他的眾生，以這個搖動的叫作塵，以不常住而來來去去的叫作客；那麼你們大眾看到剛才阿難的頭自動的左右動搖，可是他的精神並沒有所動啊！」這是將色陰與識陰區分開來，說能見之性還是常住在他身中繼續運作著，當時只是頭在搖動，眼根在搖動，可是精神上的能見之性並沒有所動啊！「而且你們看見我的手自動在開合不停，可是你們能見之性並沒有因爲我的手合了而捲起來，也沒有因爲我的手張開了就使你的能見之性跟著張開；你們的能見之性並沒有收縮而捲起來，也沒放開而攤平啊！那麼你們今天爲什麼會認爲這個動就是你的眞實身？又以這個動來當作自己所住的境界呢？這是從開始一直到最後，整個過程中都是念念生滅，遺失了你們自己的眞實心性，由此緣故而顚倒做了一些事情。這都是自性與心體錯認了，而失去眞心的體悟，都是錯認物質的色身爲自己；由於這樣的原因，於是就輪迴於色陰之中，只好一世又一世投胎而取得色陰，都是自己愛樂色陰能動而去獲取世世不斷的生死流轉。」

有很多人看見我們出版了公案拈提等書，他們讀了以後，看見我們的機鋒都指向動作上面，然後他們就說：「我知道了！」於是當他們來了，我勘問說：「阿哪個是你的如來藏？」當他講出來的時候就錯了：「因爲我在一切時間都能動啊！而我這時一直都是清清楚楚、了然分明的啊！所以這就是我的如來藏。」我就告訴他們：「你錯了。」眞是錯得很離譜。上週還有人用這個來找我印證，我也不指出他的錯誤，我只向他說：「我平常不爲人家印證，若是想要印證，就去參加同修會的精進禪三。」

因爲他曾經到處去問，知道全台灣都沒有人眞的開悟，人家告訴他說：「只有正覺同修會中有人證悟，你可以去找蕭平實印證。」可是當我提問：「那你眞如在哪裡？佛性在哪裡？」他說：「眞如與佛性都有，我有兩次都看見了。」我說：「那你就錯了！我只要憑你這句話就知道你一定悟錯了。你既然明心了，那麼明心以後你想要看見眞如時，還得要兩次、三次才能見啊？有這回事啊？」「我有看見啊！佛性是如何、如何……」我說：「你不要把佛性跟眞如混在一起，你既然講佛性，那麼我問你，」小參室剛好有花，我就問：「這盆花上，你的佛性在哪裡？你指給我看。」「我現在沒有看見，可是我那兩次都是……」我說：「你不要講那兩次，就講現在；你如果眞的有看見，現前就有，不會看不見。不但花上有，在一坨狗屎上面也可以看見你的佛性；但是，這不是說花上或狗屎上有你的佛性。你說看見了，在哪裡？你怎麼看見？」可是他完全沒辦法接受我的勘驗。這個人不曉得今天有沒有來？我看好像不在諸位之中。

佛法絕對不是那麼容易證的，特別是佛菩提道，眞是非同小可！因爲你這一明心，請出般若諸經來讀的時候，你自然就讀懂了！如果請出來閱讀時還是似懂非懂的，那很顯然是還沒有悟，一定是悟錯了！這是很簡單的道理，因為般若諸經就是在講開悟後所觀察的世間法與佛法。如果說悟了眞如心以後，竟然還說是有時能見、有時候看不見，那就絕對錯了！證眞如的人，是悟後時時刻刻都可以看見眞如心的，是時時刻刻都可以現觀如來藏的眞如性，這樣才對！因為祂從來都不曾躲起來，每一剎那都很清楚分明地顯示著祂的眞實與如如，是時時刻刻都很清楚可以看見的，怎麼可以說你現在看不見呢？所以，從這個例子可以證明，很多人誤會了我書中的法義，表相上面看來他好像是悟了，其實都是誤會了，差太遠了！

實證佛菩提道的禪宗叢林有一句名言：「毫釐有差，天地懸隔。」也就是「失之毫釐，差以千里」的意思；剛開始的這一步，一旦有一點點偏差，接下去所走的路就是越走越遠時偏差越大——佛法的實證就越來越遠離，根本沒有辦法實證佛法。由此證明，很多人都把《楞嚴經》的經文誤會了，自以為懂了，其實根本就不曾懂得其中的法義。

再以《楞嚴經》為例，來說明當代悟錯了的大師們的落處。我們《宗門正道》為什麼要寫出徐恆志的落處？他是大陸佛教界號稱當代八大修行人之一。我們講堂布告欄也貼了大陸比丘寫來的信，信中講的是徐恆志的師兄，比徐恆志更有名望的元音老人。他不是自稱開悟了嗎？為什麼四年前拿到我的《護法集》時，還要趕快做筆記，來記下他所以爲的重要法義？因爲他仍然讀不懂嘛！假使已經讀懂了，讀過就都在腦海中而成爲他的智慧的一部分，還需要做什麼筆記呢？但是他卻沒有辦法讀懂，還得要記下來好好的思惟。當他的徒弟想要來台灣學法時，先徵求他的看法，他只好這樣說：「沒關係！你去台灣學，蕭平實的法跟我是一樣的。」眞的一樣嗎？我說：「眞的！截然不同。」他證的是第六識，我們是證第八識；一個是意識，另一個是出生意識的如來藏；怎麼會一樣呢？差太多了！可是一般學人們是看不出蹊蹺的，都沒有辦法瞭解。

佛陀說楞嚴時，也有很多人如同阿難尊者一樣「以動爲身、以動爲境」；當代的海峽兩岸大法師們，卻是都還不曾到這個地步的，距離佛道的實證境界也就更遠了！現代許多願意讀我的著作的學人，顯然是勝過那些落入意識境界的大法師們；但也不免從文字言語表相上來學，這就可能會產生這樣的事情：譬如學人還沒有眞的證悟，他如果去參訪當代那些大師們，大師就會籠罩學人說：「喝茶去！」喝了茶回來，大師又大喝說：「掃地去！」就這樣子籠罩人。可是大師眞的懂喫茶與掃地嗎？其實根本不懂！而學人也是似懂非懂；一方是不懂而裝神弄鬼籠罩人，另一方則是迷信大師名聲而甘願被籠罩。這是末法時期宗門中的平常事，不是現在才這樣，而是千年來一直都是這樣的。這一類人就是 佛所說的「遺失眞性，顚倒行事」的凡夫。

對於如來藏沒有如實的體會，一天到晚動轉來、動轉去，全都落入行蘊中，都只是色蘊所顯示的行蘊罷了，不過是五蘊之一。什麼是行蘊？身行、口行、意行。在那邊動來動去，不是色蘊所顯的行蘊，又是什麼？口中說個不停，自以爲悟，這不是口行，又叫作什麼呢？一般大師們則是落入識陰的行蘊中，總是在識陰六識的離念上用心；但是，當識陰六識沒有語言妄想而一念不生時，覺知心有沒有在了知呢？有啊！有在了知，所以大師們宣稱說：「我離念靈知，了了分明而無分別。」其實都是在分別，是已經完成了分別，才會了了分明，哪裡是無分別的平等心呢？那就是識陰的行蘊啊！這些全都是行蘊，可是當代的所有大師們都不瞭解，總是落入識陰的行蘊中動來動去，悟在何處呢？

這些大師與學人們，都不瞭解五蘊之處有眞實心，不瞭解色陰，不瞭解受想行識四陰，也不瞭解五陰存在當下有眞實心並存運行，總是落入五陰之中，認取五陰的全部或局部作爲眞如心，所以都是「遺失眞性，顚倒行事」的凡夫。在禪宗叢林中，千年來一直都有許多野狐錯學表相；於是見了眞悟的禪師時，他就進前三步；禪師說他錯了，他又退後三步，總是落入識陰與行陰中；禪師見他不可救藥，於是痛棒把他打出去，直接指示了入處。千年來如此，在正覺同修會開始弘法以來，前來盜法的附佛法外道們也一直都是如此；怪不得清涼禪師要說：「**毫釐有差，天地懸隔。**」

那麼由於對心性與心體的認識失真了，所以認物爲己。爲什麼說是「**認物爲己**」呢？也就是錯認能見能覺之心就是自己。然而，能見能覺之心都是跟六塵在一起的啊！也都是先憑藉五色根爲緣才能從如來藏中生起的啊！本就是依物質之色陰五根五塵爲緣而生起、而存在、而分別的，從來就無法離開物質五根五塵的心，當然是依附於物類之中。當大師與學人們開始修行以後，卻是錯認依物而有的能見能覺之心爲自己的心，這不就是「**認物爲己**」了嗎？因爲認物爲己的緣故，當然是「**性心失眞**」而「**遺失眞性，顚倒行事**」，於是落入我見而產生了我執及我所執，就會造作無量無邊的業而「**輪迴是中**」；也就是輪迴於能見能覺的覺知心境界中，再也無法出離覺知心所墮的五根五塵境界，也離不開五根五塵所顯示的種種法塵境界，於是每一世死亡時都想要繼續保有能見能覺的覺知心自己，就不得不一再地入胎受生，當然是不免「**自取流轉**」的。

要這樣理解及思惟，才是懂得這部經義的有智之人。這部《楞嚴經》，並不是讀了以後自以爲懂，就可以自稱是開悟者。很多人讀《楞嚴經》的時候往往自以爲懂了，其實並不是眞的懂；絕大多數人是斷章取義的，是把前一章與後一章的法義切割開來、各自獨立的加以理解；不能貫串前後各章的法義時，就會產生自以爲懂的現象，然後就誤解經文的意旨而落入經文中所破斥的覺知心的自性中，反倒成爲經文中所破斥的自性見外道了。眞正懂得《楞嚴經》的時候，絕對不是像當代那些大師們那樣理解的。講到這裡，卷一已經結束了，接著要進入卷二了。

【爾時阿難及諸大衆聞佛示誨，身心泰然；念無始來失卻本心，妄認緣塵分別影事；今日開悟，如失乳兒忽遇慈母。合掌禮佛，願聞如來顯出身心眞妄虛實，現前生滅與不生滅二發明性。波斯匿王起立白佛：「我昔未承諸佛誨敕，見迦旃延、毗羅胝子，咸言此身死後斷滅，名爲涅槃；我雖值佛，今猶狐疑，云何發揮證知此心不生滅地？今此大衆諸有漏者，咸皆願聞。」】

講記：大衆在前面經文中，已經聽 佛說過，這個覺知心有能見之性；那麼比類發揮，能見之性既然無一所住的處所，既不是虛妄、也不是眞實，那麼能聞之性、能嗅之性、能嚐之性、能觸之性乃至能知覺性，當然同樣都是沒有所住的不動處所，也都一樣非眞亦非虛妄——既不能說是虛妄心，也不能說是眞實常住心。雖然說覺知心不是常住不壞心，本質是妄心，卻也要讓你不落兩邊來看待生滅性而能覺能知的妄心；但是也說明覺知心的所在之處，還有另一個眞實心存在，大衆一定要把祂找出來；所以才會開示大衆：

覺知心是依塵而生、依塵而住、依塵而轉的，不是自己可以獨自存在的心，不是可以離塵以後而仍然保有原來的分別性。

這時大眾聽到 佛陀開示說，覺知心雖然是依塵而有、依塵才能分別的心，不是離塵以後仍然有分別功能的心；而這個覺知心，卻又不是像初轉法輪時所說純屬妄心；也知道這個覺知心的背後，還有一個常住不壞的心是自己的眞實心；知道五蘊滅盡以後並不是斷滅空，還有這個眞實心可以親證而作依止，於是身心泰然而覺得安樂了。

因爲：覺知心如果是純妄之心而必須要滅掉，卻又沒有另一個眞實心常住不壞，那不就變成斷滅了嗎？佛陀出世弘法以後，常見外道由於聽到佛法中說覺知心是虛妄的，是應該滅除以後才能入涅槃的，所以阿羅漢們入涅槃時都必須滅掉識陰六識覺知心；常見外道們聽了這個說法，心中恐怕落入斷滅空，所以死抱著覺知心——特別是離念靈知意識心，怎樣都不肯否定離念靈知意識心，一再地宣稱意識心是常住的；於是就無法斷除常見，永遠住在常見外道的無明境界中。如今各大山頭住持和尚們，甚至是印順派的一切法師與居士們，不也都是如此嗎？總是死抱著意識心不放，一再的辯稱意識心是常住的，所以他們都把意識心切割成兩個部分：意識的粗心是妄心，有生滅；意識的細心是眞心，不生滅，是造因與受果的主體識。

但他們也知道阿含中早就破斥意識了，早就破斥說一切意識都是意法爲緣生的生滅心；所以認定意識是常住法時，卻又遮遮掩掩而不敢公開承認自己主張意識常住的說法。因此，他們往年都是認定意識爲執持業種的心，卻又不敢承認自己認定意識爲常住心。然而，意識既是根塵爲緣生，不是常住的心，又怎能執持業種而不散壞？而能如實不錯亂地實行因果報償？這正是他們逃不出的羅籠，而這個羅籠卻是他們自己主張唯有六識而弘揚六識論時造成的，是自己施加給自己的羅籠，不是別人爲他們套上的羅籠。（編案：後來釋昭慧爲了補救這個過失，又新創佛法而發明了「業果報系統」說，但仍然無法補救六識論的過失，是故被破斥以後，至今仍無法自圓其說。）

然而，意識就是意識，不論是粗心或細心，乃至近年達賴又提出意識極細心說，本質永遠都是意識——都是意根與法塵爲緣才能出生的生滅心。除非他們另外施設意識以外的其他名稱，而說不是意識心；否則，不論他們如何施設意識的各種細心說——不論是細到如何地步的意識，永遠都是意識，永遠不脫「意、法因緣生」的生滅體性，永遠都不可能改變意識生滅性的事實。所以我說他們爲意識辯解的作法與心態，全屬鴕鳥心態與作法；只是避開問題而不敢面對問題，也不想求眞、求是，只爲了當世的名聞與利養而考量，所以始終不會捨妄歸眞。

但是楞嚴會上的大眾們，聽到 佛這樣開示教誨之後，已經「身心泰然」，不再落入覺知心——特別是意識之中。心中接著就想起來：自己從無始以來，失去—迷失—了本心，不知道本心是哪一個心，所以就錯誤的認定能緣於六塵的分別心爲自己的心，同時也就錯認「影事」—虛妄而生滅的如同影像幻事的境界—作爲自己應該安住的境界。今天終於在 佛陀爲大眾打開迷雲而悟知這個事實之下，了知確實是有一個離於六塵之外而能獨存，並且確實有一個外於六塵而仍然具足祂自己功能性的心；於是心中就安定了下來，就如同走失很久的乳兒忽然遇到了慈悲的母親一般。於是遺失法乳已久的大眾，就合掌禮拜久違的慈母 佛陀，心中生起了願望，想要聽聞 如來再度深入開示，來顯示身心之中的眞與妄、虛與實等眞理，使自己現前就能把生滅與不生滅二種法相的本質，一一發掘明白其中不同的法性。

這段經文中說在現場的大眾是「今日開悟」了，我們就來探究楞嚴法會中的大眾們，這時的開悟，究竟是悟個什麼？其實這時的大眾，只是悟知這個覺知心非不虛妄、亦非虛妄罷了，都還沒有悟得本心如來藏。「悟得覺知心非不虛妄」，是說覺知心離塵無體，依塵而生、依塵而存、依塵而分別，離塵就無法存在，當然就更無法維持原來能分別的功能性了。「悟得覺知心非虛妄」，是說覺知心背後另有一個離塵而仍然有其六塵外的分別性的心，說這個離塵而「別有全性」的心，才是常住不壞心；大眾應該認取這個心為自己的心，不該認取有生有滅而且離塵即無法保持分別性的覺知心為自己的心，覺知心附屬於這個眞實心就成為不虛妄。當覺知心被 佛陀證明是虛妄的，是離塵無體—離於六塵即無分別性—的妄心以後，突然又聽到有這樣一個眞實心，而且是可以實證的，使覺知心附屬於祂而不虛妄；當然心中大喜，就好像還在哺乳期的孩子，已經很久沒有喝到母奶，突然間又遇到了慈母，當然歡喜得不得了。

於是大眾都對 佛合掌表示恭敬，接著又起身禮拜 佛陀，希望 佛趕快為大眾開示，都很希望能夠聽到 如來為大眾更深入地顯示身與心之間的眞妄及虛實。這就是說，在色身與覺知心所在之處，確實是有眞實法與虛妄法並存。當大眾聞 佛說法而更深入觀察以後，就能把身心所在的生滅性諸法及不生滅諸法的不同體性，加以發現而且明白的觀察出來，就不會再像以前那樣落入生滅性的覺知心中，以為「離塵無體」的覺知心就是自己的眞實心；

就能正確地瞭解：大眾都是眞心與妄心並行運作的，不是單單只有妄心覺知心。

以前我們剛開始弘法時說：「心有眞心與妄心，眞妄二心並行，這樣實證了才是眞的開悟。」那時我還沒有出版什麼書，沒什麼著作問世，只有一本薄薄的《無相念佛》。接著就有人去問他的師父，也是我這一世的師父——千年前的師兄，就問：「師父啊！聽說是有個眞心，也有一個妄心，是兩個心並行運作。這說法對不對？」我這世的師父說：「沒這回事！你聽誰亂講的。心就只有一個，怎麼會有兩個？怎麼會有眞心及妄心同時存在？」他這樣回答，因爲他不信有第八識如來藏可以實證，認爲印順的六識論說法才是正確的。但是我們弘法到現在已經整整十一年了（編案：這是二〇〇一年秋末講的），如今看來，不但心有眞有妄，而且妄心還可以分爲七個呢！那麼加上第八識如來藏以後，總共是有幾個心呢？應該是八個心囉！

那麼前七個識，我從來都說是妄心，因爲這七識——能覺知又能作主的心——都是在世間法的六塵中運轉，總是不離六塵而運作。第八識眞心雖然被妄心七識所造的業種拉著來輪迴世間，害你今生來輪迴世間，其實祂並沒有想要害你輪迴世間，而是你自己所造的業種逼使祂執行因果律，而使你一再地輪轉於世間；當你在世間六塵中輪轉時，祂卻不在世間六塵諸法中運轉。說祂不在世間法裡面運轉，是說祂不攀緣六塵、不了別六塵；可是祂卻又每天時時刻刻都不離六塵，因爲你所接觸到的六塵，都是由祂變出來給你覺知心接觸的。

由於祂所持的業種，使你一直在三界中輪迴生死不斷，所以害你輪迴生死的就是祂；可是祂所持的業種，卻是由上輩子的你種進去的，所以祂是被上輩子的你所害，然後由祂來實行業種而使你受生到這輩子來；這其實是眞心與妄心互相害來害去，就這樣世世輪迴生死。眾生不明白這個心與性的道理，所以不斷輪轉於三界六道中，就叫作「**性心失眞**」。因此，一切的欲界有情都一樣，現前都有生滅性和不生滅性同時並存著——每一個人現前的身心之中，都有眞心與妄心並存。也就是說，每一個人的身心所在之處都是有眞也有妄，在每一個人的身心所在之處都是有虛也有實。

當時在座聞法的波斯匿王，終於知道自己身心之中有生滅性，也有不生滅性。既已知道自己身心之中有眞也有妄，知道自己身心之中有虛也有實，接下來當然想要弄清楚而能實證，於是就要開始挖寶了——要進一步請 佛說法了，所以他就站起來向 佛稟白說：「**我以前不曾聽聞諸佛這樣子教誨與**

指示，當時我見到迦旃延、毗羅胝子等外道，」就是迦旃延、毗羅胝的兒子等外道，「他們都說這個身體死後就是斷滅了，當身體斷滅之後覺知心就跟著消失了，這時是斷滅空，就叫作涅槃；」佛陀出世弘法以前的斷見外道們主張說：色身死了就斷滅而空無了，這就是涅槃。他們也因爲這樣的觀察及認知而自稱是阿羅漢，而這些假阿羅漢是 世尊降生人間以前就已經存在了。

「我如今雖然值遇了佛陀，可是我還在狐疑著，」狐狸是最會懷疑的，凡事都很小心，所以慣於懷疑的人，心中正在懷著疑心之時就叫作狐疑。「我如今還在狐疑著，到底要怎麼樣去發現明白而揮揚這個知見，來親證及了知這個眞實心的不生不滅境界？」波斯匿王心中生起了愛樂不生滅心的作意，想要親證這個眞心的不生不滅境界，於是提出來問 佛，想要知道應該如何證知這個心的不生不滅性的境界。「如今在這裡的大眾們，凡是還在有漏位中的人，都希望能夠聽聞開示。」

其實，波斯匿王這個說法還是客氣的講法，因爲即使是已在無漏位的阿羅漢們，也是一樣地好奇而想要聽聞 佛陀開示。這是因爲一切俱解脫、慧解脫的阿羅漢們，都聽聞 佛陀說過有這樣一個不生滅而能出生名色的識——如來藏，都知道有這樣一個不生滅心；可是這個不生滅心在哪裡，這並不是他們實證阿羅漢位所需修證的目標，所以他們都不知道，都還沒有哪一位剛剛迴心的阿羅漢找到祂。阿羅漢們從 佛所說的十八界俱滅名爲涅槃，又從 佛所說的「取陰俱識」，以及入胎、住胎而能出生名色的聖教中，聽聞 佛陀說過有這個不生不滅的識存在，也知道十因緣法中的「名色緣識生，齊識而還、不能過彼」等開示，早就知道有情除了會滅壞的十八界以外，還有另一個不生滅的識。

可是因爲 佛陀在弘揚聲聞法時還沒有宣講這個心，還沒有爲他們指導親證此識的方法與知見（**因爲這是在第二轉法輪、第三轉法輪時期才講的法**），所以那些無學位的阿羅漢們也還不知道，所以他們也很想聽聞。但是波斯匿王總不能把他們也講在一起，以免藐視了阿羅漢——不能把他們的聖性壓低了！另一方面也是因爲波斯匿王那時還沒有悟入大乘菩提，當然也不知道阿羅漢們到底懂不懂這個本識，他心中可能以爲阿羅漢們是懂的。這就好像諸位還沒有明心以前，總以爲阿羅漢應該是知道佛法的，應該是有明心的；因爲大家都不清楚阿羅漢的修證與菩薩的修證有何不同，在我把佛菩提兩個主要道的異同表列出來以前，有誰知道解脫道和佛菩提道有什麼異同呢？都是不知道的。不但學人們不知道，連當代四大山頭的堂頭和尚們也不知道，因為他們都被不懂三乘菩提的釋印順給誤導了！一直到我們說明了以後，大家才有個瞭解：「啊！原來阿羅漢是沒有明心的，原來是菩薩才有明心。」因為阿羅漢若是明心了，就一定變成菩薩，不再是阿羅漢了。那麼這時波斯匿王說：「在現場的這一些有漏者，」意思是說這一些凡夫們，「全都很希望聽聞佛陀對此不生滅心的開示。」

【**佛告大王**：「汝身現存；今復問汝：汝此肉身，為同金剛常住不朽？為復變壞？」「世尊！我今此身，終從變滅。」**佛言**：「大王！汝未曾滅，云何知滅？」「世尊！我此無常變壞之身雖未曾滅，我觀現前念念遷謝，新新不住；如火成灰，漸漸銷殞，殞亡不息，決知此身當從滅盡。」】

講記：諸位想想看，為什麼你知道自己將來一定會死？雖然眼前都還沒有死，就已經知道將來一定會死。佛正是這樣向波斯匿王提出了答問：「你這個色身現前還完好無缺的存在著，我如今再問你：你這個肉身是不是跟金剛一樣的常住不朽呢？或者是會日漸變壞呢？」波斯匿王答覆說：「我這個色身終究還是會跟著每一日、每一月的變遷而漸漸轉變，最後終究是會壞滅、會消失掉的。」佛又問他：「大王！如今你這個色身還沒有滅壞，還好好地存在著，你爲什麼已經知道這個色身將來一定會滅壞？」

如今 佛陀提出了這個問題，當然是與接下來要開示的法義有關的。波斯匿王聽了就答覆說：「我這個色身是無常而會變壞的，雖然說眼前還不曾壞滅，但是我觀察自己這個色身，現在眼前就已經是念念都在變遷而不停地改換，一直都在由新的狀況來取代原來的狀況，並不是原來的狀況一直都不改變的。我這個色身，如同木柴生火而燃燒起來，不久就會變成冷灰一般，是漸漸地銷毀而在最後一定會殞亡的，這個漸漸毀壞而殞亡的過程是不會停息下來的，我由這個觀察而知道色身將來一定會滅盡。」

色身一直都是由新的細胞不斷地取代舊的細胞，不斷地在新陳代謝，不是停住不動的。在《楞嚴經》中，早就告訴我們新陳代謝的道理了；告訴我們說，身體中總是有舊的一直在毀壞，而新的一直在補充上去，不可能永遠維持在年輕時的模樣；所以說「新新不住」，不斷地有新的狀況補充上去，取代舊的狀況；所以一定會漸漸變老，最後終於死亡。譬如火燒木頭，總是由新的狀況不斷地取代舊的狀況，一直燒到變爲灰塵爲止，並也不是一下子就突然燒掉，而是漸漸地消失殞壞的。人們的身體也是像這樣的念念遷謝而殞亡不息；波斯匿王由此觀察，當然知道自己的身體一定會隨著時間的變異過去而終究會毀壞乃至消失。

【佛言：「如是！大王！汝今生齡已從衰老，顏貌何如童子之時？」「世尊！我昔孩孺，膚腠潤澤；年至長成，血氣充滿；而今頹齡，迫於衰耄，形色枯悴，精神昏昧，髮白面皺，逮將不久；如何見比充盛之時？」**佛言：**「大王！汝之形容，應不頓朽。」王言：「世尊！變化密移，我誠不覺；寒暑遷流，漸至於此。何以故？我年二十，雖號年少，顏貌已老初十年時；三十之年，又衰二十；于今六十又過于二，觀五十時宛然強壯。世尊！我見密移，雖此殂落，其間流易，且限十年；若復令我微細思惟，其變寧唯一紀二紀？實爲年變。豈唯年變？亦兼月化。何直月化？兼又日遷。沈思諦觀剎那剎那，念念之間不得停住。故知我身終從變滅。」**】**

講記：佛說：「就是像你所說的這樣子。大王啊！你如今計算從出生到現在的年齡，已經歸屬於衰弱年老的一類人了；你現在的容顏、面貌，與婚前的童子時期相比起來，有什麼不同的地方呢？」這裡講的童子是講兒童或少年時期，不單是講結婚之前。佛經裡面有很多地方稱呼某些人爲童子，「童子」之稱號是說明他屬於單身而未結婚的身分。所以，在家菩薩即使已經三十幾歲、四十幾歲了，都還是被稱呼為童子。這表示說，他仍然保持童子之身，還沒有結婚的意思。

波斯匿王向　世尊答覆說：「我以前還在孩孺的時期，」也就是說還在孩童的時期，「孺」是稚嫩的小孩童，還需要仰仗父母扶養；「孩」則是稍微大一點，到了六、七歲，或是十一、二歲時；「那時膚腠潤澤，」腠是皮膚上的紋路，小孩子有小孩子的紋路，大人有大人的紋路；壯年、老年的皮膚也都各有不同的紋路；「膚腠潤澤」是說，年紀很輕的時候，皮膚上的紋理都是很潤澤而飽滿的，不是乾朽而有許多紋路的。「當我年齡漸長而到了長成大人的時候，血氣是充滿而很有力量的；而今已經是到了衰頹的年齡了，身體已經沒有力氣，」也就是說年齡漸漸長大而到了身體衰弱的時候，「現在已經被衰老所壓迫，身形以及膚色看起來都乾枯而憔悴了，而且精神也比以前昏昧，逮將不久——恐怕是再也活不了幾年了，像這樣情形如何能與以前色身充盛的時候來比較呢？」

確實是沒有辦法相比的，一般而言，二十歲到四十歲算是青年，四十到六十歲算是壯年，六十歲開始就被稱為老人了！古時十八歲就算是成年了，四十歲已經都當上爺爺了！同時就被人看作是老年人了，所以古時的禪師們，往往四十歲開始，或是四十五歲時就自稱「老僧」了！而年華老去，卻不是在某一年的某一天、某一時就突然老去，而是一天又一天的慢慢老去；也就是說，色身是一直在不斷地緩緩變遷的，你沒有辦法感覺到每一天是變遷了多少，但它就是這樣念念之間讓你不知不覺地漸漸在演變的。於是佛就對波斯匿王說：「大王啊！你所說的自己的色身及容貌是這樣衰老下來的，這應該不是一時之間就頓時老朽成這樣的。」當然應該是漸漸地變老的。

波斯匿王就回答說：「世尊！這個色身容貌的變化是很祕密地轉移的，我確實是沒有感覺到它如何的變化轉移，」因爲色身的變老，是從一出生就開始的；是從小時候變大，然後成爲少年、青年、壯年、老年，這樣每天不知不覺之間在漸漸地變化著；這個變化的過程其實是很隱密的，是每天一點一滴慢慢地轉移，大家都很難感覺出來。「這整個過程，都是從冬天漸漸離開而換成夏天，夏天又漸漸離開而換成冬天，這樣一年一年不斷地變遷過去以後，使我年輕的色身漸漸變成今天這個衰老的模樣了。我爲什麼這樣說呢？因爲當年我才剛二十歲的時候，雖然可以說是年紀還少而健康瀟灑，可是如果比起十年前，二十歲時其實已經是老了十年；等到年紀三十歲的時候，又比二十歲之時老了十年；一個十年又一個十年緩慢地過去了，到了今天已經是六十年又過去二年了，」也就是說，波斯匿王如今已經是六十二歲了，「我在今天六十二歲的衰老時候，來回觀以前五十歲的時候，發覺五十歲時的身體似乎還算是強壯的。」

講到這裡，我回想以前學生時代很喜歡運動，而且總是不務正業，學校課堂上的書本都不讀，專讀一些奇奇怪怪的書；可以說你們大部分人沒有讀過的書，我都去讀，從中國古典文學到西洋藝術，從西洋音樂到中國的京劇，還包括打拳、內功，玩七節鞭，我也都玩過；還有幾種氣功，我也練過，所以我知道很多事物。在年輕的時節，什麼都能玩；連雙槓我也會玩，仰踢、前空翻、後空翻我都能玩；但是現在都動不得了，沒辦法再玩了。如今想起以前那個時節，那麼強壯，個子瘦小輕利又能夠玩，在雙槓上面翻來翻去、躺倒踢起、滾來滾去都沒問題，可以在雙槓上面一次臥踢一、二百次，精力充沛；現在全都不行了！

以前四十來歲的時候，有時還可以稍微玩兩下子，讓孩子們瞧一瞧；但也不敢玩得太投入，畢竟已經有些力不從心了；以後也就認老服輸而不敢再強玩了，眞的沒辦法了！但是，若以現在來看以前剛過四十歲時，卻覺得四十來歲時似乎還算是強壯的。可是到了今天（二〇〇一年）即將六十歲時來比，已經覺得確實是比四十歲時差很多了。且不談二十年以前，就看前十年吧！我十年前的身體確實比現在還要強壯；不過我現在倒是比三年前強壯一些，三年前的我眞是很差，因爲現在有作了一些調養，也不必像三年前要每週上課講經四天。這意思是說，以己況他、以今況古，可以作爲「如救頭燃」的借鑑，也同時說明了波斯匿王當時的狀況。

「我見密移，雖此殂落，其間流易，且限十年；若復令我微細思惟，其變寧唯一紀二紀？」「我波斯匿王看見自己六十年來的色身，是在很隱密的過程中一分一毫地轉變、移動著；雖然我就是如此慢慢地轉變而漸漸地死亡殞落，在這個期間裡面的流轉與變易，就暫且以十年爲一個單位來說吧；假使再讓我更微細的思惟，其實色身的轉變，哪裡只是一紀、二紀才能看得出來呢？」一紀就是十年，二紀即是二十年。

「實爲年變。豈唯年變？亦兼月化。何直月化？兼又日遷。沈思諦觀剎那剎那，念念之間不得停住。故知我身終從變滅。」「其實是每年都在變易而不相同的。說到每年都在變化而有所不同，其實同時也是一個月又一個月在變化而月月不同的；」上了年紀的人，總是覺得一年不如一年，這個月又不如上個月。「如果要說是每一個月又每一個月都有變化的話，其實同時也是每天都有所遷移變化，」因爲並不是一個月到了，才讓你突然變化的嘛！而是每天在變，累積到一個月以後你就會發覺確實是有變遷的：「如果再詳細地加以沈思，仔細的加以觀察，事實上是每一剎那在變遷，是念念之間都不得停住。所以我波斯匿王從這個觀察之中，就知道自己的色身最後終究是會變滅的，所以我知道將來是會死亡的。」

【**佛言**：「大王！汝見變化遷改不停，悟知汝滅；亦於滅時知汝身中有不滅耶？」**波斯匿王合掌白佛**：「我實不知。」**佛言**：「我今示汝不生滅性；大王！汝年幾時見恆河水？」王言：「我生三歲，慈母攜我謁耆婆天，經過此流，爾時即知是恆河水。」**佛言**：「大王！如汝所知，二十之時衰於十歲；乃至六十，日月歲時念念遷變；則汝三歲見此河時，至年十三，其水云何？」王言：「如三歲時，宛然無異；乃至于今，年六十二，亦無有異。」**佛言**：「汝今自傷髮白面皺，其面必定皺於童年，則汝今時觀此恆河，與昔童時觀河之見，有童耄不？」王言：「不也，世尊！」**佛言**：「大王！汝面雖皺，而此見精性未曾皺；皺者爲變，不皺非變；變者受滅，彼不變者元無生滅，云何於中受汝生死？而猶引彼末伽梨等，都言此身死後全滅？」王**聞是言，信知身**

後捨生趣生；與諸大衆踴躍歡喜，得未曾有。】

講記：我們講述《楞嚴經》時得要講快一些，不能像講解其他經典那樣細膩；以免聞者如同見葉而不見樹一般，就不容易確實理解《楞嚴經》的深意了。如果長時間在枝葉上面去講，聽經者就無法連貫經文前後的意思了，就會只看見一片又一片的葉子，而不知道整棵樹的面貌了；所以這部經在前幾卷時一定要講快一些，不能像以前講《成唯識論》時，每一次上課兩個鐘頭之中，由於詳細的講解而只能講完一段或半段。這裡一定要講快一些，因為前幾卷的經文都是在說明同一個整體的理念，就不適合詳細而深入的剖析，以免見葉而不見樹。

佛說：「大王啊！你是看見色身變化遷改而不曾停住，所以你悟知，」這是對於世間無常的了悟，所以也說是悟，「所以你悟知自己的色身一定會壞滅，那你在了知色身必滅的時候，也知道你身中還有另一個不滅的嗎？」這是說，當你已經了知自己色身將來一定會壞滅，是否也知道將來這個色身壞滅的時候，另外還有一個永遠不會壞滅的心。常見外道及斷見外道的差異，都是由於在這上面的認知錯誤而產生的；斷見外道之所以成為斷見外道，就是因為找不到有一個常住法，他們基於對五陰的一一現觀而確定全都是生滅法，知道五陰等法都無法去到來世，所以在找不到常住法的前提下，就斷定死後斷滅，無來世的自我。既無來世的自我，就不會有因果報應，於是一世努力追求物欲的滿足而無所不用其極，傷天害理也在所不惜。

而常見外道之所以成爲常見外道，正是由於認知自己確實有個常住心，永遠不會壞滅，因此而不敢輕易違背法律及明著或暗裡造作惡業，他因此而知道三世因果報償不爽的道理。常見外道這樣的認知是正確的，問題只是他無法正確的觀察五陰全都是生滅法，所以就錯認常住法——將生滅性的覺知心及覺知心的功能，錯認爲常住不壞法。這在現今的佛門中是很常見的，所以當代海峽兩岸各大山頭的大禪師、大法師們，全都落入常見中。譬如有人落入離念靈知心中，認定離念靈知意識心是常住法，如此自以爲悟，也如此爲人印證開悟，成爲佛門中的常見外道。又譬如有人極力主張：「能見之性、能聞之性，乃至能覺之性、能知之性即是佛性，是常住法。」這其實只是六識生滅心的功能罷了！六識覺知心本身尚且是生滅的，何況六識心顯示出來的功能，怎能說是常住的佛性？若依他們這樣的說法，就應該說佛性是生滅法了。所以，這些人也是佛門中的常見外道。

當 佛陀提出這個問題以後，波斯匿王就合掌白 佛說：「我實在是不知道。」這個不知道，並不是說他眞的不知道，而是無法確認眞的有一個常住不壞的金剛心是自己的心；因爲他還沒有實證，所以不敢大意地承認自己確實知道有這個金剛心，所以說自己還不知道，也就是說自己還沒有實證。佛就跟他說：「我現在指示你一個不生滅的體性。」然後就問他：「大王啊！你是在幾歲時首次看見恆河水？」大王就說：「我出生了以後，在三歲時，我的慈母攜帶著我去晉謁耆婆天，」也就是去耆婆天的天神廟禮拜，「那個時候經過這條恆河之水，當時我已經知道這就是大家所說的恆河水。」

佛就問他說：「大王啊！就像你所說的，二十歲的時候是比十歲時衰老了十年的，」同樣的道理，三十歲時又比二十歲衰老了十年，五十歲時又比四十歲時衰老了十年，「乃至現在你已經六十二歲了，比五十歲的時候更衰老了，但是這個衰老的過程都不是一時之間就變衰老的，而是一日又一日，一月又一月，一年又一年之間的每一剎那、每一念之間，都在不停地變遷的，」確實是這樣一絲一毫而念念之間都在變化，漸漸地遷移到眼前六十二歲時的衰老地步；並不是一年過完的時候突然轉換爲一年後該有的現象，而是整整一年之中都在念念變化而使人不知不覺的。也不是像武俠小說中講的「天蠶變」一樣，在幾天之後就一時突然變生出來，而是時時刻刻都在變的。

「那麼你以前三歲時看見恆河水，到後來長成十三歲的時候所看見的恆河水，那恆河水有沒有變化而不同？」這是從看恆河水時的見，來說明能見之性前後無異，然後才會在稍後引出眞理：能見之性並非純屬因緣生，單憑所藉諸緣無法出生能見之性；能見之性並非純屬自然生，要有一個根本因才能出生能見之性。佛陀是方便善巧地從現象界中慢慢引向覺知心的能見之性，後面接著還會再從能見之性所依的根源來引向實相法界；各位只要持續地深入此經，並且能夠前後連貫起來，漸漸就能看出 佛陀是多麼方便善巧。就怕如同那些誤會此經的大師們一般，總是讀了後一章就忘了前一章，或是只取前一章的法義而將連貫性的後一章法義切割於外，於是無法連貫起來，就斷章取義說：「你看！佛陀在《楞嚴經》中也說能見之性非因緣生、非自然性，當然是常住不壞的佛性。」因爲斷章取義的緣故，就落入自性見外道的知見中。不幸的是這種斷章取義的人，是古今都有的，卻是於今爲烈。

波斯匿王回答說：「就好像三歲時所看見的恆河水，如今所見宛然無異。」十三歲時所看的恆河水，跟三歲時所看的沒有什麼差別。「宛然」就是一模一樣。「乃至于今，年六十二，亦無有異」，「乃至到了今年，我的年紀已經六十二歲了，但是我來晉謁佛陀而越過恆河水時所見，恆河水還是如同以前並無改變。」「乃至」是表示中間有一段省略，也就是說，二十三歲比十三歲，三十三歲比二十三歲，乃至現在六十二歲比五十二歲的時候，全都省略不說，而用「乃至」二字來函蓋。

接著佛陀要從現象界的恆河水，引向覺知心的功能了；於是 佛陀又問：「你現在自己感傷說頭髮白了，顏面也皺了；那你現在臉上的皺紋一定是比以前童年的時候更多，可是你今天六十二歲時看恆河水，比較以前小時候看恆河水，這兩個時候的能見之性，有沒有改變？童年的能見之性與今天年老時的能見之性，有沒有年輕與年老的不同呢？」那麼有很多不懂佛法的大師們就斷章取義說：「你看《楞嚴經》不是這麼講嗎？小時候的見與現在年老時的見，兩個見是完全一樣的；所以這個能見之性，就是常住不變的佛性。」但我告訴你：「錯了！差遠了！如果這樣就叫作見性的話，那麼諸位今天晚上把這一段經文聽完以後，就都算是見性的聖人了！」哪有那麼簡單？見性不是這樣見的。眞正眼見佛性的實證是另外一回事，不是講眼識的能見之性。

眼見佛性，是要肉眼能夠看得見佛性，那才叫作見性；如果你眞的眼見佛性了，一定能在我的臉上看見我的佛性，能在我的手上看見我的佛性；但是同樣也能在我臉上、在我手上，看見你自己的佛性，這樣才叫作眼見佛性。不是像他們講的反觀自己六識的功能性。一定要能在我身上也看見你自己的佛性，乃至看見地上一坨狗屎，從狗屎上也能看見自己的佛性，但是狗屎其實沒有佛性。這個得要親眼看見佛性了，你才會懂。這眞的是證量上的事，你如果沒有眼見，我再怎麼跟你說明都沒有用，你還是無法看得見的。

這個證量是很難實證的，古今已證的禪宗祖師不多，落實在文字記錄上的就更少了。也許有人想：「這大約是你蕭平實的一家之言，故弄玄虛。」但如果我眞的是在說謊，那我們這一些被我印證見性的同修們就會這樣說：「老師又在吹牛皮了。」一定會這樣想。可是我爲什麼可以年年都公開這麼講，而他們都認同呢？因爲眼見佛性的實證境界確實是這樣的。所以，見性的境界不能援引這一段經文來作證明，因爲這段經文講的只是覺知心的功能，並不是講佛性的功能。讀經時，一定要從 佛所說的整個語意前後脈絡貫串起來瞭解，然後爲人宣講，才是正確的，不可以斷章取義。

言歸正傳，波斯匿王答覆說：「不是這樣啊！世尊！」因爲小時候看恆河水的能見之性，以及現在看恆河水時的能見之性，還是一樣而無改變啊！所以這個能見之性，祂並沒有年輕與衰老的不同。佛就跟他說：「大王！你的臉，雖然已經皺了，可是你這個見精——能見之性，祂的功能性並沒有隨著顏面的變皺而跟著變皺了。你的顏面、身體皮膚會變皺，這是屬於會改變的；不會改變的能見之性，就不是會變皺的。凡是會變皺的就一定會有覺受的生滅而終歸壞滅；那個不變的則是原本就沒有生滅性，當然是沒有生死的，爲什麼還會在不變滅法中領受生死？而你竟然還援引那個末伽梨等外道的說法，全都主張這個色身死後就全都斷滅而成爲空無呢？」

禪門中，一向都有很多人引用這一段經文，來證明他們眞的看見佛性了；就這樣錯會而自認爲已經看見佛性了，還來跟我們爭執說他們也是眼見佛性的。可是整部《楞嚴經》的法義，並不是這一小段的意思；這一小段經文只是說理過程中的一小部分，是還在解釋的過程中而不是已經總結；所以能見之性的不變是依後面所說的如來藏而有的，這裡還不是結論，不該當作結論來引用。也就是說，佛陀將會說明，能見之性乃至能覺、能知之性，甚至十八界的六識、六塵、六根全都是附屬於如來藏而有的功能，都該攝歸如來藏；只有眞如本體如來藏，才能衍生出七轉識，再由七轉識衍生出能見之性、能聞之性……乃至能知覺性；然後引出所要作出的結論：能見之性、能聞之性……能知覺性，都非因緣生、非自然性，是如來藏所生，攝歸如來藏的妙眞如性。

而如來藏從來不曾變滅，以後也是永遠不會變滅，所以依附如來藏而有的能見之性乃至能覺、能知之性，當然就跟著都不會變滅了，就不必如同不迴心阿羅漢們一樣要滅掉十八界自己來入涅槃。我們在親證如來藏以後轉依聖教時，也一樣要說六識的功能性都不會變滅，因爲全都是如來藏的無量體性之一；而如來藏從來不曾有一剎那斷滅，也是永遠都不會變壞，無始劫以來一直都是常住而不變異，也是不曾中斷過一剎那的。所以你今天晚上睡覺了，由如來藏執持六識心的種子，配合意根的運作，當意根明天早上想要醒來時，如來藏就流注出六識心種子，於是六識覺知心就出現了，這就是醒過來了！這時，能見之性乃至能覺、能知之性又都出現了，這是依常住的如來藏而說能見乃至能覺、能知之性是常住不變異的；若離開如來藏的常住不變性，這六識的功能性就沒有一絲一毫的常住體性可說了。

明天早上的能見之性，跟後天早上的能見之性並沒有差別；現在的能見之性，跟十年前乃至跟你剛出生時的能見之性也都沒有差別。乃至無數劫前的能見之性與將來成佛之後的能見之性，也不會有差別的。爲什麼沒有差別呢？因爲如來藏的體性就是這樣，你這六識的知覺性是從如來藏所出生的，而這是心的作用，不是物的作用，所以不會有所改變，當然不會有年老的能見之性異於年輕時的能見之性的情形發生。所以不能外於如來藏而講能見之性、能聞之性……能知覺性，來說六識的知覺性是不壞的；如果不依如來藏來說，這些都是會毀壞的；因爲你這六識的自性全都去不了未來世，但是因爲如來藏常住不斷的關係，所以當如來藏入胎重新製造了全新的五色根以後，配合著意根的作意，於是如來藏又藉五色根而流注出六塵與六識種子，因此又有了來世的能見之性乃至能覺、能知之性。由此就證明死後不是斷滅空無。

全都因爲有如來藏常住不滅而執持一切種子，所以能一世又一世的出生五陰；當五陰具足了，六識種子就可以藉五色根而流注出來，於是下一輩子又有能見之性乃至能覺能知之性了。雖然來世已經換了另一個全新的意識，但卻仍然具足六識，所以當然也具足六識功能：眼識的能見之性乃至意識的能知之性都具足存在。只是由於五色根的差異而換了另一個全新的意識，而來世全新的意識所能知道及記憶的，就只是來世所熏習的內容而已，當然不能涉及前世的記憶，胎昧就是這樣來的。所以，佛陀說眼識能見之性，乃至身識能覺之性、意識能知之性，都是依如來藏常住爲大前提時，才可以說是常住法。若離常住的如來藏時，當然全都是生滅法，全無自體性可說。

所以，閱讀經論時，一定要注意前提；在三十年前，有一些政府機關的官員常常把法律斷章取義；明明這一項法律有篇、章、節、條、款，甚至有些款下還設有目，當我們援引某一章的法律條文時，一定要根據整部法律和所屬那一篇的大前提來說；若是援引某一節的條文時，則一定要根據同一章、同一篇法律的精神前提來說；這一款當然一定要根據這一條的前提來說，而某一目則是要根據同一款的前提來說；可是往往有人只管這一款中的文字來判定，不管這一款所屬那一條的條文前提。這種事情，在以前的政府機關裡很常見，全都屬於斷章取義。世間法中如此，在佛法中也一直都有同樣斷章取義的現象，由此緣故，佛法的實證就成爲不可能了，於是他們就會永遠留在凡夫位中，甚至於演變成謗法的現象。

我們若是想要眞的學佛，就不可以跟他們一樣斷章取義，只引這一章的經文，而一味漠視這一章的經文仍然是在討論的階段，還不是結論。所以不可以只引述這一段經文，就說自己所墮的六識能見能聞乃至能知之性即是常住不壞的佛性，就自認爲是已經開悟見性了！否則難免大妄語業的果報，因爲他們誤解了 佛所開示的法義。如果他們那樣也能叫作開悟，我在這裡可以公開的向他們說：「第二轉法輪的般若經你們無法通達，第三轉法輪的唯識經典更不可能通達。到那個時候你們可能會認為：《楞嚴經》好像跟其餘的經典不一樣，應該是偽經。」

我這話可不是隨意編造的，確實有一些人誤認為楞嚴是偽經，其實都是因為他們自己弄不懂而誤會了經文，或是基於六識論的邪見來讀《楞嚴經》，當然處處不通。但是，一旦證得如來藏而明心之後，仍然會有許多地方是讀不懂的，因為這部經典的法義太深了。你得要明心正確而且又眼見佛性之後，再來閱讀《楞嚴經》時，將會發覺：這部經典的法義妙極了，講得這麼清楚！為什麼我以前不知道？偏偏要等到悟後再過幾年而使智慧深妙了才會知道。等你悟了才知道其中的道理時，已是悟後經過好幾年以後的事了。所以，千萬別效法那些六識論的大法師們自以為悟，「悟後」讀不懂楞嚴時就毀謗說是偽經。

在這段經文的最後，佛指示說：「你波斯匿王不應該再引用末伽梨等外道所說的歪理，而說色身死後就全部歸於斷滅。」佛陀的意思是說：色身死後其實不是完全斷滅，因為色身（包含中陰身）死後，覺知心雖然永遠斷滅了，還有一個意根帶著如來藏入胎、住胎，怎麼會是斷滅呢？只是斷見外道看見五陰全都虛妄以後，卻因爲找不到實相心如來藏，所以他們就認定色身死後一定會成爲斷滅。

【阿難即從座起禮佛，合掌長跪白佛：「世尊！若此見聞必不生滅，云何世尊名我等輩遺失眞性、顚倒行事？願興慈悲，洗我塵垢。」**即時如來垂金色臂，輪手下指，示阿難言：**「汝今見我母陀羅手，爲正爲倒？」**阿難言：**「世間眾生以此爲倒，而我不知誰正誰倒？」**佛告阿難：**「若世間人以此爲倒，即世間人將何爲正？」**阿難言：**「如來豎臂兜羅綿手，上指於空，則名爲正。」**佛即豎臂告阿難言：**「若此顚倒，首尾相換，諸世間人一倍瞻視，則知汝身與諸如來清淨法身，比類發明；如來之身，名正遍知；汝等之身，號性顚倒。隨汝諦觀：汝身佛身稱顚倒者，名字何處號爲顚倒？」**】**

講記：阿難尊者一心想要知道自己的眞心在何處，可是佛陀卻還不準備立刻講眞心如來藏；而是先讓大眾知道六識的見性、聞性、嗅性乃至知覺性，都依於如來藏時才是不生不滅的，先要教大眾建立這個正見。因爲在初轉法輪講二乘菩提時，是說五陰十八界全都是生滅性的虛妄法；但那是在講解脫道，要讓當時的佛弟子們斷盡我見、我執而成爲阿羅漢，將來捨壽時可以取證無餘涅槃，所以說五蘊、十八界全都虛妄；當然六識的自性一定也是虛妄的，因為六識是識陰，本身即已經是虛妄的了。

由此看來，定性聲聞若是想要永離生死，死時是一定要滅盡五蘊、十八界的。但是菩薩如果也像定性聲聞一般滅盡十八界，就不可能再有來世的五蘊來行菩薩道了；既然無法修菩薩道，就永遠無法成佛，那麼窮此一生來利益眾生，只不過是幾百個人斷我見，無法利益很多人，而成就也不高——不能成佛。所以一定要引導大眾發願來當菩薩，不要成為定性聲聞聖人而在死後入涅槃。諸佛都是這樣不懷好意的，都是要讓你三大阿僧祇劫不斷地努力下去，最後你就成佛了！當然我也是不懷好意的，我辦的禪三精進共修，也是不讓你取無餘涅槃的，這樣才是奉行 佛陀的教誨。

當你明心回來以後，如今我們宣講涅槃時，與你還沒有破參以前我宣講涅槃時，你的體會已經很明顯不同了！以前我講涅槃時，說涅槃有本際，也就是第八識。可是那時你不知道第八識在何處，只能憑想像；現在已經知道如來藏的所在了，只要現前觀察如來藏自己的境界——把同時存在的自己五陰、十八界排除在外，就是無餘涅槃的本際了。那麼你已經知道無餘涅槃中的本際了，這是還沒有入涅槃，就已經先知道涅槃裡面是什麼境界了。當你這樣現觀而如實了知無餘涅槃中的本際以後，心中就覺得：「我若是像阿羅漢一般入了涅槃，既不能使自己成佛，又不能利益極多眾生，那我入無餘涅槃中無所事事，這樣子離開生死，又有什麼意義？」

眞的沒意義，所以，我度你們明心了以後，你們或遲或速，一定都會發覺到這個事實。然後就會作下正確的決定：「那這樣子，我就永遠不取無餘涅槃，我還是要走上成佛之道，盡未來世利益眾生，不管多麼辛苦。乃至將來成佛以後，也是永遠不入無餘涅槃，盡未來際利樂眾生。」能證無餘涅槃而永遠不取涅槃，雖然說我是「歹」心，但是你還是心甘情願接受我這個「歹」心的指導，對不對？因這才是眞正自利利他正確修行的見地和方法。

同樣的道理，當時阿難一心想要知道眞心的所在，所以趕快從座位站起身來禮佛。你們看他對佛陀的恭敬：每一次請法時都先禮佛，禮佛完了再合掌長跪向 佛稟白，這才是眞正佛弟子。阿難長跪稟 佛說：「如果這個能見之性、能聞之性必定是不生滅的話，爲什麼世尊在以前說法的時候都說我們這一些人是『遺失眞性、顚倒行事』？」他心中有這個疑問，因爲在初轉法輪的聲聞解脫道中都說五陰虛妄、十二處虛妄、十八界虛妄，而六識是攝在十八界、五陰之中；如今卻說六識的自性是不生滅的，這與前面經文所講的「能見之性……乃至能知覺性，都是離塵無體的虛妄法」，顯然不同，究竟哪一種說法才對呢？

前面八處徵心時都說六識的能見、能聞等自性，全都是「離塵無體」而不是本住法、常住法；如今反過來說，似乎是說這六識的見聞覺知等自性是無生滅法，還向波斯匿王說：「你三歲時見恆河的那個見，現在六十二歲時見恆河的這個見，一直是一樣的見，並沒有變。」這樣一來，可就與 佛陀以前講四阿含時的說法不一樣了；而 佛陀卻公開地說大眾都是「遺失眞性」而「顚倒行事」，這就不是大眾所能理解的了。阿難的意思很清楚：現在我提出問題，並不是在責怪 佛陀；而是怪我自己笨，不能理解 佛陀前後所說爲何不同。所以接著表達意思說：「希望佛陀生起慈悲心，把我心中的錯誤法塵污垢全部都清洗乾淨。」

這時 如來就垂下金色手臂，輪手下指——把手移動到身前而指著下方，開示阿難等人說：「你們如今且看我的母陀羅手，」母陀羅手，意思是密印之手（我們這尊玉佛，正是母陀羅手之法印。這是我們的一位師兄發大心，到處去尋找佛像，剛好就給他看到這一尊，於是預訂下來，講堂整理妥當以後他就捐給同修會了。像這樣雙手打著說法印的佛像，一般佛寺不太敢請回去；但我們卻是一直在找這樣的佛像，多年以後才讓我們找到了），我們這尊佛像的手印是說法印，一般則是法界定印。這尊玉佛的說法印，正是講解《楞嚴經》時的法印；也表示合該我們要講《楞嚴經》了，所以講堂一買好，就遇見了這尊佛像。

而《楞嚴經》講到後面就是解結，我們這尊佛像就是解開結縛的手印，正是楞嚴法會上的法印。玄奘菩薩這尊像也是說法印，這個法印是我們要求如此彫刻的；還是由我擺出身段，當場攝影留給彫刻師，依著模樣去雕。一般來講，這兩種手印的佛菩薩像很少；一般寺院請去供養的，絕大部分是法界定印；但因為我們同修會主要的業務並不是在辦超渡的儀軌等法會，我們所辦的活動都是說法的聚會。我們主要是說法、弘法、傳法——這才是眞正的法會，所以我們要的就是這樣的佛像。

這時　世尊「輪手下指」，也就是把手向下指著，示現給阿難尊者看，並且開示說：「你看我的密印之手，」如來的手當然是密印之手，因為如來的手中有很多法，並不只是表相上有個法輪來代表而已；眞正開悟了以後，當然會知道母陀羅手的一些密意。佛陀把手垂下來往下指，當眾問阿難說：「你看我這個密印之手，是正、還是倒呢？」阿難說：「世間眾生認為這樣下指就是倒，可是我聽聞佛陀說法到現在，卻不知道哪個是正、哪個是倒了。」因爲阿難聽 佛說法到這裡，眼見八處徵心時自己都說錯了；佛陀一直都說覺知心是「離塵無體」的虛妄心，如今 佛陀對波斯匿王說法時，卻又說能見之性—見精之性—不曾皺、不曾老，似乎又說是眞心了；所以阿難這時心中都沒把握，不敢篤定地回答，心中確實有點兒慌了！佛就對阿難說：「如果世間人認爲我的手向下指的時候就是倒立，那麼世間人又該說怎麼樣指的手才叫作正立？」阿難回答說：「如來假使豎起了兜羅綿手，上指於空，這樣就叫作正立。」

佛即豎臂告阿難言：「若此顚倒，首尾相換，諸世間人一倍瞻視，則知汝身與諸如來清淨法身，比類發明：如來之身，名正遍知；汝等之身，號性顚倒。隨汝諦觀：汝身佛身稱顚倒者，名字何處號爲顚倒？」

這個時候 佛就照著阿難所講的豎臂，來指向上方。大部分人其實都不曉得 佛陀說法時都是同時在兩方面講法的，一方面在口頭上講，還有另一方面也在宣講弦外之音；但是一般人讀經時都不可能體會到，他們都是在文字上面作體會。那麼 佛豎起兜羅綿手上指於空，就說：「如果我把向上指的手臂，來個首尾上下互相交換而顚倒過來，並且把這個影像放大一倍，讓世間人都可以看得見，當然就能了知如何是正、如何是倒了！同樣的道理，對於你自己的身心與如來的清淨法身，也應該以這樣的譬喻來激發自己的智慧光明；當然就會知道如來的法身叫作正遍知，你們這些人所知的身心一個個都可以公開的號稱是顛倒。那麼隨著你所作的詳細觀察，你的色身跟佛的清淨法身互相比對而稱爲顛倒的話，那麼我問你：這個正與倒——如來清淨法身與大眾顛倒的身心，這個名稱究竟是什麼地方可以說是顛倒的呢？」

在事上來說，本來人類的手通常是向下而不是向上；所以應該是手臂向下時才算是正，因爲這是人類手臂的正常狀態。若是向上指，就成爲不正常的狀態，當然不能說是正。可是只要正常狀態下的手臂，把手指四支收縮而獨留一支食指，眾生就會產生顛倒想，把這個正常狀態的手說是倒立，把向上指的不正常狀態的手說成是正立。這就是說，因地眾生的覺知心是不許說爲常住不壞的，而諸佛如來的覺知心才是不變而常住的；同樣是會生滅的覺知心，在諸佛的境界中卻是常住的，但在眾生身中卻是生滅的。所以顛倒與否，端在各自所證智慧境界的差異而有差別。從眾生的境界中來看，覺知心是依根與塵二法配合才能從如來藏中出生，才能繼續依附於如來藏及根塵而運作，始終無法離開如來藏及根塵而存在及運作的，所以當然是生滅性的虛妄法；而諸佛如來的覺知心，卻是從如來藏自身來看的——覺知心本就是如來藏所蘊含的無量法性中的一小部分，是應該攝歸常住不壞的如來藏心來觀察，歸屬於常住不壞的如來藏心，才是正確的，所以 佛陀才說見精之性不變不皺而成為常住法。要能夠從眾生地及佛地來雙觀覺知心時，才能眞的懂得 佛陀所說的意思。

所以，同樣是覺知心，佛陀可以說是常住不壞的，但是 佛陀也會說眾生的覺知心是生滅不住的虛妄法。若是把因地的覺知心說成是常住法，就是顚倒；若是把覺知心及其自性都攝歸常住不壞的如來藏的各種功能性之一，那麼覺知心就不再是生滅性的虛妄法了。所以，佛向波斯匿王說見聞覺知之性不變，元無生滅；而眾生不知不證如來藏法界中的眞實相，所以，聞法時總是落入覺知心及覺知心的六種自性中，同於自性見外道一般來看待覺知心及其自性，當然聽不懂 佛陀所說的法義，於是往往覺得 佛陀說法似乎前後不符。但是阿難知道 佛陀說法時絕對不會自相矛盾，應該是自己聽不懂，所以不敢生起妄念，不會輕率地說是 佛陀說法錯了。

【于時阿難與諸大眾，瞪瞢瞻佛，目精不瞬，不知身心顚倒所在。佛興

慈悲，哀愍阿難及諸大衆，發海潮音遍告同會：「諸善男子！我常說言：色心諸緣，及心所使諸所緣法，唯心所現；汝身汝心，皆是妙明眞精妙心中所現物，云何汝等遺失本妙圓妙明心寶明妙性？認悟中迷，晦昧爲空；空晦暗中，結暗爲色；色雜妄想，想相爲身；聚緣內搖，趣外奔逸；昏擾擾相，以爲心性。一迷爲心，決定惑爲色身之內；不知色身，外洎山河虛空大地，咸是妙明眞心中物，譬如澄清百千大海棄之，唯認一浮漚體，目爲全潮、窮盡瀛渤。汝等即是迷中倍人，如我垂手等無差別，如來說爲可憐愍者。」】

講記：《楞嚴經》中對於覺知心的眞假，經過八處徵心而討論到這個地方，當然大眾還是不懂；然後 佛陀以手指上、指下，問大眾說：究竟應該說哪個是正、哪個是倒？當時大家都還沒有悟得如來藏心，當然不懂而無法答覆 佛陀的所問。所以，當時阿難與諸大眾只能「瞪懵瞻佛」。「瞪」就是眼睛睜得大大的，不是炯炯有神，而是驚訝。「懵」就是茫茫然、不知何意。這時大眾「瞪懵瞻佛」，一心想要知道；心中卻又很茫然，只好「目精不瞬」地等待 佛陀深入開示，看自己能不能實證 佛陀所說的智慧境界。「目精」就是眼睛都發出精光而不肯眨一下眼，生怕漏掉而沒有看到。正因爲不知道佛陀說自己身心顚倒時，是在什麼地方顚倒？爲什麼說這樣叫作顚倒？

佛陀看見大家這樣子，就興起慈悲心，哀愍阿難及諸大眾，然後以海潮音開示。海潮音，你們應該都有聽過，是一陣又一陣的，不是單調不變的。換句話說，佛陀說法時一定是非常生動的，是抑揚頓挫而使人一定會專注聽受的，才能叫作海潮音。否則，就如同下雨一般的嘩啦、嘩啦⋯⋯，永遠都是單調而吵鬧的；海潮音卻是一直變化不同的，有時無聲、有時大聲、有時微聲、有時變聲，並不是一成不變的吵鬧聲。佛陀說法時名為海潮音，當然表示佛陀說法時有抑揚頓挫，讓人很容易攝受每一句法音，能夠容易吸收法音。所以，「發海潮音遍告同會」，就是發起如同海潮一般抑揚頓挫的美好聲音，普遍的告知同在楞嚴法會上的所有佛弟子。

「諸善男子！我常說言：色心諸緣，及心所使諸所緣法，唯心所現；」楞嚴會上還有別的女人在場，但是佛陀在這裡只是稱呼「諸善男子」，不同時稱呼「諸善女人」，是因為與會的眾人已經把女人性丟掉了，都是可以親證大丈夫體性的如來藏的佛弟子們，所以只稱呼「諸善男子」。當我看待一個人時，說他是男人或女人，不是看他的身形，而是看他的心性；這個人的心性如果是個女人，即使他是男兒身，我也說他是女人，因為他只是男人中的女人。如果是個女人，但是她的心行、口行、身行顯現出來時，都是丈夫相，我就說她是女中的丈夫，本質上是男人。菩薩在世間，應該這樣看人才對，不是純憑表相來看的。

這個時候 佛說：「善男子！我常常這麼說：色法——五根及五塵——及覺知心，以及覺知心與五塵生起時所依的種種助緣，再加上覺知心所運用及所緣的種種法，全都是唯心所現。」這意思是說，一切法都是唯心所現。這裡必須先講解「色法、覺知心、諸緣、心所使諸所緣法」，這些講解清楚了以後，才有辦法說明「唯心所現」，才能眞的理解這一段佛語的眞義。

色法，共有十一種：五色根、五塵、法處所攝的色塵。

五色根，是指我們的眼、耳、鼻、舌、身等五根，這五根各自都有二種根——扶塵根與勝義根；扶塵根，講的是我們現前可以看得見的部分，譬如眼如葡萄、耳如荷葉、鼻如懸膽、舌如初偃之月、身如肉桶。眼等五根的勝義根，則是聚集在頭部而成頭腦。這五根的扶塵根與勝義根，合稱爲五色根。五塵則是如來藏藉五扶塵根來攝取外五塵，同時配合意根來攝取外法塵；然後在勝義根頭腦中變現出內六塵，內六塵中的五塵仍然歸於各人五陰中的色陰所攝，與五色根合稱爲十種色法。而內相分的五塵中顯現的色上相應法，仍然屬於各人的色陰所攝；譬如色塵中顯現的長短方圓遠近高低、行來去止屈伸俯仰、粗獷細緻等神韻，又譬如聲塵中顯現的男聲、女聲、樂音、噪音等，以及香塵、味塵、觸塵中顯現出來的不離這三塵的細相等，都屬於法處所攝色。這樣子，五色根、五塵、法處所攝色，就是我們大家各自都有的十一種色法。這十一種色法都是由「**圓妙明心、寶明妙性**」的如來藏心所出生的。

覺知心，共有六識：誠如阿含諸經中所說，凡是二法為緣而出生的心，都是識陰所攝。二法就是指根與塵，所以眼根觸色塵而生的眼識是識陰所攝，耳根觸聲塵而生的耳識是識陰所攝；鼻、舌、身乃至意根觸法塵而生的意識，也是識陰所攝；總之，六根觸六塵而生的六識，就是識陰所攝的法。識陰六識各有不同的分別功能——了知的功能，譬如眼識能了知色塵，耳識能了知聲塵，鼻、舌、身識乃至意識能了知法塵。這六識了知一般的六塵時並不需要有語言文字來輔助，就能對一般的六塵了了分明地完成分別；因此，貓見了老鼠時，不會因為心中沒有語言生起而錯認為蛇或人。這六識能如此了了分明地了知六塵，是因為擁有「**心所使諸所緣法**」。使，是使喚、運用的意思。「**心所使**」就是「心所使用」；「**心所使諸所緣法**」是說覺知心六識所使用而成為自己的「親所緣法」，就是心所有法，分屬於六識覺知心各自所能使用的功能，也就是五個遍行心所法、五個別境心所法、六個主要的煩惱法、二十個隨煩惱法、十一個善心所法，四個不定法，總共五十一個心所有法，都是六識心每天所使用、每天所緣的法。

由於有以上所說的五色根、五塵、法處所攝的色法、六識覺知心、六識覺知心所使用而每天所緣的五十一個心所有法，才能有六識覺知心的功能出生及運作，才能有能見、能聞、……乃至能覺、能知之性；識陰所擁有的這六種自性，正是由五色根、五塵、法處所攝色、五十一個心所有法，配合意根及如來藏才能出生及運作，這五色根、五塵、法處所攝色及五十一個心所有法，即是「心、所使、諸所緣法」。而「心所使諸所緣法」都是由「性淨妙明」的如來藏眞心所出生的。所以 佛陀說：「諸善男子！我常說言：色心諸緣，及心所使諸所緣法，唯心所現。」

既然十八界中的六塵是「唯心所現」，那是不是內相分？（眾答：是）是啊！難不成外面電燈泡、日光燈照出來的光，是你的心變的嗎？當然不是，可是它點亮了以後，那個光影從眼的扶塵根—眼球—攝取進來，傳到眼的勝義根中，你的阿賴耶識就在勝義根之處變現出跟外面光影一樣的光影，你的覺知心就接觸到那個內相分色塵，所接觸的色塵並不是外面的色塵。所以你的心所緣似是外面的色塵，譬如燈光所照耀出來的色法，並不是你的覺知心所親自看見的，你所親自看見的是阿賴耶識用眼球來攝取那些外相分，再於你的眼勝義根—頭腦—中變現出似有質境的內相分色塵，與外相分一模一樣，然後你覺知心去接觸如來藏變現出來的內相分；因此說，你所緣的種種六塵諸法，其實都是你自己的眞心如來藏所變現的：「唯心所現」。從無量劫以來，有情眾生的覺知心不曾接觸過外法六塵，能接觸外法六塵的心只有你的如來藏；由你的如來藏接觸外法六塵，依據外六塵變現內六塵在五勝義根中，所變現出來的五塵之中就有法塵出現；當意根接觸到法塵了，意識就出現了！所以 佛說一切法「唯心所現」，眞的是如實語。

印順法師他們一派人都不懂這個道理，就想：這哪有可能？六塵不可能是「唯心所現」。他們弄不通佛法的正理，認爲不可能是「唯心所現」，就認爲：「唯心所現」的說法，是外道的梵我、神我思想。那可眞是差遠了，外道的梵我、神我思想，所講的與「唯心所現」是完全不同的道理。如同一部全新的勞斯萊斯名車，和另一部二十年的老舊機器腳踏車，根本不能相提並論，因爲在邏輯上是絕對講不通的——二者不是同類。外道的梵我、神我都是五陰，而如來藏能出生一切的五陰；那些外道所信受、所奉侍的梵我或神我，都是天主五陰；而神我、梵我天主五陰卻都是由他們各自的如來藏各自出生的——天主五陰是被他們自己的如來藏所出生的；所以，梵我、神我是被出生的**所生之法**，如來藏是出生梵我、神我的**能生之法**，二者是完全不同的類別，印順等人怎麼可以拿來相提並論而無根誹謗說二者一樣？

所以，不能因爲自己不懂就隨便把經中聖教拿來亂批判，這是不應該的；假使是弘法的人，這樣亂批判而誤導了廣大的學佛人，更是不應該。所以印順的判教，是依據密宗六識論的應成派假中觀的邪見來判攝的，是與日本一小分佛學研究者的判教合流的。而日本那一小分學者全都是信仰基督教的，他們對佛教所作的批判，卻又是依據古天竺錯會佛法的佛護、月稱、安惠及西藏宗喀巴等人的六識論邪見，來作判教的標準，不依正確的佛法教義及弘傳事相來作判教標準，藉此手段來壓制佛教的勝妙教義。印順宗本的教義則是與日本那一小分學者的來源相同，他們根本不知法義的眞假，又因爲好爲人師或標新立異，就主動繼承那些古時錯會佛法的應成派六識論假中觀的邪見，沆瀣一氣來共同破壞佛教正法。日本那些學者就是後來成爲日本新興的「批判佛教」的流類，與印順共同來打擊佛教中最勝妙的如來藏正法。

印順和他的門徒弘傳的教義，與日本的「批判佛教」思想，其實只是把天竺古人佛護、月稱、安惠等人的六識論邪說，也就是應成派假中觀的六識論邪說拿來弘傳；但那一小分日本人很聰明，懂得用新瓶來裝舊酒，他們不用應成派中觀的舊名稱，換個包裝而改稱爲「批判佛教」；並且假裝是好心好意的提出主張：**佛教要有批判的精神，才能進步，才不會腐壞。**然後他們就以日本基督徒的身分來代替中國佛教界人士對佛教批判起來了。這正是司馬昭之心，誰人不知？只是印順等人故作不知而當作是奧援，全都大力地弘揚了起來，幾十年來一再地共同提出常見外道意識常住的主張，來批判中國傳統佛教的如來藏正義。

其實，能夠批判佛教的人只有一種：就是已經證悟而且智慧很深妙的菩薩們。佛門中的凡夫與二乘聖人們，都是沒有能力來批判佛教的，因爲連初悟的菩薩們在還沒有深入經教啓發深妙智慧時，或者還沒有被大善知識調教以前，都一樣是無法批判佛教的，也都是沒有資格批判佛教的。但是，印順所承襲的西藏密宗黃教應成派假中觀的六識論邪見，是繼承自聲聞部派佛教中誤會大乘佛法的六識論邪見者的理論，是從一開始時根本就錯了；所以不斷地演變發展以後，若是遇到眞悟菩薩出世弘揚永遠不變的如來藏妙法時，就不免處處顯示邪謬而難以回應了。

他們的見解都是依據佛護等人繼承自聲聞部派佛教應成派假中觀的六識論邪說，古代的主要弘揚者，即是佛護、月稱、寂天、阿底峽，但他們的判教都是錯誤的，反而中國慈恩宗的判教才正確。但因大乘氣勢在天竺已不如源於聲聞法六識論的佛護、月稱、寂天，近代中國佛教又迷信六識論的應成派中觀，大乘五時三教的判教就被歧視；又因爲一分近代日本人挾著優越的學術科學的表面態勢，以科學包裝著他們取材錯誤的文獻學，再以現代論文形式寫出似乎具有公信力的文章，很容易使只看表相的學佛人信受，也很容易被不知眞相的社會人士、學術界人士相信；於是就有一些短視者，抱著急求出頭的心態來支持及弘揚。於是從二十世紀的四〇年代開始，六識論的邪見就在日本人宇井伯壽、平川彰、水野弘元等人以「學術的佛教」名義號召下，廣爲著書流傳起來，後來也被印順等人暗中用來不斷地毒害中國傳統佛教；最可笑的是，印順等人竟然身穿僧衣而配合那些外國的基督徒來打壓、破壞中國傳統佛教；而中國佛教傳統的如來藏正法，卻正是大乘佛教僅存的一片淨土。

佛在經中說：三界唯心、萬法唯識。這種道理，其實早已在四阿含中就已經講過了；那些日本人及印順等人並不是沒有讀過，但他們都故意加以漠視，繼續弘揚應成派假中觀的六識論邪見，用六識論邪見來批判正統佛教的八識論正理，想要以新創的說法來全面取代傳統佛教正法。而他們也是最反對《楞嚴經》的人，因爲楞嚴大力破斥覺知心境界而弘揚如來藏妙義，他們閱讀時也都無法讀懂，又看見經中說萬法「唯心所現」，與他們講的萬法純粹藉緣變生而不需有如來藏根本因的說法，不能相融，當然要編派許多理由來反對《楞嚴經》；最有名的就是呂澂提出〈楞嚴百僞〉說，毀謗《楞嚴經》是僞經，而他們也異口同聲的說如來藏就是外道的神我、梵我。

那麼，今天我們正覺同修會中已經有許多人親證如來藏了，我們就來看看《楞嚴經》所說的如來藏妙義有沒有錯誤？是否與法界本來就在的如來藏心完全相符？我們可以同時觀察如來藏是否如同 佛所說的能出生「**色心諸緣，及心所使諸所緣法**」。當大家在聽經時，同時返觀自己的五陰身心及如來藏心，來比對《楞嚴經》的經文所說，就可以確定本經是不是僞經了！這樣確定以後，當然也可以判定近代「學術佛教、批判佛教、宗教學派」的那一群日本基督徒，以及台灣佛教的印順、聖嚴、證嚴、星雲、昭慧、傳道等人，古時的宗喀巴、阿底峽、寂天、月稱、佛護等人，所說的應成派假中觀的六識論邪見，是否眞的是邪見；也可以進一步確定聲聞部派佛教中主張六識論的聲聞人，確實都是凡夫。

我們的色身及六塵，我們的見聞覺知心以及心所法，以及我們所緣的種種六塵——見聞覺知心出現之後所運用的各種功能及所攀緣的六塵諸法，其實都是唯心所現——完全都是由自己的如來藏所出生的。我們覺知心，從來沒有與外境接觸過，所接觸的都是如來藏所變現的內相分六塵。接觸外境的是如來藏，不是覺知心；可是如來藏接觸外境的時候，祂把外六塵透過五色根攝受進來，然後在勝義根中變現出同樣的六塵相。可是變現內相分六塵的時候，祂不是起心動念去變的，祂只是像鏡子一般不動其心而如實的變現內相分；外面有什麼六塵影像攝受進來，祂就映現同樣的影像在勝義根中，而祂自己是不動心的。

譬如鏡子，它不會動心，卻能如實依照外境來變現出鏡子中的影像；而鏡子不會因爲某些事物很醜，就不想映照出那個很醜的事物；它也不會因爲某一種事物很美，就故意多多地映照那個事物。不管來者是美、是醜，它都一樣：胡來胡現，漢來漢現。它從來不管來人的美醜，也不管來人是善人、是惡人，一體映現。所以如來藏心只是像鏡子一樣對應外六塵而在勝義根中如實變現內相分六塵出來，所變現出來的內相分六塵，與外相分六塵一模一樣，不會依好惡而加以絲毫改造；所以有情們就不知道所觸的都是內相分，就執著外法而迷己逐物，因此就不斷地流轉生死了！

如來藏確實是如鏡現像，對外六塵完全不動其心而如實顯現出內相分六塵；而你的覺知心接觸的是如來藏鏡子所顯現出來的映像，其實你覺知心並沒有眞正看見外面的六塵影像，你看見的是如來藏鏡子所顯現的內相分六塵影像，那個對現外境的鏡子就是指如來藏心。而四阿含中早就說過：由於識入住母胎，所以出生了名色；識陰六識是攝在名中的，所以入住母胎中的識當然不是識陰中的任何一個識，當然絕對不會是識陰中的意識。又說：識如果中途出胎而不住於母胎中，名色就無法增長——色身與意識都不可能出生；嬰兒的這個識如果離身而去，嬰兒的名色就會敗壞——色身與意識都會隨即毀壞。由六識論者公認為最原始的四阿含經典中 佛陀的聖教，已經如此證明華嚴中說的「三界唯心、萬法唯識」的大乘理了；所以四阿含諸經中所說的道理，與這部《楞嚴經》中所說**「色心諸緣，及心所使諸所緣法，唯心所現」**，是完全相同的開示，其實就是聲聞人聽聞大乘經而結集下來的小乘經。假使《楞嚴經》是僞經，就不可能與四阿含諸經中的開示完全符合了；而那些六識論的應成派中觀師譬如印順等人，當然也應該同時認定與《楞嚴經》、《華嚴經》符合的四阿含中的諸經是僞經了，這就是印順對四阿含中的許多部經典不認同的原因——他只認同四阿含中的少數經典。

而四阿含中記載，佛說阿羅漢入涅槃時必須滅盡五蘊、滅盡十八界，但我們明明都還很清楚地繼續有十八界中的六塵可以接觸、領受，顯然阿羅漢們入涅槃時所滅掉的六塵都是他們各自的內相分—滅掉他們自己十八界中的六塵—不是滅掉外相分的六塵。因此說，眾生的覺知心所接觸、運用的種種所緣諸法——譬如六塵，都是各自的自心如來藏所生現的，當然都是「唯心所現」，這已證明《楞嚴經》眞是佛說，絕非後人創造。

這也表示大家所接觸的六塵都是內相分，不是外相分；因爲外相分明明不是你的覺知心所生所現的，這是大家都可以證實的。而你的覺知心無形無色，無形無色的覺知心怎麼可能接觸到有形有色的外六塵呢？不能接觸也就不可能了知，不能對六塵了了分明。一定要有另一個心是具有大種性自性，才能接觸外六塵來變現內相分六塵；所以內相分六塵是由自己的心所變現的，是自己的如來藏心所變現的法，才可能由非物質的覺知心所接觸到。因此說，眾生所接觸的種種法，其實都是屬於內相分的六塵；內相分的六塵，當然不是外面的山河大地所顯現出來的六塵相，當然都是「自心所現」；而這個能現內相分六塵的心，當然不是覺知心，因爲覺知心是「離塵無體」的

——覺知心是要假借根與塵爲緣才能夠出生的，所以覺知心當然不可能變生六塵，所以「唯心所現」的心，當然是指如來藏心，不是宗喀巴與印順所認定的意識心。宗喀巴主張意識就是生死種子的持種者，是完全邪謬之說；而印順就糊塗地繼承了宗喀巴這種常見外道見解。

外面世界的色、聲、香、味、觸只是作爲所緣的一個外緣而已，你的身與心—這裡講的心是指覺知心—你的色身以及覺知心都是那個妙明眞精妙心中所顯現出來的；當你上一輩子捨壽、入胎，入胎以後住於母胎中，爲什麼能夠從一顆連眼睛都看不到的微細受精卵，一直演變到成爲具足的人身？而那時是還沒有覺知心存在的。也許有人說：「那是媽媽把我製造出來的。」那麼就請問你們在座一切已經當媽媽的人：當妳們懷孕的時候，那嬰兒的色身是妳把他製造的嗎？妳有每天爲他捏造或安置四肢與器官嗎？沒有嘛！妳只是提供一個生長的環境，提供地水火風等材料給他，由胎兒的如來藏自己去製造色身，不是由妳幫他製造的。妳們已經當媽媽的人，誰都不能否定這個事實。

所以，你的色身是上一世死了轉入中陰身，入胎以後藉父親與媽媽爲助緣，由你的如來藏住於母胎中，把母親血液中的四大物質，攝取來製造成自己的色身；因此，你的色身是你的如來藏所生出來的，你的色身正是你的如來藏中的一部分，所以如來藏當然是跟你在一起，要從自己色身中去找；千萬不要像達賴一樣說是在虛空中而往虛空去找，否則就變成虛空外道了。佛陀開示說：「你們都不瞭解這個道理，所以遺失了本來就很微妙而圓滿勝妙，並且本來就沒有無明遮障的寶貴眞心所顯發出來的微妙自性，」「遺失了」，是說從來都不知道，從來都不曾看見，並不是現在還沒有、還不存在。

我們常常說眞心如來藏離見聞覺知，從來不了知六塵，也不會生起思量的心行，祂又聾、又啞、又盲；可是當你悟得祂的時候，從另一方面去看祂的體性，祂可又伶俐得不得了，比你厲害得不得了。你怎麼想都想不通：要如何製造一個嬰兒出來？祂卻是自己就會製造了，連科學家都搞不懂。現代生物科學技術雖然已經很發達了，可以複製動物了，但是，本質上仍然是要藉著眾生阿賴耶識的七種性自性，才能夠製造出一隻複製羊，仍然不是由生物學家自己來製造的，而所有的生物學家卻都不知道這個眞理。

其實，生物學家們也只是提供一個環境，讓某一個眾生的阿賴耶識來製造那一頭羊。那些生物學家眞的是自己複製了羊嗎？根本就沒有，還是由那頭羊的如來藏執取生物學家提供的細胞來複製——只是那個倒楣的如來藏，被利用來製造那一頭複製羊。但這種複製的行為是很不道德的，因為他們複製出來的目的，就是要吃牠的肉，所以這是很不道德的行為。不愚於這個眞理，就可以言歸正傳了。佛陀說：「你們不瞭解這個道理——不知色心及諸所緣法都是自心如來藏所出生、所顯示，落入識陰覺知心中，由此而遺失了本來就很微妙的圓妙明心，以及這個圓妙明心所示現出來的寶明妙性；由於這樣的誤會，所以將自己所思量的六識境界認作開悟的境界，而在自以為悟之中迷失了，就被無明所晦昧而誤以為識陰六識覺知心中，只要放下了一切煩惱而了了能知、能推尋各種境界時的覺知心，就是實相境界。」也就是本經中第八處徵心時，阿難尊者當時被　佛陀所訶斥的覺知心境界。

為什麼眞實心如來藏叫作圓妙明心？因為這個八識心王所函蓋的一切種子，祂全都具足，所以叫作圓妙——圓滿而微妙。一切有情無量世在三界中流轉時所必須具備的種子，祂全都具足地收藏著；於一切時中都能應付三界六道中的一切境界，使眾生於無量世中在三界六道流轉時的各類不同身心與境界相分，都可以如實顯現。三界六道四生二十五有中所必須的種子—所必須的各類功能差別—乃至修道成佛所必須的種子，祂也全部具足圓滿地收存著，所以祂是「圓妙」的心。

「圓妙明心」：這個圓滿微妙的心爲什麼又說是「明心」呢？因爲這個如來藏心的自性是從來本已光明的，祂絕對不會像某些人每天在算計：「我有什麼辦法在同修會中趕快弄到一個明心，進而趕快見性，甚至於能過牢關最好，然後我就可以在外面搞一個保證班：想要明心的人，我要收取五百萬元；想要求見性的人，我要收一千萬元。」當有人這麼想的時候，他的如來藏絕對不會這樣想，祂還是本著原來光明心的自性——繼續維持光明的心性而永遠不會改變，所以 佛說祂是「明心」——自性光明的心。

至於「圓妙明心」的「寶明妙性」，講的就是這個能見之性、能聞之性……乃至能知覺性，再加上思量作主等意根的自性，其實也都包含在裡頭，所以《楞嚴經》所說這個法—識陰六識自性不外於如來藏的法—是很深奧難解的；不但如此，並且還有祂自己在六塵外的了知性，那就不是大乘法中已經明心而證眞如的七住菩薩所能理解的了。而這部經中對於這個部分，著墨比較少，是因爲這部經典以建立及發起學佛人的菩薩性爲主，並且著重在遠離外道所墮的欲界愛，教人要轉依如來藏而遠離覺知心的自性境界；所以比較不注重如來藏的其他無量功德的解說。

有很多人—只學二乘法而不懂大乘法的人—他們總是想：「這個意根又

叫作末那識，末那識是遍計執性，那就應該要趕快把祂滅掉。」嘴裡說要滅，心中其實根本就不想滅，只是意識層面說說罷了；所以這類人所做的行爲都是與正理顛倒而不想滅除識陰六識的執著，何況能滅意根末那識？因爲，大乘法中明明告訴他們：「你有一個意根，祂有思量性；只要有這個依據意識所作的錯誤判斷而有思量性的意根存在，就會輪轉生死；你要把祂降伏、轉變，使祂成爲清淨末那識。」結果他們都不信受，於是反而怪罪你，認爲你不懂：「根本就沒有第七識存在！你在講什麼佛法？從來就沒有第七識，第七識與第八識是後來到了大乘佛法興盛以後才演變出來的，在原始佛法中，佛陀並沒有說到這個識。」他們就這麼亂講，還做了很多取材錯誤的佛教思想史的考證，想要說服所有佛教界的人們。

但是這些佛教思想史的考證者，不管是哪一位，爲什麼看了我的書以後都不敢寫書出來反駁我的說法呢？爲什麼只敢在網路上化名亂質疑呢？因爲我從《阿含經》的經文中提出原文來證實：佛在四阿含諸經中是如何講「我」，又是如何講第七識、第八識。他們爲什麼都不敢寫書出來反駁？如果蕭平實所講的法是邪門外道，是胡說，那麼他們身爲出家修行弘法的法師，又都是名氣很大的大法師，早就應該寫書出來摧滅蕭平實的邪說啊！這本是他們應盡的責任啊！但是爲什麼卻都沒有一個人敢寫書出來破斥蕭平實？由此可見他們的心虛了！（編案：後來平實導師又寫了《阿含正義》七輯，純從四阿含的經文中舉證有第七識、第八識，並且細說二乘菩提的實證理論及觀行方法與次第。已於 2007 年出版完畢。）

名不見經傳的鍾慶吉先生，不過寫了一篇諷刺性的文章，在報章上評論了印順法師；印順法師就跟釋昭慧兩個人合同，每一個人各寫了一封回信，就在自立報系很快地同時登了出來。但是，蕭平實已經計劃性地出版了這麼多書來評破印順法師的法義錯誤，爲什麼他們一直都不吭聲？連一個字也沒寫出來辨正，卻來空口說白話：**「我們不想理他，因爲他是下駟，我們是上駟。」**已斷我見、已證如來藏的人是下駟，未斷我見、未證如來藏的人是上駟，這眞是很奇怪的邏輯——怎麼樣都講不通的邏輯。可見他們這種不回應的說法，都是一種沒有能力回應而編造出來的謊言（編案：後來釋昭慧在事相上藉辭向台北地檢署誣告平實導師，仍不敢在法義上提出辨正。詳見正覺電子報第 33、34 期及 54 期開始的連載）。這表示：**他們顯然不懂大乘法，也不懂二乘菩提解脫道。**既然連二乘菩提的解脫道都能誤會成那個樣子，當然印順與昭慧更不可能懂得更勝妙、更深廣的大乘佛菩提。所以說，覺知心的能見、能聞乃至能覺、能知的功能，本來就是附屬於眞心如來藏的種種功德中的一部分，是「離塵無體」的，是必須依止如來藏及其所生根、塵，才會有自體性的。然而這是很多人所不能瞭解的，是連二乘聖人也都無法實證及現觀的。

二乘人捨報時是要把六根與六識全都滅掉而入無餘涅槃的，大乘菩薩卻不是如此；大乘菩薩知道六根與六識都是虛妄的，都可以滅掉；在開悟明心而漸修到了初地以後，也有能力把六根與六識都滅掉，可是卻不想滅掉六根與六識，要把這六根與六識轉變成無漏性的有爲法，繼續修行佛菩提而邁向佛地；成佛以後更不滅掉六根與六識，繼續在十方三界中利樂眾生，永無窮盡。這六根與六識，六根中的意根就是末那識，加上識陰等六識以後，總共有七個識。眾生這七個識，都是有漏的有爲法；阿羅漢是使前六識成爲無漏有爲法，意根就自然跟著改變而不再執著自己；當他們捨壽時，是把這七識全部滅除掉，進入無餘涅槃中。而大乘菩薩是把這七個識的不淨體性加以轉變，這七識雖然都是有爲法，卻可轉變成無漏的有爲法；用這七個無漏有爲法去修行，使前六識成爲善法之心，也使第七識意根遍計執性的染污末那識，轉變成清淨末那識；乃至到達佛地時意根究竟清淨了，仍然是不滅除這七識心的。

在佛地時，加上原來的眞如心阿賴耶識轉變成無垢識，總共有八個識——還是維持八個識並存。但這時已經是解脫心、解脫身，因爲能取有餘涅槃，也能取無餘涅槃了，但是都不取涅槃，並且將阿羅漢們所不能斷除的習氣種子也都滅盡了，所以在涅槃的實證上是更清淨的，當然更有資格說是已經實證有餘、無餘涅槃的聖人；從此以後可以不住於涅槃並且同時不住於生死中，成爲無住處涅槃。而這個無住處涅槃的實證，其實還是從因地所證的大乘本來自性清淨涅槃中漸修而完成的。明心之時證得本來自性清淨涅槃，現觀一切涅槃境界都是依這個光明心如來藏來施設的；那時你就知道這個心眞的是「本妙」，不是你修行以後祂才變成這麼妙的。你想要什麼，祂都知道，你根本瞞不了祂；而且祂能出生有情所必須擁有的業報身，或者出生菩薩們所應擁有的大願身，這些覺知心所辦不到的事情，祂都能自動地辦成。無始劫以來祂就是這麼妙，沒有一個眾生能夠瞞過自己的第八識，永遠都瞞不了；你想要作什麼善事、惡事、無記事，祂都知道，所以叫作本妙，而祂是絕對不會跟你作對的。

「**本妙圓妙明心寶明妙性**」：如來藏的心性是光明性的，祂從來不會在世間法上跟人家計較；並不是你開始修行以後祂才這樣，而是本來就這樣的。即使是幹了許多惡事、殺了許多人的陳進興，他幹盡了惡事；但他幹惡事的時候，他的第八識仍然是「圓妙明心」，他的第八識仍然是圓滿而具足善法功德的，他的如來藏心仍然是不改其光明性的；所以，假使他下墮地獄以後，有因緣遇到 地藏王菩薩時，只要懂得懺悔而求救護，誓願以後盡未來際都不造惡，也被教導而發起菩薩性了，那麼他將來也是有因緣悟入佛菩提而成爲菩薩的；因爲他將來所應悟的自己的第八識如來藏心，仍然是光明心——「明心」。只要有一天悟了，依據這個光明性的「明心」，就能成爲實義菩薩；而這個可能性會一直存在，永遠不會消失。

既是永遠不變的光明心——「明心」，當然會有「寶明妙性」恆時存在；這個「寶明妙性」是二乘聖人所不知的，因爲他們始終認爲覺知心的所有自性全都是虛妄的，全都應該破除掉——捨報時應滅掉自己五蘊全部，然後在捨報時取證無餘涅槃；這是因爲他們無法現觀覺知心及其自性全都附屬於本來清淨光明的如來藏心，不能現觀全都是「明心」如來藏的局部功德。可是實義菩薩卻不是像二乘聖人這樣的，是能確實現觀的。但是菩薩還沒有證悟之前，都是像阿難尊者當時一樣，都會「認悟中迷，晦昧爲空」；與現代所有大法師們一樣，總是誤會了，錯把生滅性的覺知心認定爲常住的獨立心，認爲覺知心可以離塵而獨存，於是違逆了「本妙圓妙明心」如來藏——處處求覓自己的常住眞心而不可得，也就無法生起實相般若智慧。

「**認悟中迷，晦昧爲空；空晦暗中，結暗爲色；**」阿難他們當時會認爲有一個開悟時所證得的眞實心，也眞的自認爲是找到了自己的眞實心；但他們全都弄錯了，於是在自己認爲「覺悟」之時，把迷失於六塵中的覺知心，錯認爲證悟時所應證的自己的眞心，成爲 佛所說的「**認悟中迷**」的迷人。現代所有大法師們就是這樣錯悟，然後就常常靜坐，住於空無所有的無念、離念境界中，把這種境界認作是空性的境界，每天都不再思惟法義以求智慧，也不想參禪探究眞心如來藏的所在，每天坐在無所事事的境界中，禪宗祖師每每斥責這種人是「坐在無事甲裡」、「冷水泡石頭」；泡到無量劫之後，仍然只是一顆石頭。假饒能夠每天坐入澄澄湛湛的境界中，這樣每天坐十個鐘頭，五十年後依舊是意識心的生滅境界，般若實相的智慧永遠起不來。像這樣住於清明澄湛的知覺境界中，認作是證空的境界，其實都與自己的眞實心無關，法界實相的智慧當然無法出生。這種一念不生的清明澄湛的境界，其實是無明的境界，當然是對於大乘法中所說的空性完全「晦昧」無知的，於是在這樣的「**空晦暗中**」，不得不「**結暗爲色**」——恐怕覺知心會滅失，就不得不繼續受生，藉以取得覺知心繼續存在的條件，對於色陰—五根與五塵—繼續維持及取得的動力就出現了；這就是誤會空性而住在無明晦暗之中，於是凝結暗夜無明而成就未來世的色陰——「結暗為色」。

這就是說，對於空性的證悟內容弄不清楚，誤以為覺知心處於警覺狀態而無妄想、不昏沈時，就是住於空性的境界，錯認為是大乘經中說的無分別心境界。這樣認知，其實是愚癡的晦暗境界，因為已被識陰、想陰境界所遮蓋了，從來不知道覺知心是「離塵無體」的；就這樣每天長時間住於這種覺知心境界中，誤以為是空性的境界，其實是落入常見外道的蘊我之中，不離五陰的遮蓋，是落入陰蓋而具足無明的愚癡境界，所以說是「晦昧為空」。修學佛菩提時對於空或空性的理解與實證，是極為困難的；往往有人認為把一切法都消滅了，就是證得空或空性，卻反過來想要持續地維持覺知心的存在。所以很多人說空的時候，總是說「一切法空」而不離、不斷我見，永遠空不了五陰自我，這就是斷章取義而未斷我見。

佛陀從來都是依於如來藏的常住不滅來說蘊處界等一切法空，是說如來藏所生的一切法都是無常、變異，終歸於空；本來就是依如來藏常住不滅而能生萬法的大前提，來講一切法空。但是古今的錯悟大師們，總是把能生諸法的如來藏與如來藏所生的諸法，橫加切割而分開，單取如來藏所生的蘊處界等一切法空，將出生蘊處界等一切法的如來藏摒棄或否定，於是使他們所認知的二乘菩提所證涅槃成爲斷滅空。但他們都還沒有警覺到這個問題的嚴重性，因爲他們的智慧都還不夠，都只是用意識研究經典文字來猜測而形成錯誤的涅槃思想，不是實證二乘菩提的涅槃。當我們正覺同修會提出質問：「你們應成派中觀，以六識論否定了如來藏心體的存在，廣說蘊處界等一切法空，那麼阿羅漢捨報所入的無餘涅槃就成爲斷滅空。」他們就無法回應了，上從印順法師自己，下至所有印順派的一切法師居士，一個個都不知所措，不知道該如何爲自己辯白了！

他們正因爲誤會佛法，將二乘解脫道錯認爲即是佛菩提道，而他們對於四阿含所說的解脫道又全面誤會而不曾實證；然後又誤會第二轉法輪的般若系諸經，以爲般若所講的就是二乘菩提所說的緣起性空，於是便錯判般若中觀爲「性空唯名」。但是，「性空唯名」的意思就是「戲論」；意思是說：般若中觀所講的就是五陰十八界及萬法，其性都是緣起而無常住之性，無常故空；所以般若之性是空，徒具名相，唯名無實，當然就是戲論。所以依他們心中所想的意思來說，他們的本意就是：般若是戲論，只是將二乘菩提解脫道重新換個方式再詳細解說一遍，般若的本質仍然是阿羅漢們所證的解脫道；所以般若諸經所說諸法，唯名無實。這就是印順判定第二轉法輪的般若諸經是性空唯名的立意所在，只是不敢明目張膽的說般若就是戲論，於是運用語詞技巧而在書中隱隱約約的暗示出這個謬理。

可是法界的實相顯然不是印順所說的這樣，而 佛陀所說的般若也不是他所說的那樣。般若就是中觀，般若中觀是實相法，不是一切法空的虛相法，所以般若所說的實相，是恆恆時、常常時，都有一個眞心常住而不斷地出生萬法，於一切時中都與萬法和合似一而常住中道、不落兩邊；所以般若不是虛相法的蘊等一切法空，而是依如來藏金剛心的常住而能生萬法，來說蘊等一切法空，來說如來藏與所生的蘊等萬法不一亦不異等中道正理；而如來藏是常住不壞的，也是萬法之所以能夠出生的根源；這當然是實相，不是斷滅空的虛相。可是應成派中觀六識論的達賴喇嘛、印順法師等人，卻把實相中觀變成虛相法及常見法了；而印順單取如來藏所生的蘊等萬法一切法空，認爲這樣就是般若的眞實義；所以印順是把實相般若變成斷滅空，始終不離斷見外道的無明，也始終不離常見外道的無明。以此緣故，達賴與印順等人不得不重新建立意識細心常住持種的理論，以求符合現實法界中一直存在著的因果律；於是重新建立意識的某一境界是常住不滅的境界，再度落入意識境界中，返身成爲常見外道，這就是標準的「晦昧爲空」。

然後在「空晦暗中」，心裡面想著有一個空；而這個空是什麼？他們心中也不知道，只是有一個思惟想像所得的空。如此住在思惟想像的空中，是沒有智慧生起的；即使每天都住於清楚明白的覺知心境界中，其實都不曾與聲聞解脫道的見道智慧相應，更沒有與大乘般若中道的智慧相應，是具足無明的；所以他們的覺知心都是住於無明漫漫長夜中，根本不曉得什麼是光明性，只想要保持覺知心可以繼續存在而不墮入斷滅空中。

在不能發起見地而與無明相應的狀況下，妄想證空而不能遠離意識境界，於是「結暗爲色」。也就是說，由於這一種與我見無明相應的暗沉思想，導致每一世都想要保持覺知心的存在；而覺知心的存在是必須有色身及六塵作爲俱有依的，當第一次的中陰身開始毀壞時，他們就會懂得必須再去入胎受生取得色身，才能有覺知心繼續存在，才能再度擁有覺知心所住的清明澄湛、了了靈知的六塵境界相；於是就不得不入胎受生而聚集了四大，結果就形成了色身；因爲他們捨報後一定是住在這種「空晦暗中」，當然一定會去入胎。假使有幸再度生而爲人，入胎了之後，就是「結暗爲色」，於是來世的色身又生成了，九個多月以後又出生而具足五陰了。

「色雜妄想，想相爲身；聚緣內搖，趣外奔逸；昏擾擾相，以爲心性。」取得另一世的色身以後，於是又有了另一個覺知心出生而存在；這個覺知心中，由於往世熏習及思惟出許多錯誤的思想，夾雜著許許多多錯誤思惟所得的虛妄想——對所有世間法做出了不如理作意的思惟而有了虛妄想。夾雜著無量的虛妄想以後，接著就「想相爲身」，以這種妄想境界中的了知心作爲眞實的自己（佛在阿含中說：「想亦是知」）；當他以了知之相—想相—作爲眞實的自己，這就是「想相爲身」。

當他們以了知心的各種法相作爲自己—「想相爲身」—的時候，一定會「聚緣內搖，趣外奔逸」。什麼是「聚緣內搖」呢？是說覺知心自己老是不能安住，一直想攀緣六塵中的諸法而不能安住於無所緣的心境中；這就是聚集種種的外緣，使得覺知心搖動不住。在這個情況下，覺知心一定會向外接觸而無法遠離對於外六塵的攀緣，所以當然會「趣外」而不能住於自心內境中。由於對外面的六塵很有興趣而不斷地向外「奔逸」，忽而見，忽而聽；忽而嫌熱，起身開冷氣機；忽而嫌冷，起身關冷氣機等等，一時都不得安住於自心內境，這就是「聚緣內搖」而「趣外奔逸」。

「聚緣內搖」時一定會「趣外奔逸」，這兩個法是相對的。這二法如同難兄與難弟，又如同功德天與黑暗女，是永遠分不開的。你修功德的時候，另一面就是黑暗相隨不離；功德天在哪裡，黑暗女就在哪裡，所以「有智主人，二俱不受」。我布施而植福，反正布施了以後這個福報一定是我的，無人能搶走，我又何必去牽掛？所以不必一天到晚心心念念想著：「我昨天布施了二萬元，我昨天也幫助一位老人過街，這些福德都是我的。」何必要這樣想呢！這福德是你的，誰都搶不走，那又何必這樣心心念念想著而放不下呢？想通了，就不再「聚緣內搖」而「趣外奔逸」，就可安住自心內境。

法界的因果絲毫不爽，沒有人搶得了我們的福德，也沒有人能免除我們的罪業。所以有的人很聰明，總是默默地做、偷偷地做，都不讓人家知道；而且做過就忘掉它，不再牢牢地記著，就可以繼續修行而安住於自心內境之中。所以，「想相為身」的時候，這個了知心一定會「聚緣內搖，趣外奔逸」，不斷地接觸六塵而趣向外法，這時一定是「昏擾擾相，以為心性」。一天到晚忙得一塌糊塗，忙的時候，心裡面很散亂，卻往往誤以為這個能做種種事情的覺知心就是真實的自己；就把每天在六塵中了了靈知的覺知心自己認作常住不壞的金剛心。

我們有了無相念佛的功夫，每天都能淨念相繼，也能看話頭；隨後不但斷了我見，而且已經證得如來藏而明心了；此後，當我們在為眾生做很多事情的時候，覺知心還是定住的，不會亂攀緣的，都同時也在法上用功。可是眾生就不是這樣，他們總是一天到晚在想這個、想那個。即使是佛門中的大法師們，也是一樣想要常常保持覺知心的存在，想要對六塵了了分明，都不想離開對六塵的了知，當然會「趣外奔逸」而不能安住自心內境；所以大法師們爲了名聞、利養與眷屬，每天都忙得很，一時都歇不得，於是他們的心就常常處於無明長夜中，這就是「昏擾擾相」。這時當然就會把生滅性的覺知心當作是自己的心性，就把這個每天「聚緣內搖」而「趣外奔逸」的見聞知覺性，當作自己眞實常住的佛性，就誤以爲自己已經證得佛性了，於是就向徒眾們宣稱自己已經見性了！正是「昏擾擾相，以爲心性」。

但這個怎會是佛性呢？差遠了！絕對不是佛性。佛性早在覺知心起心動念之前就分明地存在著，早在覺知心早上醒來之前就已經存在著，不是覺知心的自性。等你看見佛性的時候，你會發覺：當我在起心動念的時候，佛性還是清淨地在那裡，肉眼慧眼可以清楚地看得見祂，這才叫作微妙——無形無色而可以看得見。明心了，可看見別人的眞如、自己的眞如，眞的很有趣。

明心了以後看見別人在走路時，有些人會覺得恐懼，是因爲看見一個又一個屍體在走路，所以不知不覺之間就害怕起來了！而實際上確實也是這樣啊！但是當你繼續進修而看見了佛性的時候，心中是多麼踴躍啊！這時已經不是只看見屍體行來去止了，而是同時看見佛性的運作了。

但是佛性的實證，遠比明心更加困難百倍；凡夫大法師們以及愚迷的眾生們都不瞭解眞相，就把妄心六識的知覺性當作佛性去執取；然而六識的知覺性是無法離開六塵而存在的，因此不免想要對六塵保持了了靈知，正是「想相爲身」而「趣外奔逸」。這樣就是迷妄而失眞，正是對於妄心自己不瞭解，失去了自己的本心——「遺失本妙圓妙明心」。可是失去本心其實是方便說，因爲遺失本心的時候其實並沒有失去，只是他們自己沒有找到祂，一直把祂忽略在一邊。甚至於有的人，禪三精進共修的前後四天之中，我指示了三天，又開又示給他看，他卻不敢承擔，所以我最後只好開罵了。開罵之後，他直下承擔，不就沒事了？還要在那邊拖拖拉拉幹什麼？眞是自討苦吃。後來他大概是想通了，自己承擔起來。因爲夜深了，也累死了，我不想再理會他了，只管自己去睡覺；這時他自己沒依沒靠，沒有辦法了，只好自己承擔起來試試看，於是才剛承擔起來時，他自己就通了般若。

為什麼不敢承擔呢？都因為太現成了，現成到不可思議。可是承擔起來以後再去思惟、整理的時候：「唉呀！果然是祂哦！」智慧開始生起來了！眞的是除了祂，再也沒有別人了。只有祂，體性完全符合三乘經典所講的眞心，果然如是。這時才算篤定下來。但是如果沒有那個參究與自己檢驗的過程，不但沒有辦法承擔下來，而且智慧也無法出生。而眾生不瞭解這個道理，二乘聖人也不瞭解這個道理；因為在聽《楞嚴經》的那一些人，多數是迴小向大的阿羅漢；但是因為剛迴心大乘法中，還沒有證悟如來藏，所以大部分阿羅漢都聽不懂——要等到後來悟得如來藏了才會懂得這些道理。在座的你們之中，現在有好多人聽懂了，因為這次禪三回來，又多了一批人能聽懂，所以你聽起來覺得很有味道，因此就有人說：「唉呀！原來聞法也可以很過癮啊！」聞法時會說「好過癮」的事，我不曾聽誰講過別處聽法可以聽到過癮的。聞法時會聽到很過癮，還眞的是難。

由於眾生不瞭解，所以「一迷為心，決定惑為色身之內；不知色身，外洎山河虛空大地，咸是妙明眞心中物，」前面 佛說眾生由於不瞭解眞相，所以「結暗為色」而想要永遠保持覺知心的存在不滅，於是獲得無量世的色陰，不免生死痛苦。然後 佛陀接著說：「眾生都不知道這是無明，反認為是正確的——心得決定；」這並不是在佛法上得決定，而是「決定繼續迷惑下去，誤以爲眞實心是在色身之內的覺知心；卻都不知道連身外的山河、虛空、大地，全都是妙明眞心中出生的物質。」

眾生究竟是「決定」迷惑了什麼？是迷惑說，我覺知心一直都是在色身之內，所以假使有眞心的話，一定也是在色身之內。一般來說，這個說法並沒有錯；在參禪的過程中，我們也會告訴你：你的覺知心只有在身中。但其實這樣說是有語病的，不過這是爲了幫助大家證悟，不得不作這樣的方便說，大家才能容易證得離見聞覺知的如來藏眞心。那麼前面我們七處徵心再加上最後第八處推尋的覺知心，在這八處徵心的過程中，已經說過覺知心是根與塵相觸所以出生的，因此不能夠說在根中或在塵中，也不能說是在根與塵的中間，而是根與塵接觸的時候所出生的；既然是依「根、塵、觸」等三法而生，不在根與塵中，又無形色，你就不能說祂在哪裡。

眞心的道理也是一樣，不該說祂是在何處。可是眾生沒有眞善知識的指引，只這「一迷」，就「決定惑爲色身之內」有一個能覺能知的覺知心即是眞心，卻不知道還有一個如來藏心存在；更不知道自己的色身，以及外面的山河、虛空、大地，全部都是自己的妙明眞心裡面的事物。一般人聽到這樣說的時候，心裡生起疑問說：「**奇怪！山河大地爲何也是我心中的東西？明明我心裡面就沒有山河大地。**」但這是在講內相分。你的色身藉著父母所提供的四大物質及環境的因緣，而由自己的如來藏製造出來——是自己的如來藏製造的啊！祂製作了你的色身。

並且外面的山河大地，從另一方面來講，雖然是共業有情的業力種子來共同形成；可是你所看見的，你所踩到的泥土、山河大地，其實沒有眞的看到、踩到，只有如來藏眞的看到、踩到。可是，話說回來，如來藏眞的看到、踩到了嗎？也沒有！以踩到爲例，爲什麼我說如來藏沒有踩到呢？因爲如來藏空無形色，祂怎麼會踩得到？今天，剛從禪三共修回來的人，因爲已經破參了，聽了我的說法以後就會笑了，因爲聽懂了！還沒有破參以前，聽起來都是愁眉苦臉地，不曾笑過。現在聽起來終於明白，爲什麼黃蘗希運禪師會說「**終日行，未曾踏著一片地**」？老趙州八十歲才開始行腳，四處去各大道場當面區分緇衣或白衣；這四十年中明明走了好幾千里地，其實也不曾踩著一片地。爲什麼說沒有踩過一片地？那其實是從眞如心來講的。眞如心從來沒有踩到一片地，因爲祂無形無色，怎能踩到土地？事實上都是色身不斷的在踩著大地。

可是你眞的踩到大地了嗎？什麼叫作「你」？「你」是什麼？這個要弄清楚。所謂的你，所謂的我，所謂的他，就是覺知心；覺知心從來沒有接觸過大地，一直都只有如來藏透過你的五根去接觸大地。但是你在悟前卻一直以爲覺知心自己有接觸到大地，所以你覺知心所接觸的大地，都是你的如來藏所變現的大地相分，你覺知心從來沒有接觸到實際上的大地；因此說你覺知心向外接觸到的山河、大地，都是你自己的如來藏心中的山河與大地。乃至你看見了虛空，所看見的虛空其實也是如來藏變現了一個虛空相給你看，你覺知心其實並沒有眞的看到了虛空啊！所以說，身外的山河、大地、虛空，都是你自己的妙明眞心裡面的事物。

我講了這些話，如果你是今天第一次來聽經，突然聽到我這一段話，心裡也許會這樣想：「這蕭老師一定是腦筋有問題。」因爲我在前面所講的經中義理，你都沒有聽到，又沒有明心，所以也不曉得我今晚所講的法義，而且自己也無法體驗，不能證實，當然會有懷疑。得要等你將來明心了以後，就可以自己證實：「啊！眞的不錯！講得太好了，聽得眞過癮！」因爲這種深妙法從來不曾聽聞過，而且又是實相，卻是自己以前不曾留意到的實相，所以聽得過癮！但是還沒有證悟之前，並且以前的經文你也沒有聽聞過，假使再加上對我的信心不夠，那麼你聽聞了以後可能會認爲這部《楞嚴經》有問題，因爲《楞嚴經》中就是這樣寫的。但是我告訴你，法界中的事實確實是這樣的，你所接觸到的山河大地、虛空、白雲、流水……等，全都是你的自心眞如所變現的；你從無量劫以來，一世又一世的覺知心都不曾接觸過身外的六塵諸法；也不曾接觸過身外的山河大地，所接觸到的全都是自心如來藏所變現的事物，因此說這一些全都是你妙明眞心裡面的事物。若是從廣大世界來說，身外的廣大世界其實也是自己的眞心與共業眾生的眞心，共同感應而生成的，也還是自己的「眞心中物」。

「譬如澄清百千大海棄之，唯認一浮漚體，目爲全潮、窮盡瀛渤。」這意思是說：覺知心所見、所聞，乃至所覺、所知的一切事物，全都是自心如來藏中的事物，也都只是自心如來藏中的一小部分的生滅法；可是你如果不瞭解而執取所見、所知的外法，那就好比非常澄清的一百個、一千個大海，全都棄之不取，卻獨獨執取浮在海面上的一顆小水泡，就把這個小泡沫當作是全部的海潮、全部的大海。有智慧的人，當然是要受取百千個澄清無比的大海，不想只攝取海面上的一顆污濁的小泡沫。但是眼前所見諸方大師不都是如此嗎？總是將色身中如來藏所生的覺知心，認作是自己的眞心，不知自己身心都是廣大如來藏中所出生的無常變異法；若是與如來藏所擁有的無數法相比，自己的身心只是如來藏法海中的一小部分罷了。然而放眼所見的當代大法師們，都是如同「唯認一浮漚體」而「目為全潮」，將這個微小的身心認作是自己無量而廣大的眞心，以爲自己已經窮盡一切大海了。

「汝等即是迷中倍人，如我垂手等無差別，如來說為可憐愍者。」在眾人都誤會而獨取海中一漚的狀況下，佛陀開示說：「阿難啊！你們這一些人都是迷中倍人，」也就是迷人中加倍迷惑的最迷者。比如世俗法中有些粗人，他們有時會罵人說：「你這個人，眞是渾蛋加三級。」佛陀在這裡則是指斥阿難尊者等人說：「你們這些人，不去認取廣大心海的如來藏，卻去認取如同海面一漚，作為自己全部，如同是加倍愚迷的人；猶如我垂手時，你們說我的手是倒立的；當我把手向上指的時候，你們卻反而說我的手是正立的；如此的顛倒，我釋迦如來只能說你們都是可以被我憐憫的愚癡人。」

想想看，人類的手本來就是應該以向下垂為正常的姿勢，所以手臂向下時才是正立的；但是多數人卻都如同悟前的阿難尊者一樣，把向下垂的正立手臂當作是倒立的，這本來就是一個顛倒見了；然後學佛時，也將生滅法的覺知心認作是自己的眞實心，而不知道自己另外還有一個日用而不知的心，才是自己的眞實心，所以當然是癡迷人中加倍的癡迷者，這當然要說是可憐憫的人。但是大家從 佛陀的聖教開示中，來返觀當代宣稱已經開悟的大師們，當他們私底下誹謗蕭平實是邪魔時，卻都沒有注意到自己是加三倍的愚迷及顚倒。我們還老婆心切地再三、再四地寫書出來說明，勸他們趕快改正原來的邪見，不要再落入覺知心中錯認爲自己的眞實心，呼籲他們要趕快求證如來藏阿賴耶識。但是他們仍然死不認錯而繼續堅持說：覺知心放下煩惱時就是自己的眞心，覺知心離開語言雜念時就是自己的眞心，這個意識心是常住不壞的。完全不理會 佛陀在三乘經中的聖教是如何說的，也不理會眞善知識的善意勸說，始終都不肯改弦易轍，繼續堅持意識覺知心是自己的眞心，如同加倍愚癡的人們一般，我們也只能說他們都是「可憐憫者」。

【阿難承佛悲救深誨，垂泣叉手而白佛言：「我雖承佛如是妙音，悟妙明心元所圓滿常住心地，而我悟佛現說法音，現以緣心，允所瞻仰；徒獲此心，未敢認爲本元心地；願佛哀愍宣示圓音，拔我疑根，歸無上道。」**】**

講記：這時阿難親承 佛陀的慈悲來救度他，這樣很深入地、很誠懇地教誨他；這時阿難尊者由於很感動，所以眼淚就掉了下來，又叉手向 佛陀稟白。所有人若是向佛求願時，都應該要胡跪叉手。胡跪是右膝著地，左膝不著地的；若是兩膝著地，就是直跪、長跪。右膝著地時，雙手叉手舉在胸前，就是胡跪叉手。當時阿難尊者垂泣叉手向 佛稟白說：「我雖然承受佛陀這樣的妙音開示，知道覺知心的虛妄而悟得了勝妙光明的眞心，這個眞心是原本所作圓滿而常住的眞心境界；可是我如今悟入於佛陀現在說法的音聲中來領略妙法，現在我就用這個能緣於法義的覺知心，這果眞是我所瞻仰的眞心；然而我徒然的獲得這個心，卻不敢肯定地認定這個心就是我的本元心地；」因爲前面八處徵心都說覺知心是錯誤的，在找到第八識如來藏之前，又似乎沒有另一個眞心可以讓阿難尊者認定，所剩下的還是只有這個覺知心；但是阿難尊者到此時卻也不敢就認定覺知心是眞心，當然要向 佛陀請問，才好確定或否定。

這時阿難尊者不敢造次，眞的很謹愼再度請求 佛陀開示，小心地試探一下，看看 佛陀是怎麼說的。就好像這次禪三中，也有人是這樣啊！當他參究時，想到了一個心，就想：「應該是這個。」於是就立刻來找監香老師請問，監香老師說：「不是！回去再參。」過個十分鐘、五分鐘，他又想到另一個答案，於是又來問，結果又不是。像這樣，根本就不是在參禪，而是在試探密意。當我們對他說這個不對，他回座以後就隨即又找到另一個，立刻又來問，試試看對不對；但是，參禪不可以這樣，得要自己參，參出來以後要先體驗、整理看看：是不是符合祖師的公案？是不是符合三乘經典所講的？是不是符合般若經？是不是符合唯識經？要這樣自己先體驗。經由不斷的體驗、整理，全都弄清楚了，心中確定了，然後再舉手，找監香老師小參，應該是這樣。因爲主三與監香老師的時間很寶貴，不可能把一半的時間給他一個人用；如果每一個人都這樣子，可就天下大亂了。

阿難尊者卻是小心謹慎的，他當時也不敢認定眼前這個覺知心就是眞實心。這個覺知心的能見之性就是眞實心嗎？他心中不敢認定。雖然 佛陀開示說：**這個能見之性—見精—從來不會變異，三歲時看恆河是這樣的見，六十二歲時再看恆河也是這樣的見，這個見精不曾皺過，仍然如此的見，所以不變異。**阿難尊者當時聽到 佛陀這樣說，心想：應該就是這個能見之心吧！然而，到底是或不是？阿難心中並無把握，所以只好稟告 佛陀說：**「徒獲此心，未敢認爲本元心地；」**因此現在只有求 佛了：「願佛哀愍……」希望 佛慈悲哀憐我們、憐憫我們，**「宣示圓滿的法音，把我們的疑根拔掉，讓我們回歸到無上道中來。」**阿難這個想法是正確的，因爲這是在講如來藏直接運作的佛性，卻不是指六識的見聞知覺性，也不是指如來藏心體本身；不該像現代大法師們一般亂逗一場，妄說眞如就是佛性、佛性就是眞如，否則就不免造下大妄語業了。

【佛告阿難：「汝等尚以緣心聽法，此法亦緣，非得法性；如人以手指月示人，彼人因指當應看月；若復觀指以爲月體，此人豈唯亡失月輪，亦亡其指。何以故？以所標指爲明月故。豈唯亡指？亦復不識明之與暗；何以故？即以指體爲月明性，明暗二性，無所了故。汝亦如是，若以分別我說法音爲汝心者，此心自應離分別音、有分別性；譬如有客寄宿旅亭，暫止便去，終不常住；而掌亭人都無所去，名爲亭主。此亦如是，若眞汝心，則無所去，云何離聲無分別性？斯則豈唯聲分別心？分別我客，離諸色相，無分別性；如是乃至分別都無，非色非空。拘舍離等昧爲冥諦，離諸法緣無分別性，則汝心性各有所還，云何爲主？」**】**

講記：佛告訴阿難：「你們這一些人都還繼續用能攀緣的心來聽聞我所說的法，而我所說出來的法其實也是緣起法——不是我所說法義中想要顯示出來的眞實心性，所以你們單從聞法所得的，不是眞實的法性。」凡是因緣而起的法都屬於緣起法，全都是「緣法」；所說出來的法義，目的也是在指示眞實心的所在與體性，幫助大眾建立正確的方向，才比較容易證得法義中所顯示的眞實心；所以，所說的法義不等於是法義中想要顯現的眞實心與自性；而眞實心如來藏確實是本來存在、本來清淨、本來涅槃，並且是有祂自己的體性而能夠出生蘊處界等萬法，也是可以讓人證實祂的存在，可以讓人證實祂確實有這些功能的。所以，眞正證得法性時所證的法，是永遠都不會斷滅、間斷的，這才是眞正的得到法性了。

「如人以手指月示人，彼人因指當應看月；若復觀指以爲月體，此人豈唯亡失月輪，亦亡其指。何以故？以所標指爲明月故。」佛陀又開示說：「譬如有人以手來指向月亮，那個想要知道月亮在何處、想要知道月亮是什麼模樣的人，應該從指月者的手指所指的方向來看月亮，不該違背指月者的手指所顯示的方向；所以，想要看見月亮的人，應該順著指月者的指頭所指方向來看。假使想要看月亮的人，竟然將指著月亮的手指當作月亮自體，那麼這個人豈只是看不見月亮而已，他同時也是亡失了手指頭的愚人。」

既然完全不曉得月亮在哪裡，不知道月亮的模樣，如今有人指出月亮的所在，那麼他就應該順著那個人的手指所示的方向去看。如果他只是在看那個人的手指，把那個人的指月之指當作是明月，豈只是失掉了月輪而已？其實他也是把那個指月者的手指給弄丟了。因爲他認爲這個指頭就是明月——以指爲月，所以他一定是沒有找到明月的；同時，因爲他把指頭當作明月，所以他心中也是沒有手指存在的，當然也是亡失了手指。

這個現象很平常，只是那些抱著指頭當月亮的人，自己不知道弄錯了，反而認爲自己才是正確的。這種現象非常的多，禪門把這種人叫作「以指爲月」，說得通俗一些，就是「抱著指頭當月亮」，這就是一般大師將所修習的禪法當作是參禪時應該悟入之標的。參禪之前，應該要具備正知正見，最重要的前提是認定所悟之標的爲第八識如來藏——阿賴耶識；但是在開始參禪之前，卻必須要鍛鍊看話頭的功夫，才不會處處被外境所轉，才不會粗心大意而無法領受到時時都在的如來藏心的所在，也才容易生起疑情而在因緣成熟時能與如來藏心相應，始能破參而找到如來藏阿賴耶識。鍛鍊看話頭的功夫—成就淨念相繼而非一念不生的功夫—目的只是在幫助學人參禪時更容易找到如來藏心，並不是參禪時所應追求之標的。但是往往有大師要求學人把覺知心住在離念境界中，或是住在淨念相繼境界中，誤將一念不生或淨念相繼時的覺知心，錯認爲參禪所應證悟之標的，這就是「以指爲月」—抱著指頭當月亮—的愚人。

覺知心永遠是前六識識陰，不論修行多久，乃至修到三大阿僧祇劫以後，仍然是識陰六識，並不能改變成第八識如來藏心；覺知心永遠是識陰，永遠是與第八識如來藏及第七識意根同時同處的生滅心，不可能經由修行達到一念不生時即變成第八識如來藏心。所以，當代大師們錯將一念不生時的識陰覺知心當作證悟之標的時，他們其實都是抱著指頭當月亮的愚人；因為一念不生或淨念相繼的功夫，只是幫助學人證悟第八識如來藏心的功夫或工具，不是參禪時應該證悟之標的。而參禪時應有的知見，譬如應該如何管帶覺知心處於疑情之中，應該如何去找到無分別的第八識如來藏心，都屬於參禪的知見，即是指向明月之指；若不知這個道理，錯將功夫境界誤認為所應證悟之標的，或是錯將應證的無分別心所擁有的無分別自性，強行套在參禪的覺知心自己身上，都屬於「以指為月」的愚人。當他們抱著指頭當月亮時，豈僅亡月？「亦亡其指」。因為他們已將標示明月的指頭錯認為明月，那時在他們心中，那個指月的指頭已經不存在了，那個指月之指已經成為錯誤的明月印象而存在他們心中了，所以他們也是亡失了指頭。這樣一來，可就明月與指頭都失去了。

「豈唯亡指？亦復不識明之與暗；何以故？即以指體爲月明性，明暗二性，無所了故。」佛陀又開示說：「把指月之指當作明月的愚人，豈只是亡失了指頭？並且還是不能認識明、暗的人；什麼緣故而這樣說呢？是因爲他當場把手指自體錯認爲月亮了，當然是無法看見明月的光明性，這表示他對於光明與黑暗的差別，必定是仍然無所了知的緣故。」那個在標示明月的指頭，分明只是指頭而不是明月；愚癡人卻把它認作是明月，這愚癡人當然不只是看不見明月的所在，其實也看不見明月的光明，當然更不懂得明與暗的差別。看見了明月時，才會知道有月則明、無月即暗；但這個愚人卻把別人指月的手指當作是明月，必然看不見明月的所在，當然也是不知道月明與月暗有什麼不同的人。這都是因爲不曾看見明月，所以不論月亮的明相或暗相，他都是從來不知道的。當他將來有一天看見明月的時候，就會知道：這個是指、那個是月，而月夜中的光明是從明月來的，明月下山時就沒有光明了。可是當他認定別人指月之指即是月亮時，顯然是不知道那個指月之指只是指頭，也不知道明月的模樣，更不知道月明與月暗的差別；因爲指頭沒有光明性，明與暗是從月亮的有與無而來的。他完全不瞭解，所以說這個愚人是「明暗二性，無所了故」。（未完，詳續第三輯。）

佛菩提二主要道次第概要表——二道並修，以外無別佛法

佛菩提道——大菩提道

遠波羅蜜多

資糧位

十信位修集信心——一劫乃至一萬劫

初住位修集布施功德（以財施爲主）。

二住位修集持戒功德。

三住位修集忍辱功德。

四住位修集精進功德。

五住位修集禪定功德。

六住位修集般若功德（熏習般若中觀及斷我見，加行位也）。

外門廣修六度萬行

見道位

七住位明心般若正觀現前，親證本來自性清淨涅槃。

八住位起於一切法現觀般若中道。漸除性障。

十住位眼見佛性，世界如幻觀成就。

一至十行位，於廣行六度萬行中，依般若中道慧，現觀陰處界猶如陽焰，至第十行滿心位，陽焰觀成就。

一至十迴向位熏習一切種智；修除性障，唯留最後一分思惑不斷。第十迴向滿心位成就菩薩道如夢觀。

內門廣修六度萬行

初地：第十迴向位滿心時，成就道種智一分（八識心王一一親證後，領受五法、三自性、七種第一義、七種性自性、二種無我法）復由勇發十無盡願，成通達位菩薩。復又永伏性障而不具斷，能證慧解脫而不取證，由大願故留惑潤生。此地主修法施波羅蜜多及百法明門。證「猶如鏡像」現觀，故滿初地心。

二地：初地功德滿足以後，再成就道種智一分而入二地；主修戒波羅蜜多及一切種智。滿心位成就「猶如光影」現觀，戒行自然清淨。

解脫道：二乘菩提

斷三縛結，成初果解脫 → 薄貪瞋癡，成二果解脫 → 斷五下分結，成三果解脫

入地前的四加行令煩惱障現行悉斷，成四果解脫，留惑潤生。分段生死已斷，煩惱障習氣種子開始斷除，兼斷無始無明上煩惱。

近波羅蜜多

大波羅蜜多

圓滿波羅蜜多

修道位

三地：二地滿心再證道種智一分，故入三地。此地主修忍波羅蜜多及四禪八定、四無量心、五神通。能成就俱解脫果而不取證，留惑潤生。滿心位成就「猶如谷響」現觀及無漏妙定意生身。

四地：由三地再證道種智一分故入四地。主修精進波羅蜜多，於此土及他方世界廣度有緣，無有疲倦。進修一切種智，滿心位成就「如水中月」現觀。

五地：由四地再證道種智一分故入五地。主修禪定波羅蜜多及一切種智，斷除下乘涅槃貪。滿心位成就「變化所成」現觀。

六地：由五地再證道種智一分故入六地。此地主修般若波羅蜜多——依道種智現觀十二因緣一一有支及意生身化身，皆自心眞如變化所現，「非有似有」，成就細相觀，不由加行而自然證得滅盡定，成俱解脫大乘無學。

七地：由六地「非有似有」現觀，再證道種智一分故入七地。此地主修一切種智及方便波羅蜜多，由重觀十二有支一一支中之流轉門及還滅門一切細相，成就方便善巧，念念隨入滅盡定。滿心位證得「如犍闥婆城」現觀。

八地：由七地極細相觀成就故再證道種智一分而入八地。此地主修一切種智及願波羅蜜多。至滿心位純無相觀任運恆起，故於相土自在，滿心位復證「如實覺知諸法相意生身」故。

九地：由八地再證道種智一分故入九地。主修力波羅蜜多及一切種智，成就四無礙，滿心位證得「種類俱生無行作意生身」。

十地：由九地再證道種智一分故入此地。此地主修一切種智——智波羅蜜多。滿心位起大法智雲，及現起大法智雲所含藏種種功德，成受職菩薩。

等覺：由十地道種智成就故入此地。此地應修一切種智，圓滿等覺地無生法忍；於百劫中修集極廣大福德，以之圓滿三十二大人相及無量隨形好。

究竟位

妙覺：示現受生人間已斷盡煩惱障一切習氣種子，並斷盡所知障一切隨眠，永斷變易生死無明，成就大般涅槃，四智圓明。人間捨壽後，報身常住色究竟天利樂十方地上菩薩；以諸化身利樂有情，永無盡期，成就究竟佛道。

七地滿心斷除故意保留之最後一分思惑時，煩惱障所攝色、受、想三陰有漏習氣種子全部斷盡。

煩惱障所攝行、識二陰無漏習氣種子任運漸斷，所知障所攝上煩惱任運漸斷。

斷盡變易生死成就大般涅槃

圓滿成就究竟佛果

佛子蕭平實 謹製

（二〇〇九、〇二 修訂）

（二〇一二、〇二 增補）

佛教正覺同修會〈修學佛道次第表〉

第一階段
＊以憶佛及拜佛方式修習動中定力。
＊學第一義佛法及禪法知見。
＊無相拜佛功夫成就。
＊具備一念相續功夫—動靜中皆能看話頭。
＊努力培植福德資糧，勤修三福淨業。

第二階段
＊參話頭，參公案。
＊開悟明心，一片悟境。
＊鍛鍊功夫求見佛性。
＊眼見佛性〈餘五根亦如是〉親見世界如幻，成就如幻觀。
＊學習禪門差別智。
＊深入第一義經典。
＊修除性障及隨分修學禪定。
＊修證十行位陽焰觀。

第三階段
＊學一切種智真實正理—楞伽經、解深密經、成唯識論…。
＊參究末後句。
＊解悟末後句。
＊透牢關—親自體驗所悟末後句境界，親見實相，無得無失。
＊救護一切衆生迴向正道。護持了義正法，修證十迴向位如夢觀。
＊發十無盡願，修習百法明門，親證猶如鏡像現觀。
＊修除五蓋，發起禪定。持一切善法戒。親證猶如光影現觀。
＊進修四禪八定、四無量心、五神通。進修大乘種智，求證猶如谷響現觀。

佛教正覺同修會 共修現況 及 招生公告　2020/05/03

一、共修現況：（請在共修時間來電，以免無人接聽。）

台北正覺講堂 103 台北市承德路三段 277 號九樓 捷運淡水線圓山站旁 Tel..**總機** 02-25957295（晚上）（**分機：九樓**辦公室 10、11；知客櫃檯 12、13。 **十樓**知客櫃檯 15、16；書局櫃檯 14。 **五樓**辦公室 18；知客櫃檯 19。**二樓**辦公室 20；知客櫃檯 21。）Fax..25954493

第一講堂　台北市承德路三段 277 號九樓

禪淨班：週一晚班、週三晚班、週四晚班、週五晚班、週六下午班、週六上午班（共修期間二年半，全程免費。皆須報名建立學籍後始可參加共修，欲報名者詳見本公告末頁。）

增上班：瑜伽師地論詳解：單週六晚班。雙週六晚班（重播班）。17.50～20.50。平實導師講解，2003 年 2 月開講至今，僅限已明心之會員參加。

禪門差別智：每月第一週日全天　平實導師主講（事冗暫停）。

不退轉法輪經詳解　本經所說妙法極爲甚深難解，時至末法，已然無有知者；而其甚深絕妙之法，流傳至今依舊多人可證，顯示佛法眞是義學而非玄談，其中甚深極妙令人拍案稱絕之第一義諦妙義。已於 2019 年元月底開講，由平實導師詳解。每逢週二晚上開講，第一至第六講堂都可同時聽聞，歡迎菩薩種性學人，攜眷共同參與此殊勝法會現場聞法，不限制聽講資格。本會學員憑上課證進入第一至第四講堂聽講，會外學人請以身分證件換證進入聽講（此爲大樓管理處安全管理規定之要求，敬請諒解）；第五及第六講堂（B1、B2）對外開放，不需出示任何證件，請由大樓側門直接進入。

第二講堂　台北市承德路三段 267 號十樓。

禪淨班：週一晚班。

進階班：週三晚班、週四晚班、週五晚班、週六早班、週六下午班。禪淨班結業後轉入共修。

不退轉法輪經詳解：平實導師講解。每週二 18.50~20.50 影像音聲即時傳輸

第三講堂　台北市承德路三段 277 號五樓。

禪淨班：週六下午班。

進階班：週一晚班、週三晚班、週四晚班、週五晚班。

不退轉法輪經詳解：平實導師講解。每週二 18.50~20.50 影像音聲即時傳輸

第四講堂　台北市承德路三段 267 號二樓。

進階班：週一晚班、週三晚班、週四晚班（禪淨班結業後轉入共修）。

不退轉法輪經詳解：平實導師講解。每週二 18.50~20.50 影像音聲即時傳輸

第五、第六講堂

念佛班　每週日晚上，第六講堂共修（B2），一切求生極樂世界的三寶弟子皆可參加，不限制共修資格。

進階班：週一晚班、週三晚班、週四晚班。

不退轉法輪經詳解：平實導師講解。每週二 18.50~20.50 影像音聲即時傳輸。第五、第六講堂為**開放式講堂**，不需以身分證件換證即可進入聽講，台北市承德路三段 267 號地下一樓、地下二樓。每逢週二晚上講經時段開放給會外人士自由聽經，請由大樓側面梯階逕行進入聽講。**聽講者請尊重講者的著作權及肖像權，請勿錄音錄影，以免違法；若有錄音錄影被查獲者，將依法處理。**

正覺祖師堂　大溪區美華里信義路 650 巷坑底 5 之 6 號（台 3 號省道 34 公里處　妙法寺對面斜坡道進入）電話 03-3886110　傳眞 03-3881692 本堂供奉 克勤圓悟大師，專供會員每年四月、十月各三次精進禪三共修，兼作本會出家菩薩掛單常住之用。開放參訪日期請參見本會公告。教內共修團體或道場，得另申請其餘時間作團體參訪，務請事先與常住確定日期，以便安排常住菩薩接引導覽，亦免妨礙常住菩薩之日常作息及修行。

桃園正覺講堂（第一、第二講堂）：桃園市介壽路 286、288 號 10 樓（陽明運動公園對面）電話：03-3749363(請於共修時聯繫，或與台北聯繫)

禪淨班：週一晚班（1）、週一晚班（2）、週三晚班、週四晚班、週五晚班。

進階班：週四晚班、週五晚班、週六上午班。

增上班：雙週六晚班（增上重播班）。

不退轉法輪經詳解：平實導師講解。每週二晚上，以台北正覺講堂所錄 DVD 放映；歡迎會外學人共同聽講，不需出示身分證件。

新竹正覺講堂　新竹市東光路 55 號二樓之一　電話 03-5724297（晚上）

第一講堂：

禪淨班：週五晚班。

進階班：週三晚班、週四晚班、週六上午班（由禪淨班結業後轉入共修）。

增上班：單週六晚班。雙週六晚班（重播班）。

不退轉法輪經詳解：平實導師講解。每週二晚上，以台北正覺講堂所錄 DVD 放映。歡迎會外學人共同聽講，不需出示身分證件。

第二講堂：

禪淨班：週一晚班、週三晚班、週四晚班、週六上午班。

不退轉法輪經詳解：每週二晚上與第一講堂同步播放講經 DVD。

第三、第四講堂：裝修完畢，即將開放。

台中正覺講堂　04-23816090（晚上）

第一講堂 台中市南屯區五權西路二段 666 號 13 樓之四（國泰世華銀行樓上。鄰近縣市經第一高速公路前來者，由五權西路交流道可以快速到達，大樓旁有停車場，對面有素食館）。

禪淨班：週四晚班、週五晚班。

進階班：週一晚班、週三晚班、週六上午班（由禪淨班結業後轉入共修）。

增上班：單週六晚班。雙週六晚班（重播班）。

不退轉法輪經詳解：平實導師講解。每週二晚上，以台北正覺講堂所錄 DVD 放映。歡迎會外學人共同聽講，不需出示身分證件。

第二講堂　台中市南屯區五權西路二段 666 號 4 樓

禪淨班：週一晚班、週三晚班。

第三講堂台中市南屯區五權西路二段 666 號 4 樓

禪淨班：週一晚班。

第四講堂台中市南屯區五權西路二段 666 號 4 樓。

進階班：週一晚班、週四晚班、週六上午班（由禪淨班結業後轉入共修）。

不退轉法輪經詳解：每週二晚上與第一講堂同步播放講經 DVD。

嘉義正覺講堂　嘉義市友愛路 288 號八樓之一　電話：05−2318228

第一講堂：

禪淨班：週四晚班、週五晚班、週六上午班。

進階班：週一晚班、週三晚班（由禪淨班結業後轉入共修）。

增上班：單週六晚班。雙週六晚班（重播班）。

不退轉法輪經詳解：平實導師講解。每週二晚上，以台北正覺講堂所錄 DVD 放映。歡迎會外學人共同聽講，不需出示身分證件。

第二講堂　嘉義市友愛路 288 號八樓之二。

第三講堂　嘉義市友愛路 288 號四樓之七。

禪淨班：週一晚班、週三晚班。

台南正覺講堂

第一講堂　台南市西門路四段 15 號 4 樓。06-2820541（晚上）

禪淨班：週一晚班、週三晚班、週四晚班、週五晚班、週六下午班。

增上班：單週六晚班。雙週六晚班（重播班）。

第二講堂　台南市西門路四段 15 號 3 樓。

不退轉法輪經詳解：每週二晚上與第三講堂同步播放講經 DVD。

第三講堂　台南市西門路四段 15 號 3 樓。

進階班：週一晚班、週三晚班、週四晚班、週五晚班（由禪淨班結業後轉入共修）。

不退轉法輪經詳解：平實導師講解。每週二晚上，以台北正覺講堂所錄 DVD 放映。歡迎會外學人共同聽講，不需出示身分證件。。

高雄正覺講堂　高雄市新興區中正三路 45 號五樓 07-2234248（晚上）

第一講堂（五樓）：

禪淨班：週一晚班、週三晚班、週四晚班、週五晚班、週六上午班。

增上班：單週六晚班。雙週六晚班（重播班）。

不退轉法輪經詳解：平實導師講解。每週二晚上，以台北正覺講堂所錄 DVD 放映。歡迎會外學人共同聽講，不需出示身分證件。

第二講堂（四樓）：

進階班：週三晚班、週四晚班、週六上午班（由禪淨班結業後轉入共修）。

不退轉法輪經詳解：每週二晚上與第一講堂同步播放講經 DVD。

第三講堂（三樓）：

進階班：週四晚班（由禪淨班結業後轉入共修）。

香港正覺講堂

九龍觀塘，成業街 10 號，電訊一代廣場 27 樓 E 室。

（觀塘地鐵站 B1 出口，步行約 4 分鐘）。電話：(852) 23262231

英文地址：Unit E，27th Floor, TG Place, 10 Shing Yip Street, Kwun Tong, Kowloon

禪淨班：雙週六下午班、雙週日下午班、單週六下午班、單週日下午班

進階班：雙週五晚上班、雙週日早上班（由禪淨班結業後轉入共修）。

增上班：每月第一週週日，以台北增上班課程錄成 DVD 放映之。

增上重播班：每月第一週週六，以台北增上班課程錄成 DVD 放映之。

大法鼓經詳解：平實導師講解。每週六、日 19:00～21:00，以台北正覺講堂所錄 DVD 放映；歡迎會外學人共同聽講，不需出示身分證件。

美國洛杉磯正覺講堂　☆已遷移新址☆

825 S. Lemon Ave Diamond Bar, CA 91789 U.S.A.

Tel. (909) 595-5222（請於週六 9:00~18:00 之間聯繫）

Cell. (626) 454-0607

禪淨班：每逢週末 16：00~18：00 上課。

進階班：每逢週末上午 10：00~12：00 上課。

不退轉法輪經詳解：平實導師講解。每週六下午 13：30~15：30 以台北所錄 DVD 放映。歡迎各界人士共享第一義諦無上法益，不需報名。

二、**招生公告** 本會台北講堂及全省各講堂、香港講堂，每逢**四月、十月**下旬開新班，每週共修一次（每次二小時。開課日起三個月內仍可插班）；但美國洛杉磯共修處之禪淨班得隨時插班共修。各班共修期間皆爲二年半，全程免費，欲參加者請向本會函索報名表（各共修處皆於共修時間方有人執事，非共修時間請勿電詢或前來洽詢、請書），或直接從本會官方網站(http://www.enlighten.org.tw/newsflash/class)或成佛之道網站下載報名表。共修期滿時，若經報名禪三審核通過者，可參加四天三夜之禪三精進共修，有機會明心、取證如來藏，發起般若實相智慧，成爲實義菩薩，脫離凡夫菩薩位。

三、**新春禮佛祈福** 農曆年假期間停止共修：自農曆新年前七天起停止共修與弘法，正月 8 日起回復共修、弘法事務。新春期間正月初一～初七 9.00～17.00 開放台北講堂、正月初一~初三開放新竹、台中、嘉義、台南、高雄講堂，以及大溪禪三道場（正覺祖師堂），方便會員供佛、祈福及會外人士請書。美國洛杉磯共修處之休假時間，請逕詢該共修處。

密宗四大派修雙身法，是外道性力派的邪法；又以生滅的識陰作為常住法，是常見外道，是假的藏傳佛教。

西藏覺囊巴以他空見弘揚第八識如來藏勝法，才是真藏傳佛教

佛教正覺同修會　弘法行事表

2019/02/18

1、**禪淨班**　以無相念佛及拜佛方式修習動中定力，實證一心不亂功夫。傳授解脫道正理及第一義諦佛法，以及參禪知見。共修期間：二年六個月。每逢四月、十月開新班，詳見招生公告表。

2、**進階班**　禪淨班畢業後得轉入此班，進修更深入的佛法，期能證悟明心。各地講堂各有多班，繼續深入佛法、增長定力，悟後得轉入增上班修學道種智，期能證得無生法忍。

3、**增上班　瑜伽師地論**詳解　詳解論中所言凡夫地至佛地等 17 師之修證境界與理論，從凡夫地、聲聞地……宣演到諸地所證無生法忍、一切種智之眞實正理。由平實導師開講，每逢一、三、五週之週末晚上開示，僅限已明心之會員參加。2003 年二月開講至今，預定 2019 年講畢。

4、**不退轉法輪經**詳解　本經所說妙法極爲甚深難解，時至末法，已然無有知者；而其甚深絕妙之法，流傳至今依舊多人可證，顯示佛法眞是義學而非玄談，其中甚深極妙令人拍案稱絕之第一義諦妙義。已於 2019 年元月底開講，由平實導師詳解。不限制聽講資格。

5、**精進禪三**　主三和尚：平實導師。於四天三夜中，以克勤圓悟大師及大慧宗杲之禪風，施設機鋒與小參、公案密意之開示，幫助會員剋期取證，親證不生不滅之眞實心——人人本有之如來藏。每年四月、十月各舉辦三個梯次；平實導師主持。僅限本會會員參加禪淨班共修期滿，報名審核通過者，方可參加。並選擇會中定力、慧力、福德三條件皆已具足之已明心會員，給以指引，令得眼見自己無形無相之佛性遍佈山河大地，眞實而無障礙，得以肉眼現觀世界身心悉皆如幻，具足成就如幻觀，圓滿十住菩薩之證境。

6、**阿含經**詳解　選擇重要之阿含部經典，依無餘涅槃之實際而加以詳解，令大眾得以現觀諸法緣起性空，亦復不墮斷滅見中，顯示經中所隱說之涅槃實際—如來藏—確實已於四阿含中隱說；令大眾得以聞後觀行，確實斷除我見乃至我執，證得**見到**眞現觀，乃至**身證**……等眞現觀；已得大乘或二乘見道者，亦可由此聞熏及聞後之觀行，除斷我所之貪著，成就慧解脫果。由平實導師詳解。不限制聽講資格。

7、**解深密經**詳解　重講本經之目的，在於令諸已悟之人明解大乘法道之成佛次第，以及悟後進修一切種智之內涵，確實證知三種自性性，並得據此證解七眞如、十眞如等正理。每逢週二 18.50~20.50 開示，由平實導師詳解。將於《**不退轉法輪經**》講畢後開講。不限制聽講資格。

8、**成唯識論**詳解　詳解一切種智眞實正理，詳細剖析一切種智之微細深妙廣大正理；並加以舉例說明，使已悟之會員深入體驗所證如來藏之微密行相；及證驗見分相分與所生一切法，皆由如來藏—阿賴耶識—直接或展轉而生，因此證知一切法無我，證知無餘涅槃之本際。將於增上班《瑜伽師地論》講畢後，由平實導師重講。僅限已明心之會員參加。

9、**精選如來藏系經典**詳解　精選如來藏系經典一部，詳細解說，以此完全印證會員所悟如來藏之眞實，得入不退轉住。另行擇期詳細解說之，由平實導師講解。僅限已明心之會員參加。

10、**禪門差別智**　藉禪宗公案之微細淆訛難知難解之處，加以宣說及剖析，以增進明心、見性之功德，啓發差別智，建立擇法眼。每月第一週日全天，由平實導師開示，僅限破參明心後，復又眼見佛性者參加（事冗暫停）。

11、**枯木禪**　先講智者大師的《小止觀》，後說《釋禪波羅蜜》，詳解四禪八定之修證理論與實修方法，細述一般學人修定之邪見與岔路，及對禪定證境之誤會，消除枉用功夫、浪費生命之現象。已悟般若者，可以藉此而實修初禪，進入大乘通教及聲聞教的三果心解脫境界，配合應有的大福德及後得無分別智、十無盡願，即可進入初地心中。親教師：平實導師。未來緣熟時將於正覺寺開講。不限制聽講資格。

註：本會例行年假，自 2004 年起，改爲每年農曆新年前七天開始停息弘法事務及共修課程，農曆正月 8 日回復所有共修及弘法事務。新春期間（每日 9.00~17.00）開放台北講堂，方便會員禮佛祈福及會外人士請書。大溪區的正覺祖師堂，開放參訪時間，詳見〈正覺電子報〉或成佛之道網站。本表得因時節因緣需要而隨時修改之，不另作通知。

佛教正覺同修會　贈閱書籍 目錄　　2018/10/20

1.**無相念佛**　平實導師著　回郵 36 元
2.**念佛三昧修學次第**　平實導師述著　回郵 52 元
3.**正法眼藏—護法集**　平實導師述著　回郵 76 元
4.**真假開悟簡易辨正法&佛子之省思**　平實導師著　回郵 26 元
5.**生命實相之辨正**　平實導師著　回郵 31 元
6.**如何契入念佛法門**（附：印順法師否定極樂世界）平實導師著　回郵 26 元
7.**平實書箋**—答元覽居士書　平實導師著　回郵 52 元
8.**三乘唯識**—如來藏系經律彙編　平實導師編　回郵 80 元
（精裝本　長 27 cm　寬 21 cm　高 7.5 cm　重 2.8 公斤）
9.**三時繫念全集**—修正本　回郵掛號 52 元（長 26.5 cm×寬 19 cm）
10.**明心與初地**　平實導師述　回郵 31 元
11.**邪見與佛法**　平實導師述著　回郵 36 元
12.**甘露法雨**　平實導師述　回郵 36 元
13.**我與無我**　平實導師述　回郵 36 元
14.**學佛之心態**—修正錯誤之學佛心態始能與正法相應　孫正德老師著　回郵52元
附錄：平實導師著**《略說八、九識並存…等之過失》**
15.**大乘無我觀**—《悟前與悟後》別說　平實導師述著　回郵 36 元
16.**佛教之危機**—中國台灣地區現代佛教之真相（附錄：公案拈提六則）
平實導師著　回郵 52 元
17.**燈　影**—燈下黑（覆「求教後學」來函等）平實導師著　回郵 76 元
18.**護法與毀法**—覆上平居士與徐恒志居士網站毀法二文
張正圜老師著　回郵 76 元
19.**淨土聖道**—兼評**選擇本願念佛**　正德老師著　由正覺同修會購贈　回郵52 元
20.**辨唯識性相**—對「紫蓮心海《辯唯識性相》書中否定阿賴耶識」之回應
正覺同修會 台南共修處法義組 著　回郵 52 元
21.**假如來藏**—對法蓮法師《如來藏與阿賴耶識》書中否定阿賴耶識之回應
正覺同修會 台南共修處法義組 著　回郵 76 元
22.**入不二門**—公案拈提集錦 第一輯（於平實導師公案拈提諸書中選錄約二十則，
合輯為一冊流通之）平實導師著　回郵 52 元
23.**真假邪說**—西藏密宗索達吉喇嘛《破除邪說論》真是邪說
釋正安法師著　上、下冊回郵各 52 元
24.**真假開悟**—真如、如來藏、阿賴耶識間之關係　平實導師述著　回郵 76 元
25.**真假禪和**—辨正釋傳聖之謗法謬說　孫正德老師著　回郵76 元

26.**眼見佛性**—駁慧廣法師眼見佛性的含義文中謬說
游正光老師著　回郵 52 元

27.**普門自在**—公案拈提集錦 第二輯（於平實導師公案拈提諸書中選錄約二十則，合輯爲一冊流通之）平實導師著　回郵 52 元

28.**印順法師的悲哀**—以現代禪的質疑為線索　恒毓博士著　回郵 52 元

29.**識蘊真義**—現觀識蘊內涵、取證初果、親斷三縛結之具體行門。
—依《成唯識論》及《惟識述記》正義，略顯安慧《大乘廣五蘊論》之邪謬
平實導師著　回郵 76 元

30.**正覺電子報** 各期紙版本　免附回郵　每次最多函索三期或三本。
（已無存書之較早各期，不另增印贈閱）

31.**現代人應有的宗教觀**　蔡正禮老師 著　回郵 31 元

32.**遠惑趣道**—正覺電子報般若信箱問答錄　第一輯　回郵 52 元

33.**遠惑趣道**—正覺電子報般若信箱問答錄　第二輯　回郵 52 元

34.**確保您的權益**—器官捐贈應注意自我保護　游正光老師 著　回郵 31 元

35.**正覺教團電視弘法三乘菩提 DVD 光碟（一）**
由正覺教團多位親教師共同講述錄製 DVD 8 片，MP3 一片，共 9 片。有二大講題：一爲「三乘菩提之意涵」，二爲「學佛的正知見」。內容精闢，深入淺出，精彩絕倫，幫助大眾快速建立三乘法道的正知見，免被外道邪見所誤導。有志修學三乘佛法之學人不可不看。（製作工本費 100 元，回郵 52 元）

36.**正覺教團電視弘法 DVD 專輯（二）**
總有二大講題：一爲「三乘菩提之念佛法門」，一爲「學佛正知見（第二篇）」，由正覺教團多位親教師輪番講述，內容詳細闡述如何修學念佛法門、實證念佛三昧，以及學佛應具有的正確知見，可以幫助發願往生西方極樂淨土之學人，得以把握往生，更可令學人快速建立三乘法道的正知見，免於被外道邪見所誤導。有志修學三乘佛法之學人不可不看。（一套 17 片，工本費 160 元。回郵 76 元）

37.**喇嘛性世界**—揭開假藏傳佛教譚崔瑜伽的面紗　張善思 等人合著
由正覺同修會購贈　回郵 52 元

38.**假藏傳佛教的神話**—性、謊言、喇嘛教　張正玄教授編著
由正覺同修會購贈　回郵 52 元

39.**隨　緣**—理隨緣與事隨緣　平實導師述　回郵 52 元。

40.**學佛的覺醒**　正枝居士 著　回郵 52 元

41.**導師之真實義**　蔡正禮老師 著　回郵 31 元

42.**淺談達賴喇嘛之雙身法**—兼論解讀「密續」之達文西密碼
吳明芷居士 著　回郵 31 元

43.**魔界轉世**　張正玄居士 著　回郵 31 元

44.**一貫道與開悟**　蔡正禮老師 著　回郵 31 元

45.**博愛**—愛盡天下女人　正覺教育基金會 編印　回郵 36 元

46.**意識虛妄經教彙編**—實證解脫道的關鍵經文　正覺同修會編印　回郵36元

47.**邪箭囈語**—破斥藏密外道多識仁波切《破魔金剛箭雨論》之邪說
陸正元老師著　上、下冊回郵各52元

48.**真假沙門**—依 佛聖教闡釋佛教僧寶之定義
蔡正禮老師著　俟正覺電子報連載後結集出版

49.**真假禪宗**—藉評論釋性廣《印順導師對變質禪法之批判
及對禪宗之肯定》以顯示真假禪宗
附論一：凡夫知見 無助於佛法之信解行證
附論二：世間與出世間一切法皆從如來藏實際而生而顯
余正偉老師著　俟正覺電子報連載後結集出版　回郵未定

★ 上列贈書之郵資，係台灣本島地區郵資，大陸、港、澳地區及外國地區，請另計酌增（大陸、港、澳、國外地區之郵票不許通用）。尚未出版之書，請勿先寄來郵資，以免增加作業煩擾。

★ 本目錄若有變動，唯於後印之書籍及「成佛之道」網站上修正公佈之，不另行個別通知。

函索書籍請寄：佛教正覺同修會　103台北市承德路3段277號9樓
台灣地區函索書籍者請附寄郵票，無時間購買郵票者可以等值現金抵用，但不接受郵政劃撥、支票、匯票。大陸地區得以人民幣計算，國外地區請以美元計算（請勿寄來當地郵票，在台灣地區不能使用）。欲以掛號寄遞者，請另附掛號郵資。

親自索閱：正覺同修會各共修處。　★請於共修時間前往取書，餘時無人在道場，請勿前往索取；共修時間與地點，詳見書末正覺同修會共修現況表（以近期之共修現況表為準）。

註：正智出版社發售之局版書，請向各大書局購閱。若書局之書架上已經售出而無陳列者，請向書局櫃台指定洽購；若書局不便代購者，請於正覺同修會共修時間前往各共修處請購，正智出版社已派人於共修時間送書前往各共修處流通。 郵政劃撥購書及 大陸地區 購書，請詳別頁正智出版社發售書籍目錄最後頁之說明。

成佛之道 網站：http://www.a202.idv.tw　正覺同修會已出版之結緣書籍，多已登載於 成佛之道 網站，若住外國、或住處遙遠，不便取得正覺同修會贈閱書籍者，可以從本網站閱讀及下載。　書局版之《宗通與說通》亦已上網，台灣讀者可向書局洽購，售價300元。《狂密與眞密》第一輯~第四輯，亦於 2003.5.1.全部於本網站登載完畢；台灣地區讀者請向書局洽購，每輯約400頁，售價300元（網站下載紙張費用較貴，容易散失，難以保存，亦較不精美）。

＊＊假藏傳佛教修雙身法，非佛教＊＊

正智出版社 籌募弘法基金發售書籍目錄　2020/02/22

1.**宗門正眼**—公案拈提 第一輯 重拈　平實導師著　500 元

因重寫內容大幅度增加故，字體必須改小，並增爲 576 頁 主文 546 頁。比初版更精彩、更有內容。初版《禪門摩尼寶聚》之讀者，可寄回本公司免費調換新版書。免附回郵，亦無截止期限。（2007 年起，每冊附贈本公司精製公案拈提〈超意境〉CD 一片。市售價格 280 元，多購多贈。）

2.**禪淨圓融**　平實導師著　200 元（第一版舊書可換新版書。）

3.**真實如來藏**　平實導師著　400 元

4.**禪—悟前與悟後**　平實導師著　上、下冊，每冊 250 元

5.**宗門法眼**—公案拈提 第二輯　平實導師著　500 元

（2007 年起，每冊附贈本公司精製公案拈提〈超意境〉CD 一片）

6.**楞伽經詳解**　平實導師著　全套共 10 輯　每輯 250 元

7.**宗門道眼**—公案拈提 第三輯　平實導師著　500 元

（2007 年起，每冊附贈本公司精製公案拈提〈超意境〉CD 一片）

8.**宗門血脈**—公案拈提 第四輯　平實導師著　500 元

（2007 年起，每冊附贈本公司精製公案拈提〈超意境〉CD 一片）

9.**宗通與說通**—成佛之道 平實導師著 主文 381 頁 全書 400 頁售價 300 元

10.**宗門正道**—公案拈提 第五輯　平實導師著　500 元

（2007 年起，每冊附贈本公司精製公案拈提〈超意境〉CD 一片）

11.**狂密與真密 一～四輯**　平實導師著　西藏密宗是人間最邪淫的宗教，本質不是佛教，只是披著佛教外衣的印度教性力派流毒的喇嘛教。此書中將西藏密宗密傳之男女雙身合修樂空雙運所有祕密與修法，毫無保留完全公開，並將全部喇嘛們所不知道的部分也一併公開。內容比大辣出版社喧騰一時的《西藏慾經》更詳細。並且函蓋藏密的所有祕密及其錯誤的中觀見、如來藏見……等，藏密的所有法義都在書中詳述、分析、辨正。每輯主文三百餘頁　每輯全書約 400 頁　售價每輯 300 元

12.**宗門正義**—公案拈提 第六輯　平實導師著　500 元

（2007 年起，每冊附贈本公司精製公案拈提〈超意境〉CD 一片）

13.**心經密意**—心經與解脫道、佛菩提道、祖師公案之關係與密意　平實導師述　300 元

14.**宗門密意**—公案拈提 第七輯　平實導師著　500 元

（2007 年起，每冊附贈本公司精製公案拈提〈超意境〉CD 一片）

15.**淨土聖道**—兼評「選擇本願念佛」　正德老師著　200 元

16.**起信論講記**　平實導師述著　共六輯　每輯三百餘頁　售價各 250 元

17.**優婆塞戒經講記**　平實導師述著 共八輯 每輯三百餘頁 售價各 250 元

18.**真假活佛**—略論附佛外道盧勝彥之邪說（對前岳靈犀網站主張「盧勝彥是證悟者」之修正）　正犀居士（岳靈犀）著　流通價 140 元

19.**阿含正義**—唯識學探源　平實導師著　共七輯　每輯 300 元

20.**超意境** CD 以平實導師公案拈提書中超越意境之頌詞，加上曲風優美的旋律，錄成令人嚮往的超意境歌曲，其中包括正覺發願文及平實導師親自譜成的黃梅調歌曲一首。詞曲雋永，殊堪翫味，可供學禪者吟詠，有助於見道。內附設計精美的彩色小冊，解說每一首詞的背景本事。每片 280 元。【每購買公案拈提書籍一冊，即贈送一片。】

21.**菩薩底憂鬱** CD 將菩薩情懷及禪宗公案寫成新詞，並製作成超越意境的優美歌曲。 1.主題曲〈菩薩底憂鬱〉，描述地後菩薩能離三界生死而迴向繼續生在人間，但因尚未斷盡習氣種子而有極深沈之憂鬱，非三賢位菩薩及二乘聖者所知，此憂鬱在七地滿心位方才斷盡；本曲之詞中所說義理極深，昔來所未曾見；此曲係以優美的情歌風格寫詞及作曲，聞者得以激發嚮往諸地菩薩境界之大心，詞、曲都非常優美，難得一見；其中勝妙義理之解說，已印在附贈之彩色小冊中。 2.以各輯公案拈提中直示禪門入處之頌文，作成各種不同曲風之超意境歌曲，值得玩味、參究；聆聽公案拈提之優美歌曲時，請同時閱讀內附之印刷精美說明小冊，可以領會超越三界的證悟境界；未悟者可以因此引發求悟之意向及疑情，眞發菩提心而邁向求悟之途，乃至因此眞實悟入般若，成眞菩薩。 3.正覺總持咒新曲，總持佛法大意；總持咒之義理，已加以解說並印在隨附之小冊中。本 CD 共有十首歌曲，長達 63 分鐘。每盒各附贈二張購書優惠券。每片 280 元。

22.**禪意無限** CD 平實導師以公案拈提書中偈頌寫成不同風格曲子，與他人所寫不同風格曲子共同錄製出版，幫助參禪人進入禪門超越意識之境界。盒中附贈彩色印製的精美解說小冊，以供聆聽時閱讀，令參禪人得以發起參禪之疑情，即有機會證悟本來面目而發起實相智慧，實證大乘菩提般若，能如實證知般若經中的眞實意。本 CD 共有十首歌曲，長達 69 分鐘，每盒各附贈二張購書優惠券。每片 280 元。

23.**我的菩提路**第一輯 釋悟圓、釋善藏等人合著 售價 300 元

24.**我的菩提路**第二輯 郭正益、張志成等人合著 售價 300 元

25.**我的菩提路**第三輯 王美伶等人合著 售價 300 元

26.**我的菩提路**第四輯 陳晏平等人合著 售價 300 元

27.**我的菩提路**第五輯 林慈慧等人合著 售價 300 元

28.**鈍鳥與靈龜**—考證後代凡夫對大慧宗杲禪師的無根誹謗。

平實導師著 共 458 頁 售價 350 元

29.**維摩詰經講記** 平實導師述 共六輯 每輯三百餘頁 售價各 250 元

30.**真假外道**—破劉東亮、杜大威、釋證嚴常見外道見 正光老師著 200 元

31.**勝鬘經講記**—兼論印順《勝鬘經講記》對於《勝鬘經》之誤解。

平實導師述 共六輯 每輯三百餘頁 售價 250 元

32.**楞嚴經講記** 平實導師述 共 **15** 輯，每輯三百餘頁 售價 300 元

33.**明心與眼見佛性**—駁慧廣〈蕭氏「眼見佛性」與「明心」之非〉文中謬說
正光老師著　共448頁　售價300元
34.**見性與看話頭**　黃正倖老師 著，本書是禪宗參禪的方法論。
內文375頁，全書416頁，售價300元。
35.**達賴真面目**—玩盡天下女人 白正偉老師 等著 中英對照彩色精裝大本800元
36.**喇嘛性世界**—揭開假藏傳佛教譚崔瑜伽的面紗　張善思 等人著　200元
37.**假藏傳佛教的神話**—性、謊言、喇嘛教　正玄教授編著　200元
38.**金剛經宗通**　平實導師述　共九輯　每輯售價250元。
39.**空行母**—性別、身分定位，以及藏傳佛教。
珍妮·坎貝爾著 呂艾倫 中譯 售價250元
40.**末代達賴**—性交教主的悲歌　張善思、呂艾倫、辛燕編著 售價250元
41.**霧峰無霧**—給哥哥的信　辨正釋印順對佛法的無量誤解
游宗明 老師著　售價250元
42.**霧峰無霧**—第二輯—救護佛子向正道　細說釋印順對佛法的各類誤解
游宗明 老師著　售價250元
43.**第七意識與第八意識？**—穿越時空「超意識」
平實導師述　每冊300元
44.**黯淡的達賴**—失去光彩的諾貝爾和平獎
正覺教育基金會編著　每冊250元
45.**童女迦葉考**—論呂凱文〈佛教輪迴思想的論述分析〉之謬。
平實導師 著 定價180元
46.**人間佛教**—實證者必定不悖三乘菩提
平實導師 述，定價400元
47.**實相經宗通**　平實導師述　共八輯　每輯250元
48.**真心告訴您(一)**—達賴喇嘛在幹什麼？
正覺教育基金會編著　售價250元
49.**中觀金鑑**—詳述應成派中觀的起源與其破法本質
孫正德老師著　分為上、中、下三冊，每冊250元
50.**藏傳佛教要義**—《狂密與真密》之簡體字版　平實導師 著 上、下冊
僅在大陸流通　每冊300元
51.**法華經講義**　平實導師述　共二十五輯　每輯300元
已於2015/05/31起開始出版，每二個月出版一輯
52.**西藏「活佛轉世」制度**—附佛、造神、世俗法
許正豐、張正玄老師合著　定價150元
53.**廣論三部曲**　郭正益老師著　定價150元
54.**真心告訴您(二)**—達賴喇嘛是佛教僧侶嗎？
—補祝達賴喇嘛八十大壽
正覺教育基金會編著　售價300元
55.**次法**—實證佛法前應有的條件
張善思居士著　分為上、下二冊，每冊250元

56.**涅槃**—解說四種涅槃之實證及內涵　平實導師著 上、下冊 各350元
57.**山法**—西藏關於他空與佛藏之根本論
篤補巴．喜饒堅贊著　　傑弗里．霍普金斯英譯
張火慶教授、張志成、呂艾倫等中譯　精裝大本1200元
58.**假鋒虛焰金剛乘**—揭示顯密正理，兼破索達吉師徒《般若鋒兮金剛焰》
釋正安法師著 簡體字版 即將出版 售價未定
59.**廣論之平議**—宗喀巴《菩提道次第廣論》之平議　正雄居士著
約二或三輯　俟正覺電子報連載後結集出版　書價未定
60.**救護佛子向正道**—對印順法師中心思想之綜合判攝
游宗明老師著　書價未定
61.**菩薩學處**—菩薩四攝六度之要義　陸正元老師著　出版日期未定。
62.**八識規矩頌**詳解　○○居士 註解　出版日期另訂　書價未定。
63.**印度佛教史**—法義與考證。依法義史實評論印順《印度佛教思想史、佛教史地考論》之謬說　正偉老師著　出版日期未定　書價未定
64.**中國佛教史**—依中國佛教正法史實而論。○○老師 著　書價未定。
65.**中論正義**—釋龍樹菩薩《中論》頌正理。
孫正德老師著　出版日期未定　書價未定
66.**中觀正義**—註解平實導師《中論正義頌》。
○○法師（居士）著　出版日期未定　書價未定
67.**佛藏經講記**　平實導師述　已於2019年7月31日出版　共21輯，每二個月出版一輯，每輯300元。
68.**阿含經講記**—將選錄四阿含中數部重要經典全經講解之，講後整理出版。
平實導師述　約二輯　每輯300元　出版日期未定
69.**寶積經講記**　平實導師述　每輯三百餘頁 優惠價300元 出版日期未定
70.**解深密經講記**　平實導師述 約四輯　將於重講後整理出版
71.**成唯識論略解**　平實導師著　五～六輯　每輯300元　出版日期未定
72.**修習止觀坐禪法要講記**　平實導師述　每輯三百餘頁
將於正覺寺建成後重講、以講記逐輯出版　出版日期未定
73.**無門關**—《無門關》公案拈提　平實導師著　出版日期未定
74.**中觀再論**—兼述印順《中觀今論》謬誤之平議。正光老師著 出版日期未定
75.**輪迴與超度**—佛教超度法會之真義。
○○法師（居士）著　出版日期未定　書價未定
76.**《釋摩訶衍論》平議**—對偽稱龍樹所造《釋摩訶衍論》之平議
○○法師（居士）著　出版日期未定　書價未定
77.**正覺發願文**註解—以真實大願為因 得證菩提
正德老師著　出版日期未定　書價未定
78.**正覺總持咒**—佛法之總持　正圜老師著　出版日期未定　書價未定
79.**三自性**—依四食、五蘊、十二因緣、十八界法，說三性三無性。
作者未定　出版日期未定

80.**道品**—從三自性說大小乘三十七道品　作者未定　出版日期未定
81.**大乘緣起觀**—依四聖諦七真如現觀十二緣起 作者未定　出版日期未定
82.**三德**—論解脫德、法身德、般若德。　作者未定　出版日期未定
83.**真假如來藏**—對印順《如來藏之研究》謬說之平議　作者未定 出版日期未定
84.**大乘道次第**　作者未定　出版日期未定　書價未定
85.**四緣**—依如來藏故有四緣。　作者未定　出版日期未定
86.**空之探究**—印順《空之探究》謬誤之平議　作者未定 出版日期未定
87.**十法義**—論阿含經中十法之正義　作者未定　出版日期未定
88.**外道見**—論述外道六十二見　作者未定　出版日期未定

正智出版社有限公司書籍介紹

禪淨圓融：言淨土諸祖所未曾言，示諸宗祖師所未曾示；禪淨圓融，另闢成佛捷徑，兼顧自力他力，闡釋淨土門之速行易行道，亦同時揭櫫聖教門之速行易行道；令廣大淨土行者得免緩行難證之苦，亦令聖道門行者得以藉著淨土速行道而加快成佛之時劫。乃前無古人之超勝見地，非一般弘揚禪淨法門典籍也，先讀爲快。平實導師著 200元。

宗門正眼—**公案拈提**第一輯：繼承克勤圜悟大師碧巖錄宗旨之禪門鉅作。先則舉示當代大法師之邪說，消弭當代禪門大師鄉愿之心態，摧破當今禪門「世俗禪」之妄談；次則旁通教法，表顯宗門正理；繼以道之次第，消弭古今狂禪；後藉言語及文字機鋒，直示宗門入處。悲智雙運，禪味十足，數百年來難得一睹之禪門鉅著也。平實導師著　500元（原初版書《禪門摩尼寶聚》，改版後補充爲五百餘頁新書，總計多達二十四萬字，內容更精彩，並改名爲《宗門正眼》，讀者原購初版《禪門摩尼寶聚》皆可寄回本公司免費換新，免附回郵，亦無截止期限）（2007年起，凡購買公案拈提第一輯至第七輯，每購一輯皆贈送本公司精製公案拈提〈超意境〉CD一片，市售價格280元，多購多贈）。

禪─悟前與悟後：本書能建立學人悟道之信心與正確知見，圓滿具足而有次第地詳述禪悟之功夫與禪悟之內容，指陳參禪中細微淆訛之處，能使學人明自眞心、見自本性。若未能悟入，亦能以正確知見辨別古今中外一切大師究係眞悟？或屬錯悟？便有能力揀擇，捨名師而選明師，後時必有悟道之緣。一旦悟道，遲者七次人天往返，便出三界，速者一生取辦。學人欲求開悟者，不可不讀。平實導師著。上、下冊共500元，單冊250元。

真實如來藏：如來藏眞實存在，乃宇宙萬有之本體，並非印順法師、達賴喇嘛等人所說之「唯有名相、無此心體」。如來藏是涅槃之本際，是一切有智之人竭盡心智、不斷探索而不能得之生命實相；是古今中外許多大師自以爲悟而當面錯過之生命實相。如來藏即是阿賴耶識，乃是一切有情本自具足、不生不滅之眞實心。當代中外大師於此書出版之前所未能言者，作者於本書中盡情流露、詳細闡釋。眞悟者讀之，必能增益悟境、智慧增上；錯悟者讀之，必能檢討自己之錯誤，免犯大妄語業；未悟者讀之，能知參禪之理路，亦能以之檢查一切名師是否眞悟。此書是一切哲學家、宗教家、學佛者及欲昇華心智之人必讀之鉅著。　平實導師著　售價400元。

宗門法眼—**公案拈提**第二輯：列舉實例，闡釋土城廣欽老和尚之悟處；並直示這位不識字的老和尚妙智橫生之根由，繼而剖析禪宗歷代大德之開悟公案，解析當代密宗高僧卡盧仁波切之錯悟證據，並例舉當代顯宗高僧、大居士之錯悟證據（凡健在者，爲免影響其名聞利養，皆隱其名）。藉辨正當代名師之邪見，向廣大佛子指陳禪悟之正道，彰顯宗門法眼。悲勇兼出，強捋虎鬚；慈智雙運，巧探驪龍；摩尼寶珠在手，直示宗門入處，禪味十足；若非大悟徹底，不能爲之。禪門精奇人物，允宜人手一冊，供作參究及悟後印證之圭臬。本書於2008年4月改版，增寫爲大約500頁篇幅，以利學人研讀參究時更易悟入宗門正法，以前所購初版首刷及初版二刷舊書，皆可免費換取新書。平實導師著 500元（2007年起，凡購買公案拈提第一輯至第七輯，每購一輯皆贈送本公司精製公案拈提〈超意境〉CD一片，市售價格280元，多購多贈）。

宗門道眼—**公案拈提**第三輯：繼宗門法眼之後，再以金剛之作略、慈悲之胸懷、犀利之筆觸，舉示寒山、拾得、布袋三大士之悟處，消弭當代錯悟者對於寒山大士……等之誤會及誹謗。亦舉出民初以來與虛雲和尚齊名之蜀郡鹽亭袁煥仙夫子——南懷瑾老師之師，其「悟處」何在？並蒐羅許多眞悟祖師之證悟公案，顯示禪宗歷代祖師之睿智，指陳部分祖師、奧修及當代顯密大師之謬悟，作爲殷鑑，幫助禪子建立及修正參禪之方向及知見。假使讀者閱此書已，一時尚未能悟，亦可一面加功用行，一面以此宗門道眼辨別眞假善知識，避開錯誤之印證及歧路，可免大妄語業之長劫慘痛果報。欲修禪宗之禪者，務請細讀。平實導師著 售價500元（2007年起，凡購買公案拈提第一輯至第七輯，每購一輯皆贈送本公司精製公案拈提〈超意境〉CD一片，市售價格280元，多購多贈）。

楞伽經詳解：本經是禪宗見道者印證所悟眞僞之根本經典，亦是禪宗見道者悟後起修之依據經典；故達摩祖師於印證二祖慧可大師之後，將此經典連同佛缽祖衣一併交付二祖，令其依此經典佛示金言、進入修道位，修學一切種智。由此可知此經對於眞悟之人修學佛道，是非常重要之一部經典。此經能破外道邪說，亦破佛門中錯悟名師之謬說，亦破禪宗部分祖師之狂禪：不讀經典、一向主張「一悟即成究竟佛」之謬執。並開示愚夫所行禪、觀察義禪、攀緣如禪、如來禪等差別，令行者對於三乘禪法差異有所分辨；亦糾正禪宗祖師古來對於如來禪之誤解，嗣後可免以訛傳訛之弊。此經亦是法相唯識宗之根本經典，禪者悟後欲修一切種智而入初地者，必須詳讀。平實導師著，全套共十輯，已全部出版完畢，每輯主文約320頁，每冊約352頁，定價250元。

宗門血脈—**公案拈提**第四輯：末法怪象—許多修行人自以爲悟，每將無念靈知認作眞實；崇尚二乘法諸師及其徒眾，則將外於如來藏之緣起性空—無因論之無常空、斷滅空、一切法空—錯認爲 佛所說之般若空性。這兩種現象已於當今海峽兩岸及美加地區顯密大師之中普遍存在；人人自以爲悟，心高氣壯，便敢寫書解釋祖師證悟之公案，大多出於意識思惟所得，言不及義，錯誤百出，因此誤導廣大佛子同陷大妄語之地獄業中而不能自知。彼等書中所說之悟處，其實處處違背第一義經典之聖言量。彼等諸人不論是否身披袈裟，都非佛法宗門血脈，或雖有禪宗法脈之傳承，亦只徒具形式；猶如螟蛉，非眞血脈，未悟得根本眞實故。禪子欲知佛、祖之眞血脈者，請讀此書，便知分曉。平實導師著，主文452頁，全書464頁，定價500元（2007年起，凡購買公案拈提第一輯至第七輯，每購一輯皆贈送本公司精製公案拈提〈超意境〉CD一片，市售價格280元，多購多贈）。

宗通與說通：古今中外，錯誤之人如麻似粟，每以常見外道所說之靈知心，認作眞心；或妄想虛空之勝性能量爲眞如，或錯認物質四大元素藉冥性（靈知心本體）能成就吾人色身及知覺，或認初禪至四禪中之了知心爲不生不滅之涅槃心。此等皆非通宗者之見地。復有錯悟之人一向主張「宗門與教門不相干」，此即尚未通達宗門之人也。其實宗門與教門互通不二，宗門所證者乃是眞如與佛性，教門所說者乃說宗門證悟之眞如佛性，故教門與宗門不二。本書作者以宗教二門互通之見地，細說「宗通與說通」，從初見道至悟後起修之道、細說分明；並將諸宗諸派在整體佛教中之地位與次第，加以明確之教判，學人讀之即可了知佛法之梗概也。欲擇明師學法之前，允宜先讀。平實導師著，主文共381頁，全書392頁，只售成本價300元。

宗門正道—公案拈提第五輯：修學大乘佛法有二果須證—解脫果及大菩提果。二乘人不證大菩提果，唯證解脫果；此果之智慧，名爲聲聞菩提、緣覺菩提。大乘佛子所證二果之菩提果爲佛菩提，故名大菩提果，其慧名爲一切種智—函蓋二乘解脫果。然此大乘二果修證，須經由禪宗之宗門證悟方能相應。而宗門證悟極難，自古已然；其所以難者，咎在古今佛教界普遍存在三種邪見：1.以修定認作佛法，2.以無因論之緣起性空—否定涅槃本際如來藏以後之一切法空作爲佛法，3.以常見外道邪見（離語言妄念之靈知性）作爲佛法。如是邪見，或因自身正見未立所致，或因邪師之邪教導所致，或因無始劫來虛妄熏習所致。若不破除此三種邪見，永劫不悟宗門眞義、不入大乘正道，唯能外門廣修菩薩行。平實導師於此書中，有極爲詳細之說明，有志佛子欲摧邪見、入於內門修菩薩行者，當閱此書。主文共496頁，全書512頁。售價500元（2007年起，凡購買公案拈提第一輯至第七輯，每購一輯皆贈送本公司精製公案拈提〈超意境〉CD一片，市售價格280元，多購多贈）。

狂密與眞密：密教之修學，皆由有相之觀行法門而入，其最終目標仍不離顯教經典所說第一義諦之修證；若離顯教第一義經典、或違背顯教第一義經典，即非佛教。西藏密教之觀行法，如灌頂、觀想、遷識法、寶瓶氣、大聖歡喜雙身修法、喜金剛、無上瑜伽、大樂光明、樂空雙運等，皆是印度教兩性生生不息思想之轉化，自始至終皆以如何能運用交合淫樂之法達到全身受樂爲其中心思想，純屬欲界五欲的貪愛，不能令人超出欲界輪迴，更不能令人斷除我見；何況大乘之明心與見性，更無論矣！故密宗之法絕非佛法也。而其明光大手印、大圓滿法教，又皆同以常見外道所說離語言妄念之無念靈知心錯認爲佛地之眞如，不能直指不生不滅之眞如。西藏密宗所有法王與徒眾，都尚未開頂門眼，不能辨別眞僞，以依人不依法、依密續不依經典故，不肯將其上師喇嘛所說對照第一義經典，純依密續之藏密祖師所說爲準，因此而誇大其證德與證量，動輒謂彼祖師上師爲究竟佛、爲地上菩薩；如今台海兩岸亦有自謂其師證量高於 釋迦文佛者，然觀其師所述，猶未見道，仍在觀行即佛階段，尚未到禪宗相似即佛、分證即佛階位，竟敢標榜爲究竟佛及地上法王，誑惑初機學人。凡此怪象皆是狂密，不同於眞密之修行者。近年狂密盛行，密宗行者被誤導者極眾，動輒自謂已證佛地眞如，自視爲究竟佛，陷於大妄語業中而不知自省，反謗顯宗眞修實證者之證量粗淺；或如義雲高與釋性圓…等人，於報紙上公然誹謗眞實證道者爲「騙子、無道人、人妖、癩蛤蟆…」等，造下誹謗大乘勝義僧之大惡業；或以外道法中有爲有作之甘露、魔術……等法，誑騙初機學人，狂言彼外道法爲眞佛法。如是怪象，在西藏密宗及附藏密之外道中，不一而足，舉之不盡，學人宜應愼思明辨，以免上當後又犯毀破菩薩戒之重罪。密宗學人若欲遠離邪知邪見者，請閱此書，即能了知密宗之邪謬，從此遠離邪見與邪修，轉入眞正之佛道。

平實導師著 共四輯 每輯約400頁（主文約340頁）每輯售價300元。

宗門正義——公案拈提第六輯：佛教有六大危機，乃是藏密化、世俗化、膚淺化、學術化、宗門密意失傳、悟後進修諸地之次第混淆；其中尤以宗門密意之失傳，爲當代佛教最大之危機。由宗門密意失傳故，易令世尊本懷普被錯解，易令 世尊正法被轉易爲外道法，以及加以淺化、世俗化，是故宗門密意之廣泛弘傳與具緣佛弟子，極爲重要。然而欲令宗門密意之廣泛弘傳予具緣之佛弟子者，必須同時配合錯誤知見之解析、普令佛弟子知之，然後輔以公案解析之直示入處，方能令具緣之佛弟子悟入。而此二者，皆須以公案拈提之方式爲之，方易成其功、竟其業，是故平實導師續作宗門正義一書，以利學人。全書500餘頁，售價500元（2007年起，凡購買公案拈提第一輯至第七輯，每購一輯皆贈送本公司精製公案拈提〈超意境〉CD一片，市售價格280元，多購多贈）。

心經密意——心經與解脫道、佛菩提道、祖師公案之關係與密意。二乘菩提所證之解脫道，實依第八識心之斷除煩惱障現行而立解脫之名；大乘菩提所證之佛菩提道，實依親證第八識如來藏之涅槃性、清淨自性、及其中道性而立般若之名；禪宗祖師公案所證之眞心，即是此第八識如來藏；是故三乘佛法所修所證之三乘菩提，皆依此如來藏心而立名也。此第八識心，即是《心經》所說之心也。證得此如來藏已，即能漸入大乘佛菩提道，亦可因證知此心而了知二乘無學所不能知之無餘涅槃本際，是故《心經》之密意，與三乘佛菩提之關係極爲密切、不可分割，三乘佛法皆依此心而立名故。今者平實導師以其所證解脫道之無生智及佛菩提之般若種智，將《心經》與解脫道、佛菩提道、祖師公案之關係與密意，以演講之方式，用淺顯之語句和盤托出，發前人所未言，呈三乘菩提之眞義，令人藉此《心經密意》一舉而窺三乘菩提之堂奧，迥異諸方言不及義之說；欲求眞實佛智者、不可不讀！主文317頁，連同跋文及序文…等共384頁，售價300元。

宗門密意—公案拈提第七輯：佛教之世俗化，將導致學人以信仰作爲學佛，則將以感應及世間法之庇祐，作爲學佛之主要目標，不能了知學佛之主要目標爲親證三乘菩提。大乘菩提則以般若實相智慧爲主要修習目標，以二乘菩提解脫道爲附帶修習之標的；是故學習大乘法者，應以禪宗之證悟爲要務，能親入大乘菩提之實相般若智慧中故，般若實相智慧非二乘聖人所能知故。此書則以台灣世俗化佛教之三大法師，說法似是而非之實例，配合眞悟祖師之公案解析，提示證悟般若之關節，令學人易得悟入。平實導師著，全書五百餘頁，售價500元（2007年起，凡購買公案拈提第一輯至第七輯，每購一輯皆贈送本公司精製公案拈提〈超意境〉CD一片，市售價格280元，多購多贈）。

淨土聖道—兼評日本本願念佛：佛法甚深極廣，般若玄微，非諸二乘聖僧所能知之，一切凡夫更無論矣！所謂一切證量皆歸淨土是也！是故大乘法中「聖道之淨土、淨土之聖道」，其義甚深，難可了知；乃至眞悟之人，初心亦難知也。今有正德老師眞實證悟後，復能深探淨土與聖道之緊密關係，憐憫眾生之誤會淨土實義，亦欲利益廣大淨土行人同入聖道，同獲淨土中之聖道門要義，乃振奮心神、書以成文，今得刊行天下。主文279頁，連同序文等共301頁，總有十一萬六千餘字，正德老師著，成本價200元。

起信論講記：詳解大乘起信論**心生滅門**與**心眞如門**之眞實意旨，消除以往大師與學人對起信論所說**心生滅門**之誤解，由是而得了知眞心如來藏之非常非斷中道正理；亦因此一講解，令此論以往隱晦而被誤解之眞實義，得以如實顯示，令大乘佛菩提道之正理得以顯揚光大；初機學者亦可藉此正論所顯示之法義，對大乘法理生起正信，從此得以眞發菩提心，眞入大乘法中修學，世世常修菩薩正行。平實導師演述，共六輯，都已出版，每輯三百餘頁，售價各250元。

優婆塞戒經講記：本經詳述在家菩薩修學大乘佛法，應如何受持菩薩戒？對人間善行應如何看待？對三寶應如何護持？應如何正確地修集此世後世證法之福德？應如何修集後世「行菩薩道之資糧」？並詳述第一義諦之正義：五蘊非我非異我、自作自受、異作異受、不作不受……等深妙法義，乃是修學大乘佛法、行菩薩行之在家菩薩所應當了知者。出家菩薩今世或未來世登地已，捨報之後多數將如華嚴經中諸大菩薩，以在家菩薩身而修行菩薩行，故亦應以此經所述正理而修之，配合《楞伽經、解深密經、楞嚴經、華嚴經》等道次第正理，方得漸次成就佛道；故此經是一切大乘行者皆應證知之正法。平實導師講述，每輯三百餘頁，售價各250元；共八輯，已全部出版。

真假活佛—略論附佛外道盧勝彥之邪說：人人身中都有眞活佛，永生不滅而有大神用，但眾生都不了知，所以常被身外的西藏密宗假活佛籠罩欺瞞。本來就眞實存在的眞活佛，才是眞正的密宗無上密！諾那活佛因此而說禪宗是大密宗，但藏密的所有活佛都不知道、也不曾實證自身中的眞活佛。本書詳實宣示眞活佛的道理，舉證盧勝彥的「佛法」不是眞佛法，也顯示盧勝彥是假活佛，直接的闡釋第一義佛法見道的眞實正理。眞佛宗的所有上師與學人們，都應該詳細閱讀，包括盧勝彥個人在內。正犀居士著，優惠價140元。

阿含正義—唯識學探源：廣說四大部《阿含經》諸經中隱說之眞正義理，一一舉示佛陀本懷，令阿含時期初轉法輪根本經典之眞義，如實顯現於佛子眼前。並提示末法大師對於阿含眞義誤解之實例，一一比對之，證實唯識增上慧學確於原始佛法之阿含諸經中已隱覆密意而略說之，證實世尊確於原始佛法中已曾密意而說第八識如來藏之總相；亦證實世尊在四阿含中已說此藏識是名色十八界之因、之本—證明如來藏是能生萬法之根本心。佛子可據此修正以往受諸大師（譬如西藏密宗應成派中觀師：印順、昭慧、性廣、大願、達賴、宗喀巴、寂天、月稱、……等人）誤導之邪見，建立正見，轉入正道乃至親證初果而無困難；書中並詳說三果所證的**心解脫**，以及四果**慧解脫**的親證，都是如實可行的具體知見與行門。全書共七輯，已出版完畢。平實導師著，每輯三百餘頁，售價300元。

超意境CD：以平實導師公案拈提書中超越意境之頌詞，加上曲風優美的旋律，錄成令人嚮往的超意境歌曲，其中包括正覺發願文及平實導師親自譜成的黃梅調歌曲一首。詞曲雋永，殊堪翫味，可供學禪者吟詠，有助於見道。內附設計精美的彩色小冊，解說每一首詞的背景本事。每片280元。【每購買公案拈提書籍一冊，即贈送一片。】

鈍鳥與靈龜：鈍鳥及靈龜二物，被宗門證悟者說爲二種人：前者是精修禪定而無智慧者，也是以定爲禪的愚癡禪人；後者是或有禪定、或無禪定的宗門證悟者，凡已證悟者皆是靈龜。但後者被人虛造事實，用以嘲笑大慧宗杲禪師，說他雖是靈龜，卻不免被天童禪師預記「患背」痛苦而亡：「**鈍鳥離巢易，靈龜脱殼難**。」藉以貶低大慧宗杲的證量；同時又將天童禪師實證如來藏的證量，曲解爲意識境界的離念靈知。自從大慧禪師入滅以後，錯悟凡夫對他的不實毀謗就一直存在著，不曾止息，並且捏造的假事實也隨著年月的增加而越來越多，終至編成「鈍鳥與靈龜」的假公案、假故事。本書是考證大慧與天童之間的不朽情誼，顯現這件假公案的虛妄不實；更見大慧宗杲面對惡勢力時的正直不阿，亦顯示大慧對天童禪師的至情深義，將使後人對大慧宗杲的誣謗至此而止，不再有人誤犯毀謗賢聖的惡業。書中亦舉出大慧與天童二師的證悟內容，證明宗門的所悟確以第八識如來藏爲標的，詳讀之後必可改正以前被錯悟大師誤導的參禪知見，日後必定有助於實證禪宗的開悟境界，得階大乘眞見道位中，即是實證般若之賢聖。全書459頁，售價350元。

我的菩提路第一輯：凡夫及二乘聖人不能實證的佛菩提證悟，末法時代的今天仍然有人能得實證，由正覺同修會釋悟圓、釋善藏法師等二十餘位實證如來藏者所寫的見道報告，已爲當代學人見證宗門正法之絲縷不絕，證明大乘義學的法脈仍然存在，爲末法時代求悟般若之學人照耀出光明的坦途。由二十餘位大乘見道者所繕，敘述各種不同的學法、見道因緣與過程，參禪求悟者必讀。全書三百餘頁，售價300元。

我的菩提路第二輯：由郭正益老師等人合著，書中詳述彼等諸人歷經各處道場學法，一一修學而加以檢擇之不同過程以後，因閱讀正覺同修會、正智出版社書籍而發起抉擇分，轉入正覺同修會中修學；乃至學法及見道之過程，都一一詳述之。其中張志成等人係由前現代禪轉進正覺同修會，張志成原爲現代禪副宗長，以前未閱本會書籍時，曾被人藉其名義著文評論 平實導師（詳見《宗通與說通》辨正及《眼見佛性》書末附錄…等）；後因偶然接觸正覺同修會書籍，深覺以前聽人評論平實導師之語不實，於是投入極多時間閱讀本會書籍、深入思辨，詳細探索中觀與唯識之關聯與異同，認爲正覺之法義方是正法，深覺相應；亦解開多年來對佛法的迷雲，確定應依八識論正理修學方是正法。乃不顧面子，毅然前往正覺同修會面見平實導師懺悔，並正式學法求悟。今已與其同修王美伶（亦爲前現代禪傳法老師），同樣證悟如來藏而證得法界實相，生起實相般若眞智。此書中尚有七年來本會第一位眼見佛性者之見性報告一篇，一同供養大乘佛弟子。全書四百頁，售價300元。

我的菩提路第三輯：由王美伶老師等人合著。自從正覺同修會成立以來，每年夏初、冬初都舉辦精進禪三共修，藉以助益會中同修們得以證悟明心發起般若實相智慧；凡已實證而被平實導師印證者，皆書具見道報告用以證明佛法之眞實可證而非玄學，證明佛法並非純屬思想、理論而無實質，是故每年都能有人證明正覺同修會的「實證佛教」主張並非虛語。特別是眼見佛性一法，自古以來中國禪宗祖師實證者極寡，較之明心開悟的證境更難令人信受；至2017年初，正覺同修會中的證悟明心者已近五百人，然而其中眼見佛性者至今唯十餘人爾，可謂難能可貴，是故明心後欲冀眼見佛性者實屬不易。黃正倖老師是懸絕七年無人見性後的第一人，她於2009年的見性報告刊於本書的第二輯中，爲大眾證明佛性確實可以眼見；其後七年之中求見性者都屬解悟佛性而無人眼見，幸而又經七年後的2016冬初，以及2017夏初的禪三，復有三人眼見佛性，希冀鼓舞四眾佛子求見佛性之大心，今則具載一則於書末，顯示求見佛性之事實經歷，供養現代佛教界欲得見性之四眾弟子。全書四百頁，售價300元，已於2017年6月30日發行。

我的菩提路第四輯：由陳晏平等人著。中國禪宗祖師往往有所謂「見性」之言，所言多屬看見如來藏具有能令人發起成佛之自性，並非《大般涅槃經》中如來所說之眼見佛性。眼見佛性者，於親見佛性之時，即能於山河大地眼見自己佛性，亦能於他人身上眼見自己佛性及對方之佛性，如是境界無法爲尚未實證者解釋；勉強說之，縱使眞實明心證悟之人聞之，亦只能以自身明心之境界想像之，但不論如何想像多屬非量，能有正確之比量者亦是稀有，故說眼見佛性極爲困難。眼見佛性之人若所見極分明時，在所見佛性之境界下所眼見之山河大地、自己五蘊身心皆是虛幻，自有異於明心者之解脫功德受用，此後永不思證二乘涅槃，必定邁向成佛之道而進入第十住位中，已超第一阿僧祇劫三分有一，可謂之爲超劫精進也。今又有明心之後眼見佛性之人出於人間，將其明心及後來見性之報告，連同其餘證悟明心者之精彩報告一同收錄於此書中，供養眞求佛法實證之四眾佛子。全書380頁，售價300元，已於2018年6月30日發行。

我的菩提路第五輯：林慈慧老師等人著，本輯中所舉學人從相似正法中來到正覺同修會的過程，各人都有不同，發生的因緣亦是各有差別，然而都會指向同一個目標——證實生命實相的源底，確證自己生從何來、死往何去的事實，所以最後都證明佛法眞實而可親證，絕非玄學；本書將彼等諸人的始修及末後證悟之實例，羅列出來以供學人參考。本期亦有一位會裡的老師，是從1995年即開始追隨 平實導師修學，1997年明心後持續進修不斷，直到2017年眼見佛性之實例，足可證明《大般涅槃經》中世尊開示眼見佛性之法正眞無訛，第十住位的實證在末法時代的今天仍有可能，如今一併具載於書中以供學人參考，並供養現代佛教界欲得見性之四眾弟子。全書四百頁，售價300元，已於2019年12月31日發行。

我的菩提路第六輯：劉正莉老師等人著。書中詳敘學佛路程之辛苦萬端，直至得遇正法之後如何修行終能實證，現觀眞如而入勝義菩薩僧數。本輯亦錄入一位1990年明心後追隨平實導師學法弘法的老師，不數年後又再眼見佛性的實證者，文中詳述見性之過程，欲令學人深信眼見佛性其實不難，冀得奮力向前而得實證。然古來能得明心又得見性之祖師極寡，禪師們所謂見性者往往屬於明心時親見第八識如來藏具備能使人成佛之自性，即名見性，例如六祖等人，是明心時看見了如來藏具有能使人成佛的自性，當作見性，其實只是明心而階眞見道位，尚非眼見佛性。但非《大般涅槃經》中所說之「眼見佛性」之實證。今本書提供十幾篇明心見道報告及眼見佛性者的見性報告一篇，以饗讀者，已於2020年6月30日出版。全書384頁，300元。

勝鬘經講記：如來藏爲三乘菩提之所依，若離如來藏心體及其含藏之一切種子，即無三界有情及一切世間法，亦無二乘菩提緣起性空之出世間法；本經詳說無始無明、一念無明皆依如來藏而有之正理，藉著詳解煩惱障與所知障間之關係，令學人深入了知二乘菩提與佛菩提相異之妙理；聞後即可了知佛菩提之特勝處及三乘修道之方向與原理，邁向攝受正法而速成佛道的境界中。平實導師講述，共六輯，每輯三百餘頁，售價各250元。

菩薩底憂鬱CD將菩薩情懷及禪宗公案寫成新詞，並製作成超越意境的優美歌曲。1.主題曲〈菩薩底憂鬱〉，描述地後菩薩能離三界生死而迴向繼續生在人間，但因尚未斷盡習氣種子而有極深沈之憂鬱，非三賢位菩薩及二乘聖者所知，此憂鬱在七地滿心位方才斷盡；本曲之詞中所說義理極深，昔來所未曾見；此曲係以優美的情歌風格寫詞及作曲，聞者得以激發嚮往諸地菩薩境界之大心，詞、曲都非常優美，難得一見；其中勝妙義理之解說，已印在附贈之彩色小冊中。2.以各輯公案拈提中直示禪門入處之頌文，作成各種不同曲風之超意境歌曲，值得玩味、參究；聆聽公案拈提之優美歌曲時，請同時閱讀內附之印刷精美說明小冊，可以領會超越三界的證悟境界；未悟者可以因此引發求悟之意向及疑情，眞發菩提心而邁向求悟之途，乃至因此眞實悟入般若，成眞菩薩。3.正覺總持咒新曲，總持佛法大意；總持咒之義理，已加以解說並印在隨附之小冊中。本CD共有十首歌曲，長達63分鐘，附贈二張購書優惠券。每片280元。

禪意無限CD平實導師以公案拈提書中偈頌寫成不同風格曲子，與他人所寫不同風格曲子共同錄製出版，幫助參禪人進入禪門超越意識之境界。盒中附贈彩色印製的精美解說小冊，以供聆聽時閱讀，令參禪人得以發起參禪之疑情，即有機會證悟本來面目，實證大乘菩提般若。本CD共有十首歌曲，長達69分鐘，每盒各附贈二張購書優惠券。每片280元。

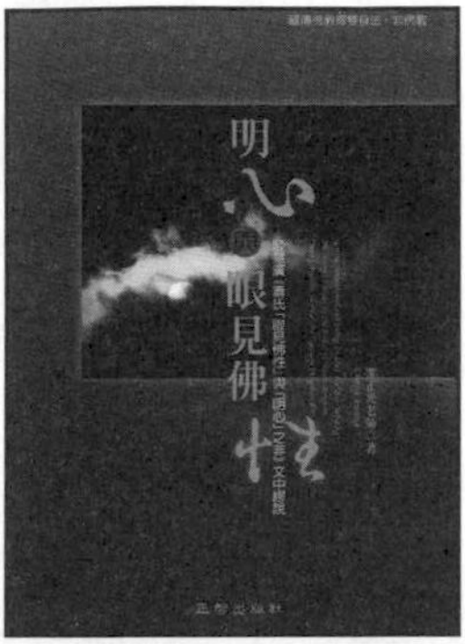

明心與眼見佛性：本書細述明心與眼見佛性之異同，同時顯示了中國禪宗破初參明心與重關眼見佛性二關之間的關聯；書中又藉法義辨正而旁述其他許多勝妙法義，讀後必能遠離佛門長久以來積非成是的錯誤知見，令讀者在佛法的實證上有極大助益。也藉慧廣法師的謬論來教導佛門學人回歸正知正見，遠離古今禪門錯悟者所墮的意識境界，非唯有助於斷我見，也對未來的開悟明心實證第八識如來藏有所助益，是故學禪者都應細讀之。游正光老師著　共448頁　售價300元

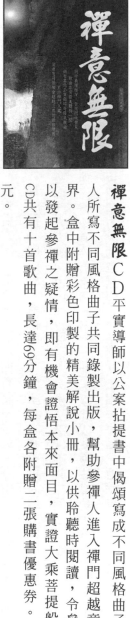

見性與看話頭：黃正倖老師的《見性與看話頭》於《正覺電子報》連載完畢，今結集出版。書中詳說禪宗看話頭的詳細方法，並細說看話頭與眼見佛性的關係，以及眼見佛性者求見佛性前必須具備的條件。本書是禪宗實修者追求明心開悟時參禪的方法書，也是求見佛性者作功夫時必讀的方法書，內容兼顧眼見佛性的理論與實修之方法，是依實修之體驗配合理論而詳述，條理分明而且極爲詳實、周全、深入。本書內文375頁，全書416頁，售價300元。

維摩詰經講記：本經係 世尊在世時，由等覺菩薩維摩詰居士藉疾病而演說之大乘菩提無上妙義，所說函蓋甚廣，然極簡略，是故今時諸方大師與學人讀之悉皆錯解，何況能知其中隱含之深妙正義，是故普遍無法爲人解說；若強爲人說，則成依文解義而有諸多過失。今由平實導師公開宣講之後，詳實解釋其中密意，令維摩詰菩薩所說大乘不可思議解脫之深妙正法得以正確宣流於人間，利益當代學人及與諸方大師。書中詳實演述大乘佛法深妙不共二乘之智慧境界，顯示諸法之中絕待之實相境界，建立大乘菩薩妙道於永遠不敗不壞之地，以此成就護法偉功，欲冀永利娑婆人天。已經宣講圓滿整理成書流通，以利諸方大師及諸學人。全書共六輯，每輯三百餘頁，售價各250元。

真假外道：本書具體舉證佛門中的常見外道知見實例，並加以教證及理證上的辨正，幫助讀者輕鬆而快速的了知常見外道的錯誤知見，進而遠離佛門內外的常見外道知見，因此即能改正修學方向而快速實證佛法。游正光老師著。成本價200元。

金剛經宗通：三界唯心，萬法唯識，是成佛之修證內容，是諸地菩薩之所修；般若則是成佛之道（實證三界唯心、萬法唯識）的入門，若未證悟實相般若，即無成佛之可能，必將永在外門廣行菩薩六度，永在凡夫位中。然而實相般若的發起，全賴實證萬法的實相；若欲證知萬法的眞相，則必須探究萬法之所從來，則須實證自心如來—金剛心如來藏，然後現觀這個金剛心的金剛性、眞實性、如如性、清淨性、涅槃性、能生萬法的自性性、本住性，名爲證眞如；進而現觀三界六道唯是此金剛心所成，人間萬法須藉八識心王和合運作方能現起。如是實證《華嚴經》的「三界唯心、萬法唯識」以後，由此等現觀而發起實相般若智慧，繼續進修第十住位的如幻觀、第十行位的陽焰觀、第十迴向位的如夢觀，再生起增上意樂而勇發十無盡願，方能滿足三賢位的實證，轉入初地；自知成佛之道而無偏倚，從此按部就班、次第進修乃至成佛。第八識自心如來是般若智慧之所依，般若智慧的修證則要從實證金剛心自心如來開始；《金剛經》則是解說自心如來之經典，是一切三賢位菩薩所應進修之實相般若經典。這一套書，是將平實導師宣講的《金剛經》內容，整理成文字而流通之；書中所說義理，迥異古今諸家依文解義之說，指出大乘見道方向與理路，有益於禪宗學人求開悟見道，及轉入內門廣修六度萬行。已於2013年9月出版完畢，總共9輯，每輯約三百餘頁，售價各250元。

空行母—性別、身分定位，以及藏傳佛教　本書作者爲蘇格蘭哲學家，因爲嚮往佛教深妙的哲學內涵，於是進入當年盛行於歐美的假藏傳佛教密宗，擔任卡盧仁波切的翻譯工作多年以後，被邀請成爲卡盧的空行母（又名佛母、明妃），開始了她在密宗裡的實修過程；後來發覺在密宗雙身法中的修行，其實無法使自己成佛，也發覺密宗對女性岐視而處處貶抑，並剝奪女性在雙身法中擔任一半角色時應有的身分定位。當她發覺自己只是雙身法中被喇嘛利用的工具，沒有獲得絲毫應有的尊重與基本定位時，發現了密宗的父權社會控制女性的本質；於是作者傷心地離開了卡盧仁波切與密宗，但是卻被恐嚇不許講出她在密宗裡的經歷，也不許她說出自己對密宗的教義與教制下對女性剝削的本質，否則將被咒殺死亡。後來她去加拿大定居，十餘年後方才擺脫這個恐嚇陰影，下定決心將親身經歷的實情及觀察到的事實寫下來並且出版，公諸於世。出版之後，她被流亡的達賴集團人士大力攻訐，誣指她爲精神狀態失常、說謊……等。但有智之士並未被達賴集團的政治操作及各國政府政治運作吹捧達賴的表相所欺，使她的書銷售無阻而又再版。正智出版社鑑於作者此書是親身經歷的事實，所說具有針對「藏傳佛教」而作學術研究的價值，也有使人認清假藏傳佛教剝削佛母、明妃的男性本位實質，因此洽請作者同意中譯而出版於華人地區。珍妮．坎貝爾女士著，呂艾倫 中譯，每冊250元。

假藏傳佛教的神話—性、謊言、喇嘛教　本書編著者是由一首名爲「阿姊鼓」的歌曲爲緣起，展開了序幕，揭開假藏傳佛教—喇嘛教—的神秘面紗。其重點是蒐集、摘錄網路上質疑「喇嘛教」的帖子，以揭穿「假藏傳佛教的神話」爲主題，串聯成書，並附加彩色插圖以及說明，讓讀者們瞭解西藏密宗及相關人事如何被操作爲「神話」的過程，以及神話背後的眞相。作者：張正玄教授。售價200元。

霧峰無霧—給哥哥的信　本書作者藉兄弟之間信件往來論義，略述佛法大義；並以多篇短文辨義，舉出釋印順對佛法的無量誤解證據，並一一給予簡單而清晰的辨正，令人一讀即知。久讀、多讀之後即能認清楚釋印順的六識論見解，與眞實佛法之牴觸是多麼嚴重；於是在久讀、多讀之後，於不知不覺之間提升了對佛法的極深入理解，正知正見就在不知不覺間建立起來了。當三乘佛法的正知見建立起來之後，對於三乘菩提的見道條件便將隨之具足，於是聲聞解脫道的見道也就水到渠成；接著大乘見道的因緣也將次第成熟，未來自然也會有親見大乘菩提之道的因緣，悟入大乘實相般若也將自然成功，自能通達般若系列諸經而成實義菩薩。作者居住於南投縣霧峰鄉，自喻見道之後不復再見霧峰之霧，故鄉原野美景一一明見，於是立此書名爲《霧峰無霧》；讀者若欲撥霧見月，可以此書爲緣。游宗明　老師著　已於2015年出版　售價250元。

霧峰無霧—第二輯—救護佛子向正道　本書作者藉釋印順著作中之各種錯謬法義提出辨正，以詳實的文義一一提出理論上及實證上之解析，列舉釋印順對佛法的無量誤解證據，藉此教導佛門大師與學人釐清佛法義理，遠離岐途轉入正道，然後知所進修，久之便能見道明心而入大乘勝義僧數。被釋印順誤導的大師與學人極多，很難救轉，是故作者大發悲心深入解說其錯謬之所在，佐以各種義理辨正而令讀者在不知不覺之間轉歸正道。如是久讀之後欲得斷身見、證初果，即不爲難事；乃至久之亦得大乘見道而得證眞如，脫離空有二邊而住中道，實相般若智慧生起，於佛法不再茫然，漸漸亦知悟後進修之道。屆此之時，對於大乘般若等深妙法之迷雲暗霧亦將一掃而空，生命及宇宙萬物之故鄉原野美景一一明見，是故本書仍名《霧峰無霧》，爲第二輯；讀者若欲撥雲見日、離霧見月，可以此書爲緣。游宗明　老師著　已於2019年出版　售價250元。

達賴真面目—**玩盡天下女人**：假使您不想戴綠帽子，請記得詳細閱讀此書；假使您不想讓好朋友戴綠帽子，請您將此書介紹給您的好朋友。假使您想保護家中的女性，也想要保護好朋友的女眷，請記得將此書送給家中的女性和好友的女眷都來閱讀。本書爲印刷精美的大本彩色中英對照精裝本，爲您揭開達賴喇嘛的眞面目，內容精彩不容錯過，爲利益社會大眾，特別以優惠價格嘉惠所有讀者。編著者：白志偉等。大開版雪銅紙彩色精裝本。售價800元。

喇嘛性世界—**揭開假藏傳佛教譚崔瑜伽的面紗**：這個世界中的喇嘛，號稱來自世外桃源的香格里拉，穿著或紅或黃的喇嘛長袍，散布於我們的身邊傳教灌頂，吸引了無數的人嚮往學習；這些喇嘛虔誠地爲大眾祈福，手中拿著寶杵（金剛）與寶鈴（蓮花），口中唸著咒語：「唵．嘛呢．叭咪．吽……」，咒語的意思是說：「我至誠歸命金剛杵上的寶珠伸向蓮花寶穴之中」！「喇嘛性世界」是什麼樣的「世界」呢？本書將爲您呈現喇嘛世界的面貌。當您發現眞相以後，您將會唸：「噢！喇嘛．性．世界，譚崔性交嘛！」作者：張善思、呂艾倫。售價200元。

末代達賴—性交教主的悲歌：簡介從藏傳僞佛教（喇嘛教）的修行核心—性力派男女雙修，探討達賴喇嘛及藏傳僞佛教的修行內涵。書中引用外國知名學者著作、世界各地新聞報導，包含：歷代達賴喇嘛的祕史、達賴六世修雙身法的事蹟，以及《時輪續》中的性交灌頂儀式……等；達賴喇嘛書中開示的雙修法、達賴喇嘛的黑暗政治手段；達賴喇嘛所領導的寺院爆發喇嘛性侵兒童；新聞報導《西藏生死書》作者索甲仁波切性侵女信徒、澳洲喇嘛秋達公開道歉、美國最大假藏傳佛教組織領導人邱陽創巴仁波切的性氾濫，等等事件背後眞相的揭露。作者：張善思、呂艾倫、辛燕。售價250元。

黯淡的達賴—失去光彩的諾貝爾和平獎：本書舉出很多證據與論述，詳述達賴喇嘛不爲世人所知的一面，顯示達賴喇嘛並不是眞正的和平使者，而是假借諾貝爾和平獎的光環來欺騙世人；透過本書的說明與舉證，讀者可以更清楚的瞭解，達賴喇嘛是結合暴力、黑暗、淫欲於喇嘛教裡的集團首領，其政治行爲與宗教主張，早已讓諾貝爾和平獎的光環染污了。本書由財團法人正覺教育基金會寫作、編輯，由正覺出版社印行，每冊250元。

楞嚴經講記：楞嚴經係密教部之重要經典，亦是顯教中普受重視之經典；經中宣說明心與見性之內涵極爲詳細，將一切法都會歸如來藏及佛性—妙眞如性；亦闡釋佛菩提道修學過程中之種種魔境，以及外道誤會涅槃之狀況，旁及三界世間之起源。然因言句深澀難解，法義亦復深妙寬廣，學人讀之普難通達，是故讀者大多誤會，不能如實理解佛所說之明心與見性內涵，亦因是故多有悟錯之人引爲開悟之證言，成就大妄語罪。今由平實導師詳細講解之後，整理成文，以易讀易懂之語體文刊行天下，以利學人。全書十五輯，全部出版完畢。每輯三百餘頁，售價每輯300元。

第七意識與第八意識？—**穿越時空「超意識」**「三界唯心，萬法唯識」是佛教中應該實證的聖教，也是《華嚴經》中明載而可以實證的法界實相。唯心者，三界一切境界、一切諸法唯是一心所成就，即是每一個有情的第八識如來藏，不是意識心。唯識者，即是人類各各都具足的八識心王——眼識、耳鼻舌身意識、意根、阿賴耶識，第八阿賴耶識又名如來藏，人類五陰相應的萬法，莫不由八識心王共同運作而成就，故說萬法唯識。依聖教量及現量、比量，都可以證明意識是二法因緣生，是由第八識藉意根與法塵二法爲因緣而出生，又是夜夜斷滅不存之生滅心，即無可能反過來出生第七識意根、第八識如來藏，當知不可能從生滅性的意識心中，細分出恆審思量的第七識意根，更無可能細分出恆而不審的第八識如來藏。本書是將演講內容整理成文字，細說如是內容，並已在〈正覺電子報〉連載完畢，今彙集成書以廣流通，欲幫助佛門有緣人斷除意識我見，跳脫於識陰之外而取證聲聞初果；嗣後修學禪宗時即得不墮外道神我之中，得以求證第八識金剛心而發起般若實智。平實導師 述，每冊300元。

人間佛教—實證者必定不悖三乘菩提

「大乘非佛說」的講法似乎流傳已久，卻只是日本人企圖擺脫中國正統佛教的影響，而在明治維新時期才開始提出來的說法；台灣佛教、大陸佛教的淺學無智之人，由於未曾實證佛法而迷信日本人錯誤的學術考證，錯認爲這些別有用心的日本佛學考證的講法爲天竺佛教的眞實歷史；甚至還有更激進的反對佛教者提出「釋迦牟尼佛並非眞實存在，只是後人捏造的假歷史人物」，竟然也有少數人願意跟著「學術」的假光環而信受不疑，於是開始有一些佛教界人士造作了反對中國佛教而推崇南洋小乘佛教的行爲，使佛教的信仰者難以檢擇，導致一般大陸人士開始轉入基督教的盲目迷信中。在這些佛教及外教人士之中，也就有一分人根據此邪說而大聲主張「大乘非佛說」的謬論，這些人以「人間佛教」的名義來抵制中國正統佛教，公然宣稱中國的大乘佛教是由聲聞部派佛教的凡夫僧所創造出來的。這樣的說法流傳於台灣及大陸佛教界凡夫僧之中已久，卻非眞正的佛教歷史中曾經發生過的事，只是繼承六識論的聲聞法中凡夫僧依自己的意識境界立場，純憑臆想而編造出來的妄想說法，卻已經影響許多無智之凡夫僧俗信受不移。本書則是從佛教的經藏法義實質及實證的現量內涵本質立論，證明大乘佛法本是佛說，是從《阿含正義》尚未說過的不同面向來討論「人間佛教」的議題，證明「大乘眞佛說」。閱讀本書可以斷除六識論邪見，迴入三乘菩提正道發起實證的因緣；也能斷除禪宗學人學禪時普遍存在之錯誤知見，對於建立參禪時的正知見有很深的著墨。平實導師　述，內文488頁，全書528頁，定價400元。

童女迦葉考—論呂凱文〈佛教輪迴思想的論述分析〉之謬　童女迦葉是佛世率領五百大比丘遊行於人間的歷史事實，是以童貞行而依止菩薩戒弘化於人間的大菩薩，不依別解脫戒（聲聞戒）來弘化於人間。這是大乘佛教與聲聞佛教同時存在於佛世的歷史明證，證明大乘佛教不是從聲聞法中分裂出來的部派佛教的產物，卻是聲聞佛教分裂出來的部派佛教聲聞凡夫僧所不樂見的史實；於是古今聲聞法中的凡夫都欲加以扭曲而作詭說，更是末法時代高聲大呼「大乘非佛說」的六識論聲聞凡夫極力想要扭曲的佛教史實之一，於是想方設法扭曲迦葉菩薩爲聲聞僧，以及扭曲迦葉童女爲比丘僧等荒謬不實之論著便陸續出現，古時聲聞僧寫作的《分別功德論》是最具體之事例，現代之代表作則是呂凱文先生的〈佛教輪迴思想的論述分析〉論文。鑑於如是假藉學術考證以籠罩大眾之不實謬論，未來仍將繼續造作及流竄於佛教界，繼續扼殺大乘佛教學人法身慧命，必須舉證辨正之，遂成此書。平實導師　著，每冊180元。

中觀金鑑—詳述應成派中觀的起源與其破法本質　學佛人往往迷於中觀學派之不同學說，被應成派與自續派所迷惑；修學般若中觀二十年後自以爲實證般若中觀了，卻仍不曾入門，甫聞實證般若中觀者之所說，則茫無所知，迷惑不解；隨後信心盡失，不知如何實證佛法；凡此，皆因惑於這二派中觀學說所致。自續派中觀所說同於常見，以意識境界立爲第八識如來藏之境界，應成派所說則同於斷見，但又同立意識爲常住法，故亦具足斷常二見。今者孫正德老師有鑑於此，乃將起源於密宗的應成派中觀學說，追本溯源，詳考其來源之外，亦一一舉證其立論內容，詳加辨正，令密宗雙身法祖師以識陰境界而造之應成派中觀學說本質，詳細呈現於學人眼前，令其維護雙身法之目的無所遁形。若欲遠離密宗此二大派中觀謬說，欲於三乘菩提有所進道者，允宜具足閱讀並細加思惟，反覆讀之以後將可捨棄邪道返歸正道，則於般若之實證即有可能，證後自能現觀如來藏之中道境界而成就中觀。本書分上、中、下三冊，每冊250元，已全部出版完畢。

實相經宗通：學佛之目的在於實證一切法界背後之實相，禪宗稱之爲本來面目或本地風光，佛菩提道中稱之爲實相法界；此實相法界即是金剛藏，又名佛法之祕密藏，即是能生有情五陰、十八界及宇宙萬有（山河大地、諸天、三惡道世間）的第八識如來藏，又名阿賴耶識心，即是禪宗祖師所說的眞如心，此心即是三界萬有背後的實相。證得此第八識心時，自能瞭解般若諸經中隱說的種種密意，即得發起實相般若——實相智慧。每見學佛人修學佛法二十年後仍對實相般若茫然無知，亦不知如何入門，茫無所趣；更因不知三乘菩提的互異互同，是故越是久學者對佛法越覺茫然，都肇因於尚未瞭解佛法的全貌，亦未瞭解佛法的修證內容即是第八識心所致。本書對於修學佛法者所應實證的實相境界提出明確解析，並提示趣入佛菩提道的入手處，有心親證實相般若的佛法實修者，宜詳讀之，於佛菩提道之實證即有下手處。平實導師述著，共八輯，已於2016年出版完畢，每輯成本價250元。

真心告訴您（一）——達賴喇嘛在幹什麼？ 這是一本報導篇章的選集，更是「破邪顯正」的暮鼓晨鐘。「破邪」是戳破假象，說明達賴喇嘛及其所率領的密宗四大派法王、喇嘛們，弘傳的佛法是仿冒的佛法；他們是假藏傳佛教，是坦特羅（譚崔性交）外道法和藏地崇奉鬼神的苯教混合成的「喇嘛教」，推廣的是以所謂「無上瑜伽」的男女雙身法冒充佛法的假佛教，詐財騙色誤導眾生，常常造成信徒家庭破碎、家中兒少失怙的嚴重後果。「顯正」是揭櫫眞相，指出眞正的藏傳佛教只有一個，就是覺囊巴，傳的是　釋迦牟尼佛演繹的第八識如來藏妙法，稱爲他空見大中觀。正覺教育基金會即以此古今輝映的如藏正法正知見，在眞心新聞網中逐次報導出來，將箇中原委「眞心告訴您」，如今結集成書，與想要知道密宗眞相的您分享。售價250元。

真心告訴您（二）——達賴喇嘛是佛教僧侶嗎？補祝達賴喇嘛八十大壽：這是一本針對當今達賴喇嘛所領導的喇嘛教，冒用佛教名相、於師徒間或師兄姊間，實修男女邪淫，而從佛法三乘菩提的現量與聖教量，揭發其謊言與邪術，證明達賴及其喇嘛教是仿冒佛教的外道，是「假藏傳佛教」。藏密四大派教義雖有「八識論」與「六識論」的表面差異，然其實修之內容，皆共許「無上瑜伽」四部灌頂爲究竟「成佛」之法門，也就是共以男女雙修之邪淫法爲「即身成佛」之密要，雖美其名曰「欲貪爲道」之「金剛乘」，並誇稱其成就超越於（應身佛）釋迦牟尼佛所傳之顯教般若乘之上；然詳考其理論，則或以意識離念時之粗細心爲第八識如來藏，或以中脈裡的明點爲第八識如來藏，或如宗喀巴與達賴堅決主張第六意識爲常恆不變之眞心者，分別墮於外道之常見與斷見中；全然違背　佛說能生五蘊之如來藏的實質。售價300元。

西藏「活佛轉世」制度——附佛、造神、世俗法：歷來關於喇嘛教活佛轉世的研究，多針對歷史及文化兩部分，於其所以成立的理論基礎，較少系統化的探討。尤其是此制度是否依據「佛法」而施設？是否合乎佛法眞實義？現有的文獻大多含糊其詞，或人云亦云，不曾有明確的闡釋與如實的見解。因此本文先從活佛轉世的由來，探索此制度的起源、背景與功能，並進而從活佛的尋訪與認證之過程，發掘活佛轉世的特徵，以確認「活佛轉世」在佛法中應具足何種果德。定價150元。

法華經講義：此書為平實導師始從2009/7/21演述至2014/1/14之講經錄音整理所成。世尊一代時教，總分五時三教，即是華嚴時、聲聞緣覺教、般若教、種智唯識教、法華時；依此五時三教區分為藏、通、別、圓四教。本經是最後一時的圓教經典，圓滿收攝一切法教於本經中，是故最後的圓教聖訓中，特地指出無有三乘菩提，其實唯有一佛乘；皆因眾生愚迷故，方便區分為三乘菩提以助眾生證道。世尊於此經中特地說明如來示現於人間的唯一大事因緣，便是為有緣眾生「開、示、悟、入」諸佛的所知所見——第八識如來藏妙眞如心，並於諸品中隱說「妙法蓮花」如來藏心的密意。然因此經所說甚深難解，眞義隱晦，古來難得有人能窺堂奧；平實導師以知如是密意故，特為末法佛門四眾演述《妙法蓮華經》中各品蘊含之密意，使古來未曾被古德註解出來的「此經」密意，如實顯示於當代學人眼前。乃至〈藥王菩薩本事品〉、〈妙音菩薩品〉、〈觀世音菩薩普門品〉、〈普賢菩薩勸發品〉中的微細密意，亦皆一併詳述之，開前人所未曾言之密意，示前人所未見之妙法。最後乃至以〈法華大義〉而總其成，全經妙旨貫通始終，而依佛旨圓攝於一心如來藏妙心，厥為曠古未有之大說也。平實導師述，共有25輯，已於2019/05/31出版完畢。每輯300元。

涅槃——解說四種涅槃之實證及內涵：眞正學佛之人，首要即是見道，由見道故方有涅槃之實證，證涅槃者方能出生死，但涅槃有四種：二乘聖者的有餘涅槃、無餘涅槃，以及大乘聖者的本來自性清淨涅槃、佛地的無住處涅槃。大乘聖者實證本來自性清淨涅槃，入地前再取證二乘涅槃，然後起惑潤生捨離二乘涅槃，繼續進修而在七地心前斷盡三界愛之習氣種子，依七地無生法忍之具足而證得念念入滅盡定；八地後進斷異熟生死，直至妙覺地下生人間成佛，具足四種涅槃，方是眞正成佛。此理古來少人言，以致誤會涅槃正理者比比皆是，今於此書中廣說四種涅槃、如何實證之理、實證前應有之條件，實屬本世紀佛教界極重要之著作，令人對涅槃有正確無訛之認識，然後可以依之實行而得實證。本書共有上下二冊，每冊各四百餘頁，對涅槃詳加解說，每冊各350元。

佛藏經講義：本經說明爲何佛菩提難以實證之原因，都因往昔無數阿僧祇劫前的邪見，引生此世求證時之業障而難以實證。即以諸法實相詳細解說，繼之以念佛品、念法品、念僧品，說明諸佛與法之實質；然後以淨戒品之說明，期待佛弟子四眾堅持清淨戒而轉化心性，並以往古品的實例說明，教導四眾務必滅除邪見轉入正見中，然後以了戒品的說明和囑累品的付囑，期望末法時代的佛門四眾弟子皆能清淨知見而得以實證。平實導師於此經中有極深入的解說，總共21輯，每輯300元，於2019/07/31開始每二個月發行一輯。

解深密經講記：本經係　世尊晚年第三轉法輪，宣說地上菩薩所應熏修之唯識正義經典，經中所說義理乃是大乘一切種智增上慧學，以阿陀那識—如來藏—阿賴耶識爲主體。禪宗之證悟者，若欲修證初地無生法忍乃至八地無生法忍者，必須修學《楞伽經、解深密經》所說之八識心王一切種智；此二經所說正法，方是眞正成佛之道；印順法師否定第八識如來藏之後所說萬法緣起性空之法，是以誤會後之二乘解脫道取代大乘眞正成佛之道，尚且不符二乘解脫道正理，亦已墮於斷滅見中，不可謂爲成佛之道也。平實導師曾於本會郭故理事長往生時，於喪宅中從首七開始宣講，於每一七各宣講三小時，至第十七而快速略講圓滿，作爲郭老之往生佛事功德，迴向郭老早證八地、速返娑婆住持正法。茲爲今時後世學人故，將擇期重講《解深密經》，以淺顯之語句講畢後，將會整理成文，用供證悟者進道；亦令諸方未悟者，據此經中佛語正義，修正邪見，依之速能入道。平實導師述著，全書輯數未定，每輯三百餘頁，將於未來重講完畢後逐輯出版。

阿含經講記—小乘解脫道之修證：數百年來，南傳佛法所說證果之不實，所說解脫道之虛妄，所弘解脫道法義之世俗化，皆已少人知之；從南洋傳入台灣與大陸之後，所說法義虛謬之事，亦復少人知之；今時台灣全島印順系統之法師居士，多不知南傳佛法數百年來所說解脫道之義理已然偏斜、已然世俗化、已非眞正之二乘解脫正道，猶極力推崇與弘揚。彼等南傳佛法近代所謂之證果者皆非眞實證果者，譬如阿迦曼、葛印卡、帕奧禪師、一行禪師……等人，悉皆未斷我見故。近年更有台灣南部大願法師，高抬南傳佛法之二乘修證行門爲「捷徑究竟解脫之道」者，然而南傳佛法縱使眞修實證，得成阿羅漢，至高唯是二乘菩提解脫之道，絕非究竟解脫，無餘涅槃中之實際尚未得證故，法界之實相尚未了知故，習氣種子待除故，一切種智未實證故，焉得謂爲「究竟解脫」？即使南傳佛法近代眞有實證之阿羅漢，尚且不及三賢位中之七住明心菩薩本來自性清淨涅槃智慧境界，則不能知此賢位菩薩所證之無餘涅槃實際，仍非大乘佛法中之見道者，何況普未實證聲聞果乃至未斷我見之人？謬充證果已屬逾越，更何況是誤會二乘菩提之後，以未斷我見之凡夫知見所說之二乘菩提解脫偏斜法道，焉可高抬爲「究竟解脫」？而且自稱「捷徑之道」？又妄言解脫之道即是成佛之道，完全否定般若實智、否定三乘菩提所依之如來藏心體，此理大大不通也！平實導師爲令修學二乘菩提欲證解脫果者，普得迴入二乘菩提正見、正道中，是故選錄四阿含諸經中，對於二乘解脫道法義有具足圓滿說明之經典，預定未來十年內將會加以詳細講解，令學佛人得以了知二乘解脫道之修證理路與行門，庶免被人誤導之後，未證言證，梵行未立，干犯道禁自稱阿羅漢或成佛，成大妄語，欲升反墮。本書首重斷除我見，以助行者斷除我見而實證初果爲著眼之目標，若能根據此書內容，配合平實導師所著《識蘊眞義》《阿含正義》內涵而作實地觀行，實證初果非爲難事，行者可以藉此三書自行確認聲聞初果爲實際可得現觀成就之事。此書中除依二乘經典所說加以宣示外，亦依斷除我見等之證量，及大乘法中道種智之證量，對於意識心之體性加以細述，令諸二乘學人必定得斷我見、常見，免除三縛結之繫縛。次則宣示斷除我執之理，欲令升進而得薄貪瞋癡，乃至斷五下分結…等。平實導師將擇期講述，然後整理成書。共二冊，每冊三百餘頁。每輯300元。

修習止觀坐禪法要講記：修學四禪八定之人，往往錯會禪定之修學知見，欲以無止盡之坐禪而證禪定境界，卻不知修除性障之行門才是修證四禪八定不可或缺之要素，故智者大師云「性障初禪」；性障不除，初禪永不現前，云何修證二禪等？又：行者學定，若唯知數息，而不解六妙門之方便善巧者，欲求一心入定，未到地定極難可得，智者大師名之為「事障未來」：障礙未到地定之修證。又禪定之修證，不可違背二乘菩提及第一義法，否則縱使具足四禪八定，亦不能實證涅槃而出三界。此諸知見，智者大師於《修習止觀坐禪法要》中皆有闡釋。作者平實導師以其第一義之見地及禪定之實證證量，曾加以詳細解析。將俟正覺寺竣工啓用後重講，不限制聽講者資格；講後將以語體文整理出版。欲修習世間定及增上定之學者，宜細讀之。平實導師述著。

★聲明★

本公司於2015/01/01開始調整本目錄中部分書籍之售價，以因應各項成本的持續增加。

＊喇嘛教修外道雙身法，墮識陰境界，非佛教＊

＊弘揚如來藏他空見的覺囊派才是真正藏傳佛教＊

總經銷： 聯合發行股份有限公司

231 新北市新店區寶橋路 235 巷 6 弄 6 號 4F

Tel.02－2917-8022（代表號） Fax.02－2915-6275（代表號）

零售：1.**全台連鎖經銷書局：**

三民書局、誠品書局、何嘉仁書店

敦煌書店、紀伊國屋、金石堂書局、建宏書局

諾貝爾圖書城、墊腳石圖書文化廣場

2.**台北市：**佛化人生 **大安區**羅斯福路 3 段 325 號 6 樓之 4 台電大樓對面

3.**新北市：**春大地書店 **蘆洲區**中正路 117 號

4.**桃園市：**御書堂 **龍潭區**中正路 123 號

5.**新竹市：**大學書局 **東區**建功路 10 號

6.**台中市：**瑞成書局 **東區**雙十路 1 段 4 之 33 號

佛教詠春書局 **南屯區**永春東路 884 號

文春書店 **霧峰區**中正路 1087 號

7.**彰化市：**心泉佛教文化中心 南瑤路 286 號

8.**高雄市：**政大書城 **前鎮區**中華五路 789 號 2 樓（高雄夢時代店）

明儀書局 **三民區**明福街 2 號

青年書局 **苓雅區**青年一路 141 號

9.**台東市：**東普佛教文物流通處 博愛路 282 號

10.**其餘鄉鎮市經銷書局：**請電詢總經銷**聯合**公司。

11.**大陸地區請洽：**

香港：樂文書店

旺角店 :香港九龍旺角西洋菜街 62 號 3 樓

電話 : (852) 2390 3723 email: luckwinbooks@gmail.com

銅鑼灣店 :香港銅鑼灣駱克道 506 號 2 樓

電話 : (852) 2881 1150 email: luckwinbs@gmail.com

廈門：廈門外圖臺灣書店有限公司

地址：廈門市思明區湖濱南路809 號 廈門外圖書城3 樓 郵編：361004

電話：0592-5061658（臺灣地區請撥打 86-592-5061658）

E-mail：JKB118@188.COM

12.**美國：世界日報圖書部：**紐約圖書部 電話 7187468889#6262

洛杉磯圖書部 電話 3232616972#202

13.**國內外地區網路購書：**

正智出版社 書香園地 http://books.enlighten.org.tw/

（書籍簡介、經銷書局可直接聯結下列網路書局購書）

三民 網路書局 http://www.sanmin.com.tw

誠品 網路書局 http://www.eslitebooks.com

博客來 網路書局　http://www.books.com.tw
金石堂 網路書局　http://www.kingstone.com.tw
聯合 網路書局　http:// www.nh.com.tw

附註：1.請儘量向各經銷書局購買：郵政劃撥需要八天才能寄到（本公司在您劃撥後第四天才能接到劃撥單，次日寄出後第二天您才能收到書籍，此六天中可能會遇到週休二日，是故共需八天才能收到書籍）若想要早日收到書籍者，請劃撥完畢後，將劃撥收據貼在紙上，旁邊寫上您的姓名、住址、郵區、電話、買書詳細內容，直接傳真到本公司 02-28344822，並來電 02-28316727、28327495 確認是否已收到您的傳真，即可提前收到書籍。 **2**.因台灣每月皆有五十餘種宗教類書籍上架，書局書架空間有限，故唯有新書方有機會上架，通常每次只能有一本新書上架；本公司出版新書，大多上架不久便已售出，若書局未再叫貨補充者，書架上即無新書陳列，則請直接向書局櫃台訂購。 **3**.若書局不便代購時，可於晚上共修時間向正覺同修會各共修處請購（共修時間及地點，詳閱**共修現況表**。每年例行年假期間請勿前往請書，年假期間請見共修現況表）。 **4**.郵購：郵政劃撥帳號 19068241。 **5**.正覺同修會會員購書都以八折計價（戶籍台北市者爲一般會員，外縣市爲護持會員）都可獲得優待，欲一次購買全部書籍者，可以考慮入會，節省書費。入會費一千元（第一年初加入時才需要繳），年費二千元。**6.尚未出版之書籍，請勿預先郵寄書款與本公司，謝謝您！** **7**.若欲一次購齊本公司書籍，或同時取得正覺同修會贈閱之全部書籍者，請於正覺同修會共修時間，親到各共修處請購及索取；**台北市讀者**請洽：103 台北市承德路三段 267 號 10 樓（捷運淡水線 圓山站旁）請書時間：週一至週五爲 18.00~21.00，第一、三、五週週六爲 10.00~21.00，雙週之週六爲 10.00~18.00 請購處專線電話：25957295-分機 14（於請書時間方有人接聽）。

敬告大陸讀者：

大陸讀者購書、索書捷徑（尚未在大陸出版的書籍，以下二個途徑都可以購得，電子書另包括結緣書籍）：

1.**廈門外國圖書公司**：廈門市思明區湖濱南路 809 號 廈門外圖書城 3F
郵編：361004 電話：0592-5061658 網址：
http://www.xibc.com.cn/

2.**電子書**：正智出版社有限公司及正覺同修會在台灣印行的各種局版書、結緣書，已有『**正覺電子書**』陸續上線中，提供讀者於手機、平板電腦上購書、下載、閱讀正智出版社、正覺同修會及正覺教育基金會所出版之電子書，詳細訊息敬請參閱『正覺電子書』專頁：
http://books.enlighten.org.tw/ebook

關於平實導師的書訊，請上網查閱：
成佛之道 http://www.a202.idv.tw
正智出版社 書香園地 http://books.enlighten.org.tw/

中國網採訪佛教正覺同修會、正覺教育基金會訊息：

http://big5.china.com.cn/gate/big5/fangtan.china.com.cn/2014-06/19/content_32714638.htm

http://pinpai.china.com.cn/

★ 正智出版社有限公司售書之稅後盈餘，全部捐助財團法人正覺寺籌備處、佛教正覺同修會、正覺教育基金會，供作弘法及購建道場之用；懇請諸方大德支持，功德無量。

★ 聲　明 ★

本社於 2015/01/01 開始調整本目錄中部分書籍之售價，以因應各項成本的持續增加。

＊喇嘛教修外道雙身法、墮識陰境界，非佛教＊

＊弘揚如來藏他空見的覺囊派才是真正藏傳佛教＊

售後服務—換書啓事(免附回郵)　2017/12/05

《楞伽經詳解》第三輯初版免費調換新書啓事：茲因 平實導師弘法早期尚未回復往世全部證量，有些法義接受他人的說法，寫書當時並未察覺而有二處（同一種法義）跟著誤說，如今發現已將之修正。茲爲顧及讀者權益，已開始免費調換新書；敬請所有讀者將以前所購第三輯（不論第幾刷），攜回或寄回本公司免費換新；郵寄者之回郵由本公司負擔，不需寄來郵票。因此而造成讀者閱讀、以及換書的不便，在此向所有讀者致上萬分的歉意，祈請讀者大眾見諒！

《楞嚴經講記》第 14 輯初版首刷本免費調換新書啓事：本講記第 14 輯出版前因 平實導師諸事繁忙，未將之重新閱讀而只改正校對時發現的錯別字，故未能發覺十年前所說法義有部分錯誤，於第 15 輯付印前重閱時才發覺第 14 輯中有部分錯誤尚未改正。今已重新審閱修改並已重印完成，煩請所有讀者將以前所購第 14 輯初版首刷本，寄回本公司免費換新（初版二刷本無錯誤），本公司將於寄回新書時同時附上您寄書來換新時的郵資，並在此向所有讀者致上最誠懇的歉意。

《心經密意》初版書免費調換二版新書啓事：本書係演講錄音整理成書，講時因時間所限，省略部分段落未講。後於再版時補寫增加 13 頁，維持原價流通之。茲爲顧及初版讀者權益，自 2003/9/30 開始免費調換新書，原有初版一刷、二刷書籍，皆可寄來本公司換書。

《宗門法眼》已經增寫改版爲 464 頁新書，2008 年 6 月中旬出版。讀者原有初版之第一刷、第二刷書本，都可以寄回本公司免費調換改版新書。改版後之公案及錯悟事例維持不變，但將內容加以增說，較改版前更具有廣度與深度，將更能助益讀者參究實相。

換書者**免附回郵**，亦無截止期限；舊書請寄：111 台北郵政 73-151 號信箱 或 103 台北市承德路三段 267 號 10 樓 正智出版社有限公司。舊書若有塗鴨、殘缺、破損者，仍可換取新書；但缺頁之舊書至少應仍有五分之三頁數，方可換書。所有讀者不必顧念本公司是否有盈餘之問題，都請踴躍寄來換書；本公司成立之目的不是營利，只要能眞實利益學人，即已達到成立及運作之目的。若以郵寄方式換書者，免附回郵；並於寄回新書時，由本公司附上您寄來書籍時耗用的郵資。造成您不便之處，再次致上萬分的歉意。

正智出版社有限公司 啓

國家圖書館出版品預行編目資料

楞嚴經講記／平實導師述.　—初版—
臺北市：正智，2009.11—　〔民98—　〕
冊；　公分

ISBN 978-986-6431-04-3（第1輯：平裝）
ISBN 978-986-6431-05-0（第2輯：平裝）
ISBN 978-986-6431-06-7（第3輯：平裝）
ISBN 978-986-6431-08-1（第4輯：平裝）
ISBN 978-986-6431-09-8（第5輯：平裝）
ISBN 978-986-6431-10-4（第6輯：平裝）
ISBN 978-986-6431-11-1（第7輯：平裝）
ISBN 978-986-6431-13-5（第8輯：平裝）
ISBN 978-986-6431-15-9（第9輯：平裝）
ISBN 978-986-6431-16-6（第10輯：平裝）
ISBN 978-986-6431-17-3（第11輯：平裝）
ISBN 978-986-6431-22-7（第12輯：平裝）
ISBN 978-986-6431-23-4（第13輯：平裝）
ISBN 978-986-6431-25-8（第14輯：平裝）
ISBN 978-986-6431-28-9（第15輯：平裝）

1.秘密部
221.94　　98019505

楞嚴經講記——第二輯

著述者：平實導師
音文轉換：曾邱賢 劉惠莉
校　對：章乃鈞 陳介源 蔡禮政 傅素嫻 王美伶
出版者：正智出版社有限公司
電話：○二 28327495 28316727（白天）
傳眞：○二 28344822
111台北郵政73-151號信箱
郵政劃撥帳號：一九○六八二四一
正覺講堂：總機○二 25957295（夜間）
總經銷：聯合發行股份有限公司
231新北市新店區寶橋路235巷6弄6號4樓
電話：○二 29178022（代表號）
傳眞：○二 29156275
初版首刷：二○一○年元月三十日 二千冊
初版七刷：二○二○年六月 二千冊
定　價：三○○元